KB211514

표류하는 섬, 표류하는 사람들

근대 이후 조선인들의 대마도 방문기

이 역서는 2017년 대한민국 교육부와 한국연구재단의 지원을 받아 수행된 연구임 (NRF-2017S1A6A3A03079318)

접경인문학
자료총서
009

표류하는 섬, 표류하는 사람들
근대 이후 조선인들의 대마도 방문기

A Floating Island, a Floating People : Modern Korean Tsushima Travelogues

임경화 편저

學古房

　본서는 일제강점기부터 해방을 거쳐 1970년대까지 조선인들에 의해 집필된 대마도 방문기를 모은 것이다. 원문의 출전은 「출전 일람」에 표기되어 있다. 본서의 각주는 모두 엮은이에 의한 것이다. 원문은 한글로 표기된 것과 일본어로 표기된 것이 있다. 각각은 읽기 쉽도록 아래와 같이 수정하거나 번역하였다. 아울러 오기가 명확한 경우는 임의로 수정하였다.

1 한글로 표기된 원문
　① 한글 표기를 원칙으로 하여 한자는 '한글(한자)'로 수정하였다.
　② 띄어쓰기는 한국어 어문 규범에 맞게 수정하였다.
　③ 일본 지명과 인명 등 고유명사는 본서의 통일을 기하기 위해 일본어 표기에 따라 수정하였다. 다만, '대마도'의 경우는 그대로 표기하였다.
　④ 한자어 표기는 '한글 맞춤법 통일안'(1933)의 규정에 따라 수정하였다.
　　예) 력사뎍→력사적, 텬디→천지, 자긔→자기
　⑤ ㅅ계합용병서는 된소리로 수정하였다.
　　예) 쎄서→께서

2. 일본어로 표기된 원문
　① '対馬'는 '쓰시마'로 번역하였고, '対馬島'로 표기된 경우에 한해 '대마도'로 번역했다.
　② 지명, 국명 등은 원문 표기를 그대로 반영하였다.
　　예) 南朝鮮→남조선, 朝鮮海峽→조선해협, 朝鮮半島→조선반도
　③ 몇 가지 용어는 현행 한국어 용례에 따라 수정하였다.
　　예) 日露戦争→러일전쟁, 李王朝→조선왕조

조선인들은 왜 쓰시마에 갔나

쓰시마는 한반도와 일본의 경계에 위치한 섬으로 그 지정학적 중요
성으로 인해 역사적으로 한반도와 일본 사이에서 특수한 관계를 맺어
왔다. 특히 조선시대에는 쓰시마 번(対馬藩)이 부산에 설치된 왜관을
통해 일본의 대(對)조선 외교와 통상을 독점적으로 담당했다. 쓰시마
는 영토적으로는 일본의 통치하에 있으면서 통상의 필요에 따라 외교
적·경제적으로는 조선에 종속되어 있는 이른바 '양속관계'의 틀에서
기능했다.[1] 통신사 등으로 일본을 방문한 조선 사신들은 신숙주의 『해
동제국기(海東諸國紀)』, 김성일의 『해사록(海槎錄)』, 신유한의 『해유록
(海遊錄)』, 조엄의 『해사일기(海槎日記)』 등을 통해 쓰시마 체류 경험
에 대한 다양한 기록들을 남겼다. 이들은 대체적으로 쓰시마를 조선의
옛 영토이자 조선과의 군신 관계 속에서 경제적 특혜를 누리며 조선
의 울타리를 지키는 번병(藩屏)으로 인식하고 있었다.[2]

하지만, 메이지(明治) 시대 이후의 쓰시마가 조선과 어떠한 관계를

---

1) 손승철, 「대마도의 조·일(朝日) 양속관계」, 한일관계사연구회 편, 『독도와 대
   마도』, 지성의 샘, 1996; James Lewis, The Pusan Japan House (Waegwan) and
   Chosŏn Korea: Early Modern Korean Views of Japan through Economic, Polit
   ical, and Social Connections. PhD dissertation, University of Hawai'i, 1994.
2) 하우봉, 「한국인의 대마도 인식」, 『독도와 대마도』, 지성의 샘, 1996; 장순순,
   「통신사의 사행록을 통해서 본 조선 지식인의 대마도인식과 그 추이(推移)」,
   『한일관계사연구』 75, 한일관계사학회, 2022.

맺고 있었는지에 대해서는 의외로 잘 알려져 있지 않다. 가장 큰 변화는 메이지 신정부가 탄생하면서 대조선 외교가 중앙정부로 일원화된 이후 쓰시마의 지정학적 중요성이 갈수록 약화되어 갔다는 것이다. 물론 한반도와 역사적으로 특수한 관계를 맺으며 조선어 교육의 전통을 가진 쓰시마 주민들은 1876년 강화도조약 체결을 전후한 개항 초기에 가장 일찍 조선에 건너와 조선과의 통상을 주도하며 일본의 대륙 진출의 첨병 역할을 수행할 수 있었다. 하지만, 이러한 특수성에 기반한 조일 무역의 주도권 또한 머지않아 오사카 상인들로 넘어갔고,3) 개항 초기에 부산 거주 일본인의 대부분을 차지하며 부산의 개척자4)를 자처했던 쓰시마 출신자들도 그 비율이 갈수록 줄어갔다.5) 나아가 조선이 일본의 식민지로 되면서 경계의 섬으로서의 쓰시마가 조선과 일본에 미치는 영향력은 더욱더 쇠퇴해 갔다. 쓰시마는 일본과 대륙의 '경계'에서 제국 일본의 지리적, 정치적, 경제적, 문화적 '변경'으로 전락했다. 즉 조선이 일본의 식민지로 되어 가는 과정은 경계의 섬으로서의 쓰시마의 지정학적 중요성이 급격히 약화되어 가는 과정과 궤를 같이했던 것이다. 1811년에 신미 통신사 파견을 끝으로 쓰시마와의 공식적 교류가 중단된 후 조선에서 쓰시마는 주로 을사늑약에 반대하여 항일의병운동을 전개한 최익현이 1906년에 체포되어 유배된 유배지로 알려졌고,6) 최익현과 함께 유배된 의병장 임병찬은 『대마도일기』를

---

3) 山田昭次, 「明治前期の日朝貿易」, 『近代日本の国家と思想』, 三省堂, 1979.
4) 村上曉之助, 「對馬視察團, 嚴原遊記(八)」, 『朝鮮時報』, 1921.5.19; 間城生, 「對馬を訪うて(一)」, 『釜山日報』, 1925.6.24; 「釜山と対馬: 釜山の開拓者は宗氏」, 『釜山日報』, 1926.10.17.
5) 정확한 통계에 기반한 추이는 알 수 없지만, 1888년에 이미 부산 거주 일본인 2,628명 중 쓰시마 출신은 833명에 그쳐 전체의 32%로 줄어든 것이 확인된다. 橋谷弘, 「釜山・仁川の形成」, 『近代日本と植民地 3』, 岩波書店, 1993, 255쪽.
6) 「竟死燕獄」, 『대한매일신보』, 1907.1.4; 「崔氏病卒對島」, 『皇城新聞』, 1907.1.5;

남기기도 했다.

그렇다면 일제강점기 이후 쓰시마는 조선인들에게 어떻게 인식되었을까. 더 이상 조선에서 파견된 사신도, 충절을 지킨 유배자도 아니었던 조선인 방문자들은 누구였으며, 왜 쓰시마를 방문했고, 그들의 눈에 비친 쓰시마는 어떠한 모습이었을까. 이 책에서는 1910년대부터 70년대까지 조선인들이 쓰시마를 방문하고 신문기사(6편), 수필(6편), 시(1편), 소설(2편) 등 다양한 형태로 남긴 방문기 15편을 발굴·정리하고 이를 단서로 그들의 쓰시마 인식을 살펴보고자 한다. 이 중 8편은 한글로, 7편은 일본어로 쓰인 것으로 후자는 번역문을 실었다.

방문기의 소개에 앞서 여기에서는 일제강점기 이후 쓰시마와 조선과의 관계를 간단히 개괄하고자 한다. 섬의 90% 가까운 땅이 험준한 산림지대인 쓰시마는 경작지가 부족하여 전통적으로 조선에서 식량의 부족분을 채워왔으나, 식민지기에는 특히 식민지 조선의 근대화에 영향을 받으면서 지리적으로뿐만 아니라 경제, 문화적으로도 '내지'보다 조선에 더 가까이 있었다. 쓰시마에 가까운 부산과 같은 조선의 식민지 도시는 제국주의 확장을 위한 일본과 대륙을 잇는 관문으로서의 근대 해항도시로 개발되어 1940년대 초에는 인구 30만 명이 넘는 경제, 문화, 교통의 거점 도시로 성장했다.[7] 쓰시마와는 대조적으로 부산은 조선의 '변경'에서 제국 일본의 연결망으로서의 '경계'로 주목되었던 것이다.[8] 1905년부터 부산과 시모노세키(下關)를 이으며 사람과 물건을 실어날랐던 관부(關釜)연락선은 쓰시마를 스치듯 지나갈 뿐이

澤吟子, 「南至夜感歎」, 『대한자강회월보』 11, 1907.

7) 김대래 외, 「일제강점기 부산지역 인구통계의 정비와 분석」, 『韓國民族文化』 26, 2005, 315쪽.

8) 박수경, 「식민도시 부산의 이동성 고찰: 부산항을 중심으로」, 『일어일문학』 55, 2012.

었고, 대륙으로 혹은 '내지'로 향하는 사람들의 마음은 주변의 작은 섬 쓰시마에 한눈을 팔 여유를 허락하지 않았다. 일본이 대륙을 침략하며 판도를 넓혀가면 갈수록 쓰시마는 일본에서도 조선에서도 잊힌 섬이 되어 갔다.

섬사람들은 환자가 생기면 무의촌이 많은 쓰시마보다 근대화된 부산의 병원에서 치료를 받았고 영화관이나 미용실 등을 다니며 문화생활을 즐겼으며, 성적이 좋은 학생들은 부산의 상업학교에 보내 장래에 조선에서 활약할 발판을 마련하게 했다. 이런 식으로 가족 중 한 사람이라도 조선에 건너가지 않은 사람이 없을 정도로 조선과 밀접한 관계를 맺고 있었다.[9] 쓰시마 출신 중에는 '내지인'으로서의 우월한 지위를 활용해 조선총독부 관계 관청이나 학교, 회사 등에 취직하여 입신출세한 사람들도 대단히 많았다.[10] 이들이 식민지 조선에서 쌓은 '제국주의적 경력'은 패전 이후 쓰시마는 물론 일본 본토에서의 활약을 뒷받침하기도 했던 만큼, 쓰시마의 근대는 식민지 조선 체험과 불가분의 관계에 있었음을 알 수 있다.[11] 그로 인해 이 시기 쓰시마는 '조선 남단의 쓰시마'라 불리거나, 나가사키(長崎) 현회의 한 의원은 멀리 떨어져 있는 나가사키보다는 조선총독부로 이관하는 것이 낫다

---

9) 斎藤隼人, 『国境線対馬』, 対馬新聞社, 1972, 15쪽; 兼元淳夫, 『海の国境線: 対馬の表情』, 富士書苑, 1954, 38쪽.
10) 斎藤隼人, 위의 책, 15쪽.
11) 마쓰다 히로코(松田ヒロ子)는 제국의 변경에 놓인 오키나와(沖縄) 주민들이 식민지 제국 일본의 또 하나의 거점으로 근대화된 타이완의 생활권에 포섭되어 '내지인'으로서의 우월한 지위를 활용해 식민지 관료나 기업인 등의 '제국주의적 경력'을 쌓아 패전 이후 오키나와에서 활약한 오키나와의 근대 경험을 지적했다. 마쓰다의 연구는 제국 일본의 정치적 중심에서 유사한 위치에 있는 변경의 섬 쓰시마의 근대를 고찰할 때 참조가 된다. 松田ヒロ子, 『沖縄の植民地的近代: 台湾へ渡った人びとの帝国主義的キャリア』, 世界思想社, 2021.

는 제안을 하기도 하는 등,[12] 일본 본토로부터 무시당하거나 잊히기 일쑤였다.

이렇게 일본의 제국주의 침략기에 소외되고 주변화되었던 쓰시마는, 그런 탓에 오히려 제국주의 전쟁의 참화를 겪지 않고 패전을 맞았다. 하지만, 식민지와 점령지를 잃고 영토를 축소당한 일본과, 해방을 맞은 한반도에 새로운 정치공동체를 수립하려는 남한 사이에 구축된 새로운 경계는 투과성이 매우 낮은 장벽과 같은 국경이 되었다. 일본을 점령한 미군이 한반도로부터의 조선인 '역류'를 철저히 통제하면서 쓰시마는 일본과 남한 사이의 국경의 섬이 되었다. 그뿐만 아니라 1948년 8월 이승만 대통령이 대마도 반환을 요구하면서 촉발된 이른바 '대마도 분쟁'으로 쓰시마는 불완전한 경계성을 둘러싼 한일 간 경합의 장으로 갑자기 주목되어 그 지정학적 중요도는 급격히 상승하게 되었다. 이와 같은 긴장 상태는 1965년에 한일국교정상화가 이루어지고 국경의 투과성이 높아진 이후 쓰시마가 한일 교류의 섬으로 그 정체성을 변화시켜 가는 1970년대까지 이어진다.

이와 같이 전통적으로 일본과 조선 사이에서 특수한 관계를 맺어왔던 경계의 섬 쓰시마는 근대 이후 일본의 제국주의화 과정에서 급격히 주변화되었다가 일본의 패망과 함께 다시 한국과 일본 사이의 국경의 섬으로 주목을 받게 되고 한일국교정상화 이후 한일 교류의 섬으로 그 정체성이 극적으로 변화되는 역사적 과정을 거친다. 이 책의 목적은, 쓰시마와 마찬가지로 일본 제국주의의 부침과 함께 식민지 경험을 강요당하고 해방 이후에도 남북으로 분단된 한반도의 어느 한쪽을 배타적으로 선택하거나 일본에 남는 길을 선택하는 등의 정체성의 변화를 겪은 조선인들이 식민지민, 해방민족, 한국인, 재일조선인 등의

---

12) 斎藤隼人, 앞의 책, 13-16쪽.

다양한 위치에서 쓰시마를 방문하고 남긴 방문기를 소개하고 그들의 쓰시마에 대한 인식을 드러내는 데 있다. 근대 이후 쓰시마를 방문한 조선인들은 누구였고 그들은 왜 방문했을까. 그리고 그들은 쓰시마를 어떻게 바라보았을까.

아울러 이 책에서는 지명으로 '쓰시마(対馬)'와 '대마도(對馬島)'를 모두 사용한다. 대상 시기 조선인들이 일본어로 쓴 방문기 7편을 제외하고 한글로 쓴 방문기 8편에는 모두 '대마도'로 표기되어 이 섬에 대한 조선인들의 고유한 인식이 담겨 있기 때문에, 공식 명칭인 '쓰시마'를 사용하되, 제목은 용법의 역사성을 드러내는 의미에서 '대마도'로 표기하였다.

근대 이후 조선인의 대마도 방문기에 보이는 방문 지역

제1장

조선도 아니고 일본도 아닌 땅

1. 만년수인 「절도 풍정 대마도 방문」(1926)

일제강점기에 조선인에 의해 작성된 유일한 대마도 방문기. 동아일보사는 1926년 하기 특종기사를 위해 4개 취재팀을 편성해 수륙(水陸)을 편순(遍巡)하여 탐방 기사를 보도하고자 했는데, 그중의 한 기획이 '절도 풍정(絶島風情)'으로, 당초에는 '현해탄 중에 떨어져 잇는 대마도'와 '일본해 중의 울릉도'를 각각 1팀이 취재할 예정이었다. 하지만 탐방 기사로 실린 것은 이 책에 수록된 '대마도' 기사뿐이다. 동아일보는 하기 특종 예고에 "현해탄 중에 떨어져 잇는 대마도가 지금은 일본 민족의 독무대이지만은 가까운 녯날까지도 이것이 우리의 땅이엿던 것만큼 우리의 녯날 형제가 남겨노혼 자최와 전설이 수두룩합니다"(1926.7.9)라고 하여, '상실된 고토'에 대한 향수를 자극하여 독자들의 흥미를 끌고자 했던 것으로 보인다. 취재팀 제1반 기자로 보이는 만년수인(萬年壽人)은 동아일보 사회부 기자였던 김동진(金東進, 1902-?)의 필명으로, 평양에서 태어나 블라디보스톡에서 유년시절을 보냈으며 당시 소련의 민족정책이나 교육정책 등을 소개하는 기사를 썼다.

절도 풍정(絕島風情) 대마도 방문(對馬島訪問)

만년수인

1

기풍제(祈風祭)를 지나는 영가대(永嘉臺)도 파도(波濤)박게

제일회 대마행(對馬行)에 실패를 하야 뜻 안 둔 온천객의 호사를 한지 십여 일 만에 다시 행장을 수습하니 때는 지리한 장마가 끗친지 이틀재 되는 칠월 이십오일 밤이엇다. 삼사일 후에 동행하자는 C씨 두 분을 떠러트리고 총총히 길을 떠나니 몸은 차중에 실엇슬망정 맘은 여전히 서울에 떠러저 잇는 듯하엿다. 맘 업는 몸둥이만이 허수아비의 거름이나 아니 될는지.

◇

전의전동(全義全東) 부근의 선로 파손으로 인한 연착으로 부산 부두에 도착되기는 예정보다 오십 분이 느즌 이십륙 일 아츰 열 시 이십 분이엇다. 그리고 본즉 대마 가는 다마마루(珠丸)¹⁾는 출범 시간이 열 시 정각이라 이십 분이 늦는 세음이다. 두 번재까지 실패해서는 민활하여야만 되는 신문기자의 큰 실책이라 차중에서부터 초조하야 편안히 안저 잇지를 못하다가 부산 부두에 나리여서는 돈을 밧굴 여유도 업시 그냥 인력거를 모라 다마마루가 출범하는 제이 잔교(棧橋)로 달려갓다.

---

1) 쓰시마상선주식회사(対馬商船株式会社)에서 쓰시마와 이키를 경유하여 부산과 하카타(博多)를 잇는 연락선으로 건조되어 1925년에 취항했다.

그림 1-1 쓰시마 상선 다마마루

출처: 『부산일보』 1927년 4월 5일자.

◇

싸흔 공력도 허사! 배는 벌서 닷을 것고 머리를 돌리노라고 허얀 거품만 해면에 뽑고 잇다. 순간을 다토는 때라 최후의 용력을 다하야 배를 향하야 신문기자니 배를 멈추라고 소리를 지르니 수부장 비슷한 사람이 종선을 타고 따라오라는 손고락질을 한다. 이때에 내 주위에는 구경군이 산덤이 가치 싸혀 무슨 영문인지를 몰라 눈을 뚜렷거릴 뿐이엇다. 간신히 종선을 어더 타고 빨리 저어 따르니 배에서는 벌서 만흔 수부를 식히여 다러 매엿든 사다리를 다시 내리우고 뽀이가 내 손을 붓잡어 올리니 뜻하지 안은 활동사진 배우가 되어 해상의 모험극 일장을 얌전히 연출한 세음이다.

◇

잔잔한 물결에 흰 파도를 일으키며 목도(牧島)²⁾를 끼고나니 물이 점점 검푸러간다. 대양이 갓가움인가보다. 뒤를 돌려 바른편으로 멀리 부산 진 영가대(永嘉臺)³⁾를 바라보니 물 우에 떠흐르는 나무닙과 가치 파도에 현몰한다. 감개가 무량하다. 옛날 사오백 년 이래로 조선 사절이 일본으로 국서를 가지고 부산을 떠날 때에는 반듯이 영가대 위에서 기풍제(祈風祭)를 지나든 곳이라 당년의 사신들이 국사를 위하야 사생을 불고하고 창해를 건느노라고 애를 쓰든 생각이 눈압헤 감감히 보히는 듯도 하다. 나라가 업서젓스며 사신이 업서지고 때가 변하엿스며 풍선이 업다 하더라도 그 당시를 추억하야 내 자신에 일으매 나도 또한 십만 독자의 기대를 혼자 진 무관의 사신인 듯 호호한 기운이 바다를 누를 듯하엿다.

칠십 전(七十錢)에 이자(利子)부터 일등선실(一等船室)을 독점(獨占)

이등선객 정원 이십사 명이 타기 전부터 만원이라 '뽀이'에게 칠십 전 준 것이 대번에 효력이 발생하야 상층에 텅뷔인 일등선실을 독차지할 행운아가 되엿슬 뿐더러 련해 '카피'가 드러오니 아모리 돈이 행세를 한다기로 그러케까지 큰 위력을 나타낼 줄이야 꿈밧게 생각이다.

---

2) 지금의 영도구를 말한다. 원래 절영도(絶影島)로 불렸다가 일제강점기에는 마키 노시마(牧島)가 공식명칭이 되었다.
3) 1614년 광해군 때 축조되어 1617년 통신사로 파견된 오윤겸이 처음 영가대에서 일본으로 출발한 이후 순조 때까지 통신사 일행이 출발하여 돌아오던 곳으로, 거친 대한해협을 건너기 전 항해의 안전과 무사 귀환을 비는 해신제를 올리던 장소였으나, 1910년 무렵 경부선 철도의 부설과 항만 매축공사로 소실되었다.

◇

포구가 멀어질사록 물은 더욱 검고 푸르러간다. 압흘 바라보매 하늘이 맑은지라 이날의 풍파 업슴을 다행히 녁이엿더니 열두 시가 못되여 한 묵금 바람이 슬적 지나가드니 배의 동요가 심해지고 어듸서 온지 출처 불명의 안개가 자욱히 내려덥히니 지척을 분별할 수가 업다. 기선은 일각이 머다 하고 기적을 뚜뚜 울리니 처량한 소리가 안개 속에 숨어드러 무서운 기분이 몸을 엄습한다.

◇

바다에는 좀 경험을 가진 터라 안개에 저즌 몸을 식당으로 끌고 드러가니 이십여 명 이등객 중에 식탁에 나선 사람이 불과 나까지 네 명 벌서들 취해서 꼼작을 못하는 모양이다. 칠백여 돈의 적은 배고 보니 동요가 당연하다고 할 박게 ……

(『동아일보』 1926.8.3)

2

창송록죽(蒼松綠竹) 동백리(冬柏裡) 감회(感懷) 깁흔 대마도(對馬島)

식당에서 마신 한잔 맥주에 얼골을 붉혀가지고 침상에 기대여 스르르 눈을 감엇다가 이윽고 '뽀이'에게 흔들리여 갑판 위로 나서 보니 꿈에 노는 세음인가 앗가까지 자욱하든 안개는 어느듯 살작 것치어 버리고 바람과 물결이 한가지로 고요하다. 뽀이가 가르처주는 방향을 멀리 바라보니 수천이 련접한 곳에 한점의 검은 자최가 감감히 보이니 그것이 내가 목적하는 대마도라 한다. 대마가 보힌다는 말이 이 입 저 입에서 소사나오매 선실에서 머리를 싸매고 잇든 승객들까지 지옥에서 천사의 나팔소리나 드른 것처럼 상갑판 하갑판으로 모혀들어 제각기

20

손고락질을 하며 저것이 대주(對州)(일본인은 대주라고도 한다)이라고 깃버서 야단들이다.

◇

넘어 바라보기도 시력이 피로하야 하갑판 상갑판으로 구경을 휘휘 도라다니노라니 하갑판 후부에 조고마한 조선말 네 필이 배멀미가 낫는지 마음이 심란함인지 머리를 푹 숙이고 눈들만 껌벅거린다. 말을 못하는 말이라 그 심정을 아러줄 수가 업스되, 사가는 일본인에게서 드른 즉 어린애들 작난감으로 팔려간다고 하니 말로 태여나서 말의 직무를 다 못하고 작난감이 되여가는 신세가 자탄스러워서 그러게 수심이 가득한 모양이다. 갓가히 가서 머리를 쓰다드면서 잘못 태여난 것이 전생의 업원이라고 위로를 하엿더니 저도 사람의 맘을 아는지 머리를 조은다. 일본사람 천지에서 조선말이라도 만나보니 적히 고적한 심회가 풀리는 듯하엿다.

◇

묘묘하든 일 점 흑이 차차 륜곽이 선명하여짐에 따라 옹곳송곳한 만악천봉의 기괴한 광경이 눈압헤 전개되니 이것이 유명한 대마의 제산(諸山)이라 한다. 뽀이들은 벌서 선실에 들락거리니 장차 도착될 사스나(佐須奈)항에 하륙할 선객의 행구를 수습함이다. 선장이 우렁차게 트는 외마디 기적소리에 따라 병 구멍 가치 생긴 포구를 뚤고 드러가니 좌우가 모두 청산록수이라. 잣나무 솔나무 귤나무 대나무 종려 동백(冬柏)이 서로 어우러저 백일이 암흑하니 수면에 비최는 취영과 아울러 고객의 심사를 창활케 한다.

여사공(女沙工)의 젓는 종선(從船) 석일(昔日)의 사스우라(佐須浦)로

사스나는 사스우라(佐須浦)라고도 불르는 인구 삼천여 명의 적은 포구이다. 대마 최북단으로부터 서남 간 오십 리에는 해변가 산골이나 조선과 교통하는 관문인 까닭에 넷날부터 출입 선박이 폭주하다고 한다. 부산에서 일백팔십 리요 내가 목적한 이즈하라(嚴原)[4]까지 이백팔십 리가량인데 여기까지 오는 데 세 시간 반이 걸렷다.

◇

취록을 따라 벽수를 지치기 얼마 만에 천연의 암석으로 된 방파제를 뚤고 부두 갓가히 닷을 주니 준비하고 잇든 '삼판'들이 개아미떼 모양으로 달려든다. 배를 젓는 사공들 중에는 서너 명의 여자들도 잇스니 배 젓는 재조가 사내에게 지지 안는 모양이다. 머리는 두 주먹을 업허 논 것 가치 트러올린 것이 야릇해 보히고 두텁은 람루를 입은 것이 매우 군색하여 보힌다.

◇

사내들은 배에 오르는 승객 외에는 대개 훈도시(개지미) 하나가 통상복이오, 어린이들은 대개가 '기모노' 한 겹에 신 아니 신은 맨발인데 일본말을 하는 모양이지마는 아라듯기가 매우 어렵다.

(『동아일보』 1926.8.4)

3

심수(深邃)한 산곡간(山谷間)에 동포(同胞)의 탄조모옥(炭竈茅屋)

사스나에는 포구를 중심으로 하야 그 부근 산촌에까지 오백여 호에 삼천여 명이 산다고 한다. 토지가 산악뿐이라 농사라고는 고구마를 심

---

4) 율령제에 따른 쓰시마 국부(國府)기 있었던 곳으로 쓰시마 후추(府中)라고 불리다가 1869년에 군제가 폐지된 후 '이즈하라'라 불리게 되었다.

으는 데 불과하고 산업이라고는 고기를 낙는 것이 주업으로 주민의 생활이 유복하지 못함은 것츠로 보아서도 알려니와 매년 조선으로부터 이천삼백 석 내외의 백미를 수입하야 량식을 보태며 주식은 고구마라 하니 일반의 생활 정도를 가히 짐작할 만하다.

◇

우리 배는 백미 오십여 석을 푸고 재목 약간을 실은 후 두 시 반에 사스나 항을 떠낫다. 울울창창한 산천의 경개는 보아도 다하는 바를 모르겟는데 한 굽이를 도라 산골재기 잣나무 욱어진 새로 한 간의 초막이 발견된다. 저것이 무엇이냐고 승객에게 무럿더니, 조선인 숫 굽는 사람의 초막이라고 한다. 고국을 멀리 떠나 해중 절도 중에서도 외따른 곳에서 숫 굽는 동포의 집을 바라보니 고우 친척이나 만나보는 듯이 반가운 생각이 소사난다. 압길은 멀고 해상에 뜬 몸이라 차저볼 길이 업스되 사스나 촌 부근 산중에 저러한 동포가 이백여 명이나 산다 하니 날 맑은 날 멀리 바다 뒤로 고국 강산의 그림자를 바라볼 때에 저들의 비애가 얼마나 할가. 더욱 고국으로 오고 가는 배가 발아래를 시처갈 때에야! 당장 숫을 구어 황금을 숫 가치 엇는대기로 무엇이 반가울 것이랴.

◇

넷날은 조선 사신의 당당한 함대가 사스나에 도착하엿슬 때는 의례히 풍악을 잡히고 술을 따르고 시를 읇허 안착의 깃븐 잔채를 베풀엇다고 한다. 그럴 때마다 수백 리 밧게서까지 구경군이 밥을 싸가지고 모혀드러 조선나라의 늠늠한 위풍에 감복 안 하는 사람이 업섯다 하거늘, 무상한 세상이라 산천은 그것이로되 사신은 흔적도 업고 오직 숫 굽는 잔민의 외로운 그림자가 산간에 빗칠 뿐이니 울적한 회포가 더욱 깁허진다.

◇

비어(飛魚)(날치)라고 하는 꼭 비행기 가치 생긴 고기가 배에 놀라서 휘휘 나려가다가는 물속으로 쏙쏙 드러간다. 그것도 기관이려니와 우리 배가 이즈하라(嚴原)로 가는 도중에 와니우라(鰐浦)라는 포구가 잇다. 사스나에서 여기까지 삼십여 리, 포구가 적은 곳임으로 들르지는 안하엿지마는 와니우라에서 한 오리쯤 되는 해중에 무수한 바위가 해중으로 오리 기라나 쑥 내여민 곳이 잇스니, 이곳이 대마 해로 중에 가장 험난한 곳이라 한다. 나무 하나 업는 샛발간 바위가 혹은 눕고 혹은 서고 혹은 버틔고 혹은 종그리여 경아호치(鯨牙虎齒)가치 사나웁게 생겻는데, 파도는 부듸치어 백설을 날리고 구슬을 바스는 듯 그 처참한 광경이 심담을 서늘케 한다. 이러한 난험임으로 등대를 세운 이 때에도 한 번 배질을 잘못하면 가루가 되여 버린다고 하는데, 이백 년 전 넷날 숙종(肅宗) 때에 조선 사신의 역관 한대석(韓大錫)[5]도 이곳에서 함몰을 당하엿다고 한다. 국사에 순직한 선민의 망령을 조상할 사람은 오늘에 이르러서는 나 하나뿐인가.

연년세세(年年歲歲) 풍파(風波)에 변형(變形)한 히타카쓰(比田勝)의 동굴(洞窟)

청초한 풍치는 사스나보다 낫다는 도요우라(豊浦)를 바라보고 우리 배

---

5) 한천석(韓天錫, 1653-1703)의 오기. 숙종조 1703년에 조선통신사보다 소규모로 외교상의 실무를 행하던 사절단이었던 역관사(譯官使)가 쓰시마에 파견되었다가 와니우라 근처에서 기상이변으로 침몰하는 조난사고를 당해 112명 전원이 사망했다. 한천석은 이 사절단을 이끌던 정사(正使)였다. 1991년에 와니우라에 '조선국 역관사 순난비(朝鮮國譯官使殉難碑)'가 건립되었고, 2003년에는 순난 300주년을 맞아 희생자 전원의 이름이 새겨진 추도비가 순난비 앞에 건립되었다.

는 다시 남향하기를 시작하니 대마의 최북단을 지난 것이다. 산악의 웅장함이 사스나 근방보다 더 사나워 보이고 수목의 울창함이 더욱 깁허 보이니 동해안의 지대가 서해안보다도 준험함인 것이다. 바위라는 바위, 산이라는 산은 개벽 이래 몃 천만 년을 두고 동해의 사나운 물결과 거치른 바람에 시치고 파이여 버리집가치 굴이 뚤리고 구멍이 파이여 바람에 밀린 물결이 드러갓다가는 폭포가치 쏘다저 나오는 장관이라니, 이로 형용할 수가 업섯다. 이러한 승경 속으로 삼십 리를 항행하야 바른 편으로 구름 속에 뭇친 니시도마리우라(西泊浦)의 원경을 그림 가치 바라보며 다섯 시 반경에 히타카쓰(比田勝) 항구 부두 갓가히 닷을 주니, 해는 아직 그리 기울지를 안엇스되 로목이 충천하야 석양의 기분이 물 우에 가득 찻섯다.

(『동아일보』 1926.8.5)

4

조선군(朝鮮軍) 방비(防備)코저 굴착(堀鑿)한 오후나코시(大船越) 운하(運河)

히타카쓰(比田勝)는 배가 다으니 항구라고 할가, 호수가 불과 수십 호에 생산품이라고는 생선이 위주로 이것저것 통트러 일 년에 십만 원을 넘지 못한다는 말을 사무장에게서 들엇다. 여기도 대개가 조선 백미를 수입하야 량식을 보탠다 하니 토지가 척박함을 가히 짐작할 수 잇다.

◇

수건 쓰고 광주리를 걸머진 조개잡이 안악네들의 붉은 속옷도 버리지 못할 구경거리어니와 넓적다리까지 내여놋코 압자락을 펄펄 날리는 부인들의 물동 지고 가는 광경도 이국 풍정으로는 남겨둘 인상이다. 구름인지 안개인지 분변 못할 수기가 몽몽하게 바다를 덥흘 때 우리 배는 어느덧 남천을 향하야 파도를 갈른다. 바른편을 건너다보니 천인 절벽에는 동굴(洞窟)들뿐이오, 왼편을 바라보니 안개가 좁아서 바다의 끗치는 바를 모르겟다. 연안의 경치는 갈수록 기이하야 혼자 보기에도 앗가운 생각이 난다. 몃 번식 사진기게 너흔 '트랭크'에 손이 다어 보앗지마는 요색지대라는 무서운 법령에 감히 끄내지를 못하고 마니, 만세에 자랑할 조물주의 대걸작품도 군국주의자의 씨운 그물에는 엇절 수 업시 부질업는 늙음을 하고야 만다.

◇

기나긴 여름 해도 바다 위에서 다 보내고 말엇다. 히타카쓰를 출범하야 두어 시간 항해하엿슬 때에 일륜은 벌서 산에 넘고 북극광(北極光) 가치 허연 빗만 남어 울창한 수림의 륜곽만 어슴푸러하게 그려 노앗는데, 동편을 바라보면 끗업는 바다의 적은 물결 큰 물결이 금빗가튼 락조를 안고 이리 늠실 저리 늠실 조와라고 날뛰는 것이 산을 지고 바다에 뜬 몸이 아니면 볼 수 업는 경치이엇다. 이윽고 황혼도 깁헛는데 무수한 도서가 총총히 드러안즌 구로시마(黑島)를 도라 소잔등 가치 생긴 산 밋헤 다다르니 그곳이 유명한 오후나코시(大船越)라는 운하이다.

등광(燈光)이 찬연(燦然)한 이즈하라(嚴原) 부두에 하륙(下陸)

대마의 지형은 남북이 기러 백칠 리에 달하나 서편의 아소만(浅矛湾) 동단은 실오래기가치 가는 륙지로써 동해를 격하엿다. 그래서 넷날 동서를 왕래하는 배는 이곳에 배를 멈춘 후 짐을 푸러 저편으로 지어

26

날르고 내종에는 배까지 지여 날러 동서의 련락 항행을 하엿섯다. 이 까닭으로 지명을 오후나코시라고 하엿는데, 지금부터 이백오십여 년 전에 대마도주 소 요시자네(宗義眞)는 삼만오천 명의 역부를 사용하야 운하를 파서 동해와 아소만을 통하게 만들엇다. 그 후 거금 삼십 년 전에 일본 정부에서 다시 널피 파서 지금은 구축함은 자유로 통행하게 만들엇는데[6] 이백오십 년 전에 조고마한 대마도에서 그런 큰 공사를 감행할 용기를 내게 된 것은, 대마 수부는 동해안 이즈하라(嚴原)이나 조선 군대의 침략은 지리상 항상 서해안에만 발생으로 병신의 운용을 경첩케 하기 위하야 막부의 허가로 국가적 대공사를 하게 된 것이라 한다. 그 당시 전 도 삼만여 명에 불과한 인구로 륙 개월 간에 연인원 삼만오천 명으로 사역하엿스니 얼마나 운하의 필요가 절박하엿스며 이에 따라 조선과의 국제적 관계가 얼마나 위급하엿든 것을 알 수 잇다.

◇

오후나코시의 운하를 박암(薄暗) 속에 바라보아 고려 조선 시대에 발휘하든 선민의 위력을 추억하니 가슴속의 어두운 구름이 뭉게뭉게 이러나 바다에 덥히는 어둠과 가치 더욱 답답하여질 따름이엇다. 오직 선두에 부듸치는 물소리만 따라 한 시간이나 남행을 하엿슬 때 등대의 반적이는 산을 지나가니 이곳이 이즈하라 항구 입구라 한다. 한

---

6) 고대에 쓰시마해협에서 아소만으로 들어가기 위해서는 쓰시마 남단이나 북단을 크게 우회하지 않으면 안 되었다. 그래서 쓰시마해협과 아소만 사이의 좁은 지대에 인력으로 배를 운반하는 것을 업으로 삼는 취락이 발달했다. 오후나코시 (大船越)와 고후나코시(小船越)가 그것이다. 에도시대에 들어 오후나코시에 인공적으로 운하를 파서 쓰시마해협과 아소만을 이었지만(1672년), 메이지시대에 오후나코시 운하가 얕아 일본해군의 함정이 출입할 수 없어 1900년에 만제키 (万關) 운하를 새로 건설했다.

굽이를 도라드니 갑작이 등광이 찬란하다. 이곳이 내가 목적한 이즈하라이다. 파도 속에 야등이 반적거리며 삼판들이 모혀들더니 키가 구척가튼 수상서원과 세관 관리가 등선하야 검사를 하고 나간 후에 행장을 수습하야 삼판에 올마안저 부두에 내리니 그리 번잡하지도 안은 거리가 탐복스러워 보힌다. 이곳도 삼면이 산이라 주위가 답답한데 시가를 종관한 어가를 밟어 부두에서 얼마 멀지 안은 사에키(佐伯)려관에 려장을 푸러 노흐니 지금까지 몰랏든 더위가 갑잡이 땀을 자어낸다.

그림 1-2 이즈하라 항구 전경
출처: 『부산일보』 1925년 6월 24일 자

(『동아일보』 1926.8.6)

28

5

왕석(往昔)의 대마도(對馬島)는 조선 영토(朝鮮領土)가 확실(確實)

사에키 려관에서 특별히 덥지 안타는 방을 어든 것이 모기장을 치고 누으니 습하고 흔윽한 기운이 엇더케 불쾌한지 늣도록 잠을 이루지 못 하엿다. 드르니 이곳은 해변가라 하나 더위가 항상 화씨 구십 도에 갓 가웁다 하니 벽이 열분 일본 집에서 그만한 더위는 꾹 참아야 되겟다.

◇

대마도는 본시 조선영이라는 말이 만타. 오백 년 전에 지흔 여지승람 (興地勝覽)에도 본시 조선 령토이지마는 언제 일본으로 넘어갓는지 알 수가 업다고 하엿다.[7] 그러나 그보다 전에 생긴 세종(世宗) 원년(오백 팔 년 전) 대마를 칠 때에 도주에게 주는 유서에는 대마도는 본시 경상 도 계림에 속한 섬으로 우리나라 령토임은 사적에 료연하다. 섬이 심 히 적고 해중에 잇슴으로 백성이 살지 안는다 하야 왜구가 점령한 후 차차 갈 곳 없는 무뢰한의 굴이 되고 말엇다고 하엿스니,[8] 본래 조선 땅이든 것이 확실하다.

◇

지금에 내 땅 네 땅을 가린들 무엇할까. 흙 한 줌 우리 것이 업는 처지

---

7) 『동국여지승람』 23권 「경상도 동래현」에 실린 "대마도(對馬島)는 곧 일본의 대 마주(對馬州)이다. 옛날에는 우리 계림(鷄林)에 예속되었었는데, 어느 때부터 일 본사람들이 살게 되었는지는 모른다"는 구절을 말한다.

8) 세종실록 4권, 세종 1년 7월 17일의 대마도주에게 교화에 응할 것을 교유한 글 을 말한다. 해당 부분에는 "대마도라는 섬은 경상도의 계림(鷄林)에 예속했으니, 본디 우리나라 땅이란 것이 문적에 실려 있어, 분명히 상고할 수가 있다. 다만 그 땅이 심히 작고, 또 바다 가운데 있어서 왕래가 막혀 백성이 살지 않는지라, 이러므로 왜인으로서 그 나라에서 쫓겨나서 갈 곳이 없는 자들이 다 와서 함께 모여 살아 굴혈을 삼은 것"이라고 되어 있다.

에 그런 것은 엇지 햇든 대마도는 길다란 섬으로 면적이 사십오방여 리(일본 리수)요 해안선 연장이 백팔십칠 리(일본 리수)이며, 현재 호구가 팔천팔백 호에 사만구천오백 명이 사는 섬이다. 섬은 작지에 기록한 바와 가치 오후나코시 운하(大船越運河)를 뚜러 노앗슴으로 남북이 둘이 되엿스나 본래는 하나인데, 섬이 왼통 산으로만 되여 논이라고는 명색치레로 륙백 정보에 불과하고 밧이라야 이천구백 정보에 넘치지를 못하여 쌀이라는 것이 칠천 석밧게 나지 안코 보리가 난대야 삼만팔천 석에 불과하야 매년 부산, 시모노세키 등지에서 이만륙천여 석의 백미를 수입하고 그것으로도 모자라는 바는 소산되는 이백삼십사만여 관의 고구마를 식량으로 쓰다.

◇

이와 가치 농산물이 적고 보니 공업이나 어업이 번성한가 하면 그것도 그럿치 못하야 공산물이라는 것은 들어볼 만한 것이 업고 어업이란 대야 연해의 수심이 깁흔 까닭으로 대규모의 어업은 일본 본토인이 다 차지하여 가고 겨우 총산액 사백여만 원 중에서 백만 원가량이 대마도인의 주머니로 드러온다고 한다. 일언이폐지하면 대마도 오만 인구가 매년 오백만 원은 잇어야 되는데 드러오는 것은 사백만 원밧게 아니되야 백만 원이 부족하다고 한다. 그래서 나무나 찍어서 그것을 보태여 볼가 하나 산에 가득한 나무도 교통이 불편하야 뜻대로 되지 안는다 하며, 조선식으로 양잠을 장려하기 시작하나, 아직 조흔 성적이 업다는 것이 대마도 지청장(支廳長)의 하소연하는 말이다.

일익쇠수(日益衰愁)하는 대마인(對馬人)의 생활(生活)

넷날은 조선 땅이엇든지 지금은 일본 령토로 주민은 일본 성을 쓰고 일본 옷을 입고 일본말을 하니 분명한 일본사람임은 틀림업는 사실이라 하나, 대마도인은 새로 건너오는 일본을 본토인에게 차츰차츰 기운 꺽기여 이즈하라 시가에는 대개가 이주민들뿐이다. 그들에게 눌리우는 대마 본토인은 차츰차츰 집을 버리고 산골로 드러가 감자나 고구마 농사를 지어먹어 비참한 상태에 빠지는 모양이나 자기네도 일본사람이라는 신념이 잇고 대의사도 뽑아낸다는 자부심(대마도에서도 대의사 한 사람을 뽑을 수 잇다)에 일본 본토인에 대한 적개심 가튼 것은 품지를 안는 모양이오, 오직 넷날에 잘 살든 추억이 깁흘 따름인가 보다.
◇

이러함으로 일본 본토인들은 주민인 대마도인(더욱 농부나 로동자)에게 '이모구라이(イモグライ)'(고구마만 먹는 어두운 백성이라는 뜻)라는 모욕적 대명사를 쓴다. 조선사람에게 '요보(ヨボ)'라는 대명사를 주엇슴과 맛찬가지다. 려관에서도 각금 '이모구라이'들이 무엇을 아는가고 오히려 '요보'인 나에게 존대를 하는 것을 여러 번 듯고 보고 어심에 찔리우는 바가 업지 아니하였다.

(『동아일보』 1926.8.7)

6

광해군(光海君) 하사품(下賜品)과 인조대왕(仁祖大王) 친필 액(親筆額)

이십칠일 아츰 부산 도코(都甲) 씨9)에게서 어더가지고 온 소개편지를

---

9) 부산일보사 정치부장 출신인 도코 겐쿄(都甲玄鄕)로 보인다. 도코는 『釜山府史

가지고 도청(島廳)으로 고바야시 도사(小林島司)10)를 방문하엿다(도사의 직명은 군제 폐지(郡制廢止)로 인하야 지청장(支廳長)11)이라고 부른다). 도청 집은 넷날 대마도주 소(宗) 가의 분가를 증축하여 쓰는 집이라는데 푸른 잇기 끼인 개와와 붉은 칠 하엿든 부연이 넷말을 아뢸 뿐이오, 뜰 앞해 소슨 소철(蘇鐵) 나무 하나가 몹시도 북에서 온 손의 맘을 끄은다.

◇

고바야시 씨는 사십이 될낙 말낙하여 보히는 중년 신사이다. 엇더케 상양스럽고 태도가 자연스럽운지 처음 온 내의 감정을 흡족케 하야 심금을 푸러헤치고 속에 잇는 말을 꺼림 업시 할 수가 잇섯다. 자기는 아직 조선을 잘 모르나 일본 관동지진 때에 조선 학생들을 구조한 까닭으로 조선사람은 잘 안다고 하면서 조선 땅이든지도 모르는 대마도에 온 감상이 엇더하냐 한다. 그리고 자기 부하 중에도 조선사람의 피를 바든 사람이 만흐냐고 하며 손짓을 하기에 돌려다 보니 리원들 중에 조선식 얼골을 가진 사람이 사오 명이엇다.

◇

소개장의 효력이 발생하엿습인지 고바야시 도사의 안내로 도청 부근의 고물을 차저보고는 다시 이곳 력사에 정통하다는 우라세(浦瀨)라는 대의사12)의 안내를 청하야 고바야시 씨와 가치 삼인이 서편으로 쇼헤

原稿』(1937)의 편자로 알려져 있다.

10) 미상.

11) 1871년 폐번치현 후 1872년에 이즈하라에 지청이 설치되었고, 1886년에는 쓰시마 도청으로 개칭되었다. 그 후 이 방문기가 게재되기 직전인 1926년 7월에 쓰시마 도청이 폐지되고 쓰시마 지청이 설치되었다. 그런 탓에 이 방문기는 지청장을 주로 도사(島司)로 부르고 있다.

12) 우라세 사이시(浦瀨済之, 1865-1936)를 가리킨다. 우라세는 쓰시마 출신의 어업 지도자로 수산업 진흥에 진력한 후 정치가가 된 인물이다. 1916년에 중의원의

키산(鐘碧山)을 차저가 욱어진 잣나무 장림 새로 맑은 시내를 끼고 유한한 넷날 집이 바라보힌다. 이것이 반쇼원(萬松院)이라는 절인데, 대마도 소 씨의 선대 분묘와 선령을 제사하는 사당이다. 문을 드러서 정전을 바라보니 정면에 반쇼정사(萬松精舍)라고 쓴 금색이 찬란한 편액이 부터 잇는데, 이것이 인조대왕(仁祖大王)께서 일본과의 외교에 몸을 밧친 대마 이십이 세 도주 소 요시토시(宗義智)13)가 죽으매 그 공로를 표창하시노라고 하사하신 것이다. 액면이 높히 달리고 글자가 오래여 옥새의 글자를 가리지 못하고 광해군(光海君)이 하사하엿다는 향로대 촉대(香爐臺燭臺) 등을 구경하엿는데, 주인 업는 절이라 촉대는 법당 한편 구석에 쭈구리구 들안젓스되 현무도를 아로새긴 구리로 만든 향로대는 풍우에 갈리여 구멍이 뚫어지게 되여 잇다. 직히는 사람에게 무러보니 넷날은 정교한 화병도 잇섯스되 언제 업서진지 알 수가 업다고 하니, 세상이 무상한지라. 하사하신 임금의 나라도 업서지고 하사 바든 도주(島主)의 자최도 끈첫스니 주인 업는 촉대 화병만이 외로히 남어 잇기가 넘우도 쓸쓸하고 미안하든 모양이다.

도주(島主)는 대대(代代)로 예조(禮曹) 차첩(差帖)을 바더

대마도주에게 대한 조선 왕실의 은혜가 이러하엿스니 그 력사적 관계를 아니 말할 수 업다. 대마의 고적은 사적이 구구하야 그 정확한 바

원으로 취임했지만 1917년에 낙선하여 재임기간은 1년이다. 당시의 대의사는 1920년부터 중의원의원으로 선출된 무카이 시즈오(向井倭雄)였다.

13) 1568-1615. 대마도주로, 도요토미 히데요시(豊臣秀吉)의 명을 받아 고니시 유키나가(小西行長)를 도와 군단을 이끌고 부산을 침략하면서 임진왜란 개전에 관여했고, 전후에 조선통신사를 에도(江戸)까지 호위하며 조선과의 국교 회복에도 힘썼다. 제1대 쓰시마 번주가 되었고 가톨릭 신자였다.

를 알 수 업스나, 대마도를 다사리든 미나모토노 지카미쓰(源親光)가 다이라 가(平家)에게 몰리여 고려(高麗)로 피한 후[14] 얼마 잇다가 소씨의 선조 시게히사(重尙)가 대마를 차지하야[15] 이래 륙백팔십여 년 동안을 대마 주인 노릇을 하여 왔다. 그런데 대마도는 자연히 두 나라 사이에 잇는 섬으로 또한 지형이 큰 나라에 붓지 안코는 유지하여 나갈 수가 업서서 일본에 대해서는 일본의 속지처럼 조선 대해서는 조선 령속인 체하야 리조 중엽 선조(宣祖) 때까지 례조의 차첩(差帖)을 바더 갓다. 그리고 조선 조정에 진공을 하고는 하사품을 바더 갓는데, 진공물은 진상품(進上品)이라 하고 하사품은 회사별폭(回賜別幅)이라고 하여 왔다. 그리고 이밧게 조정에서는 왜구(倭寇) 방어하는 공로가 잇다 하야 백석 내지 천석의 미곡을 하사하고 공로 잇는 신하에게도 적당한 상급이 잇섯다.

(『동아일보』 1926.8.8)

7

양국 간(兩國間)에 협재(挾在)하야 평화유지(平和維持)에 초려(焦慮)

대마도주가 이와 가치 우리나라 대신의 사령서를 밧고 신하 노릇을 하엿다는 증거를 사적에 살펴보면 그뿐만 아니겟지마는 우리나라를

---

14) 가마쿠라 막부의 사적을 기록한 역사서인 『아즈마카가미(吾妻鏡)』에 보이는 기록으로, 1185년(고려 명종 15)에 쓰시마의 지방장관(對馬守)이었던 후지와라노 지카미쓰(藤原親光)가 다이라 가문의 공격을 우려하여 고려로 도망갔다는 내용을 담고 있다. 지카미쓰는 일본으로 귀환할 때 고려 국왕으로부터 귀한 보물을 실은 공선(貢船) 3척을 제공받았다고 한다. 이와 관련된 고려 측 기록은 없다.
15) 소 시게히사는 치쿠젠(筑前, 현 후쿠오카현)에서 쓰시마로 들어가 1246년에 아비루 씨(阿比留氏)의 반란을 평정하고 쓰시마의 당주가 되었다.

섬기는 반면으로 일본 정부에는 모다 밀접한 관계를 맺고 잇서 왔다. 이것은 고래로 일본 무력이 조선보다 강한 때가 만허 일본과 접근하는 것이 자위상 유리하다는 점도 만켓거니와 그보다도 대마도인에는 일본의 내란으로 몰려온 사람이 만헛든 까닭으로 자연히 혈통을 차저 일본과 갓갑게 지내든 것이다. 그리하야 임진왜란이 이러날 시대에는 벌서 완전히 일본 령토가 되여 버려 대마도 군사가 선봉을 서서 조선으로 건너오기까지 되엿다.

◇

대마도 군사가 선봉으로 서기는 섯스되 이는 엇절 수 업시 선 것으로 란리가 장차 이러나려 할 때 도주는 여러 번 도요토미 히데요시(豊臣秀吉)에게 동병을 중지하여 달라고 애원을 하고 한편으로는 조선 정부에 대하야 미리 화의할 길을 교섭하엿다. 그러나 뜻대로 되지 안어 출병을 하며 대마도주도 엇절 수 업시 복종하엿스되 란리가 채 끗나기 전부터 이십이 세 된 대마도주 소 요시토시(宗義智)는 다섯 번이나 사신을 조전으로 보냇다가는 잡히여 죽는 것을 불고하고 끗끗내 목적을 이루고 말엇다(작지=인조대왕의 친필 액자와 광해군의 향로 촉대에 하사도 이 소 요시토시(宗義智)에게 내린 것이다).

◇

이와 가치 대마도는 량국의 사이에 끼여서 하후하박을 하고는 살 수 업는 처지에 잇섯슴으로 언제든지 량국의 관계를 원만하게만 꾀하여 왔다. 이리하야 량국 간에 왕래하는 외교문서를 전달할 때에 한편 국서가 무례하다든지 하면 자기 맘대로 곳치어 보내여 량국의 국교가 무사하기만 바랏다. 이것은 내종에 일본 도쿠가와 막부(德川幕府)에 발견되여 때의 이십삼 세 도주 소 요시나리(宗義成)가 죄를 입어 나라를 빼앗기게 되엿다 간신히 외무대신격인 야나가와 시게오키(柳川調

興)가 정배를 가고 말엇는데,[16) 이때에 대마도 신하들은 국가의 운명이 다하엿다고 칠팔 인이 할복자살한 일까지 잇섯다.

◇

이처름 대마도주는 신명을 밧치고까지 량국의 환심을 사려고 노력하다가 일시는 사직을 보존치 못할 지경에까지 이르럿섯스나 조선을 버리고는 대마도가 부지하여 나갈 수가 업는 처지임으로. 대마도주가 죽든지 에도(江戶) 막부로 갈 때에든지 갓다가 올 때에든지 엇잿든 주요한 일에는 반드시 사신을 부산 동래부사(東萊府使)에게 보내여 상주케 하엿다(대마도주든지 사절은 직접 상경하지를 못하고 동래부사를 만나보고 례조 참의에게 헌정하엿다).

쇼헤키산(鐘碧山)의 중복(中腹)에 칠 열사(七烈士)의 고분(古墳)

반쇼원서 인조대왕의 친필 액자와 촉대 압헤 시간이 가는 줄도 모르

---

16) 임진왜란으로 단절된 조선과 일본의 관계를 개선하기 위하여 전후에 쓰시마번은 다양한 공작을 했다. 그중에는 1605년 조선 측이 도쿠가와 정권한테 국서를 먼저 보낼 것을 요구하자 쓰시마 번이 국서를 위조하여 조선에 제출했다. 이에 조선은 회답으로 사신을 파견했는데, 쓰시마 번은 이를 통신사로 속여 에도성에서 이에야스를 만나게 했으며 이 사신들의 답장도 위조하는 등 국서의 위조는 이어졌고, 이를 통해 1609년에 조선과 무역협정인 을유약조를 체결할 수 있었다. 이에 대해 쓰시마 번주인 소 요시나리와 대립하고 있던 가로(家老) 야나가와 시게오키(柳川調興, 1603 - 1684)는 1633년에 국서 위조 실태를 막부에 고발한다. 1635년에 도쿠가와 이에미쓰(德川家光)는 직접 시게오키의 패소 판결을 내리고 쓰가루로 유배한다. 또한 이테이암(以酊菴)에 머물며 조선과의 외교 실무를 담당했던 승려 겐보(玄方)도 국서 위조에 관여했다고 하여 유배되었다. 이후 막부는 한문에 탁월한 교토의 승려들을 이테이암에 윤번제로 파견하여 외교문서 작성 등을 행하게 하여 막부의 관리하에 두게 된다. 이때 막부는 국서에 막부 쇼군(將軍)의 외교 칭호를 '일본국왕'에서 '일본국 대군'으로 수정한다.

36

고 끄을렷다가 고바야시(小林) 도사의 재촉으로 북문을 열고 나서니 싸늘한 바람이 갑작히 이러나며 천지가 앗득하여지니 이곳이 소 요시토시(宗義智) 이하 대마도주 십사 대의 선영과 그 신하들의 분묘가 잇는 쇼헤키산(鐘碧山)이다. 루만 년 묵은 잣나무들이 울울히 하늘을 찌르고 새파란 대나무는 빈틈 업시 드러백혀 대닙에 우는 바람소리와 돌 틈에 구는 시내 소리와 아울러 천고의 령계를 아뢰는 듯 백여 단층 대에는 잡인의 발자최를 금하는 것처럼 돌잇기가 새파랏케 입히엿다. 가슴이 서늘한 것을 억지로 부여잡고 청수에 손을 싯슨 후 폐허에 도라가려는 묘전의 석비 석탑을 차례로 도라본 후에 일흠 모를 잡목 사이로 길을 헷치며 중복에 이르러 조선국서 위조죄로 도주가 죄를 입어 사직이 위급하엿섯슬 때 할복자살한 칠 렬사의 충혼을 조상하니 비록 나라는 다를지언정 렬사를 추억하는 비회야 창연함을 금할 수 업섯다. 발을 도리키니 멀리 바다 밧그로 한 점의 흑운이 머물럿스니 그곳이 아마 우리 땅인가 보다.

(『동아일보』 1926.8.9)

8

가네이시 성지(金石城址)의 혈흔(血痕)과 시가중(市街中)에 조선 청루(朝鮮靑樓)

쇼헤키산 고분(鐘碧山古墳)의 루흔(淚痕)을 밟으며 잡목에 걸치여 옷자락을 찌즈며 동굴가티 컴컴한 대밧을 뚜르고 산 미트로 내려오니 이곳이 삼백 년 전에 싸핫든 가네이시성(金石城) 남은 터라 한다. 성돌은 오랜 풍우에 이리 굴고 저리 떠러저 오직 정면 문터자리와 동편 한쪽이 겨우 자최를 남겨가지고 잇슬 뿐인데, 성 안에는 금년에 새로

도사의 창립으로 된 협립(協立) 농업강습소 실습장이 되어 '고구라' 양복17) 입고 대패밥 모자18) 쓴 학생들이 괭이 쥔 손에 땀을 쥐여짜고 잇다. 도사의 설명을 드르니 대마도에는 지금까지 실업학교 하나도 업서서 여러 번 나가사키현(長崎縣)에 대하야 설립 청원을 하엿스나 경비를 주지 안음으로 자기가 친히 민간에서 돈을 거두어 금춘에 설립하엿다는데, 이것이 대마도에서는 농업학교의 시초라 한다.

◇

가네이시성 안에는 오백 명 군사도 오랫동안은 롱성(籠城)을 하지 못할 만한 넓이니, 그리고 본즉 넷날 대외관계로 치례 겸 축성하엿든 모양이다. 이즈하라에는 아직 외국 군사의 침범한 일이 업섯슴으로 적국 싸화 본 일이 업스나 축성 이래 전후 오륙 회의 내란이 잇섯고 근대에 일으러서는 륙십 년 전 메이지 유신 시대에 근왕당(勤王黨)과 좌막당(佐幕黨)의 큰 싸홈이 잇서 근왕당 이백여 명이 이 성 안에서 목을 잘리웟고19) 백삼십 년 전 간세이 연간(寬政年間)에는 내정을 개혁하자는 백사 배(百四輩)의 란리가 잇서 성 안에 피를 흘렷다20) 하니 피로 거름한 땅에 농업학교 실습장이 될 줄이야 넷날 사람은 꿈도 꾸지 못하엿슬 것이다.

---

17) 고쿠라오리(小倉織) 천을 말한다. 에도 시대 고쿠라 번(小倉藩)의 특산물로 세로줄 무늬를 한 양질의 튼튼한 면으로 유명했으며, 메이지 시대에 학생복의 천으로 사용되었다.
18) 나무를 대팻밥처럼 얇게 깎아 꿰매어 만든 여름 모자.
19) 이른바 가쓰이(勝井) 소동을 가리킨다. 막부 말기에 러시아 초계함 포사드니크호의 출몰을 계기로 쓰시마 번에서도 존황양이의 목소리가 높아져 에도 막부를 지지하는 좌막파와 천황 친정을 외치는 근황파 사이의 갈등이 고조되었다. 당시 번주 소 요시아키(宗義達)의 숙부인 좌막파 가쓰이 고하치로(勝井五八郎)가 쿠데타를 일으켜 근황파 100명을 숙청하자 근황파들도 저항했다. 이에 요시아키는 양 파벌의 영수를 살해하며 사건은 일단락되었다. 이로 인해 쓰시마는 다수의 유능한 무사를 잃은 채로 메이지시대를 맞이하게 되었다.
20) 미상.

38

◇

비 마진 사람가치 흠박 저즌 옷을 그냥 입고 아즉 오정도 멀엇슴으로 시가지를 한 번 구경하고는 시가 북편에 소슨 엔세이산(圓盛山) 슈젠암(修善庵)으로 향하엿다. 시가의 큰길은 둘밧게 업는데 개천을 복판에 두고 뚤린 길은 상점이 만흔 곳으로 건축물이 일본식 이층이로되 바바 거리(馬場通)라고 속칭하는 넷날 거리는 우리나라 서북도 모양으로 돌담을 둘러쌋코 가운데 조선 개와 가튼 개와녕을 너흔 대문간이 하나식 노힌 것이 매우 낫이 익어 보히나 대개 대문이 닷치어 쓸쓸하기 짝이 업다. 슈젠암 향하는 '오테바시(大手橋)' 거리에서 문득 조선 옷 입은 안악네를 발견하고 차저가 보니 한성루(漢城樓)라고 현판이 붓흔 집에 조선 국문으로 '조선 료리'라고도 써붓치엇다. 주인을 차저 볼가 하고 문 박게서 망서리다가 입술은 시퍼런데 연지는 샛밝앗게 발른 자리 옷 가튼 옷을 걸친 창기에게 끄을리면서 주인을 차저 인사를 하고는 조선사람의 사정을 무를 틈도 업시 도사를 따라 압길을 재촉하엿다.

엔세이산(圓盛山) 슈젠암(修善庵)은 백제 여승(百濟女僧)의 개기(開基)

엔세이산 슈젠암(圓盛山修善庵)은 한성루에서 한 마장이나 될가 산도 날카롭지 안은 토산인데 여기도 한 아름식 되는 솔나무가 욱어지엇다. 십여 단의 층계를 올라서서 붉은 단청의 흔적이 남은 조고마한 문을 드러서니 정면이 법당인데 두어 자나 될락 말락한 관세음 보살이 륙 갑을 하시는 밋헤는 중도 업는 향로만이 두어 줄기 향내를 가늘닷케 피이고 잇다. 절 직히는 어린애를 불러 스님을 차즈니 마을에 내려갓스니 조곰만 기다리라고 한다.

◇

만흔 절 중에서 하필 슈젠암을 차젓슬고 일본 사가의 전설에 의지하면 사이메이 천황 삼년 임자(齊明天皇三年任子)에 백제국 녀승 법명니(法明尼)가 바다를 건너와서 슈젠암을 짓고 오음(吳音)으로 유마경(維摩經)을 읽엇다고 하엿다. 그때인즉 한참 백제 왕실이 음란하야 사직이 기우러가는 백제 말년 의자왕(義慈王) 때이라 사적이 분명치 못함으로 누구인지를 알 길이 업스되 필연코 왕의 불의를 간하다가 목숨을 맛친 신하의 부인이든가 혹은 궁녀의 몸으로 왕실의 음란함을 피하야 후생의 도를 닥글 정도를 차즌 이든가 세월이 유구한지라 그가 지은 법당도 멧 번 불에 자최를 남기지 안엇슬 것이로되, 개기한 정토는 지금에 남어잇서 중은 비록 일본사람이로되 불전의 향내는 끗칠 때가 업시 한 줄기 두 줄기 하늘로 날라가고 잇다.

(『동아일보』 1926.8.10)

9

조선 제도(朝鮮制度)를 모방(模倣)한 고쿠분사 전 화양문(國分寺前和陽門)

고바야시 도사(小林島司)와 우라세 대의사(浦瀬代議士)의 친절한 안내를 사례하고 오후부터는 시마다(島田)라고 하는 늙은 로인의 안내를 고바야시 씨의 추천으로 밧기로 되엿섯다. 시마다 씨는 여생을 늙은 마누라와 가치 음풍명월과 고서 열독으로 보내는 사람인데, 가만히 살펴보니 이 더운 날에 로인을 고생식히는 것도 죄가 될 것 가치 생각될 뿐더러 가치 단닌다야 기운이 팔팔한 내 거름을 따르지 못할 것 가틈으로 은근히 사양하여 버리고 대강 탐방에 요결만 멧 마듸 들어 상키고는 사진기계 하나를 동무로 길을 나섯다.

◇

부두가에 잇는 우리 려관 뒷문을 나서 산을 끼고 서편으로 작구 가면 너덧 마장쯤 되는 이즈하라정 오아자타부치(大字田淵)라는 곳에 고쿠분사(國分寺)라는 절이 잇다. 그 절 정문이 화양문(和陽門)이라고 하는데, 개와는 물론 부연 단 모양까지 조선 치와 비슷하되 오직 첨하가 일직선으로 된 것만이 다르다. 정문을 드러서면 왼편으로 종각이 잇고 그 뒤에 박근 산 미테 새로 세운 듯한 속된 법당이 잇스며 법당 엽흐로는 무수한 무덤의 석비들이 앙상하게 바라다보힌다. 이 절의 력사는 분명치 못하나, 이 절 안에 객관(客館)이라는 굉장한 건축물이 잇섯다. 몃 번 불에 원형이 남지 안코 사적이 분명치 못함으로 잇든 자리가 어듸인지 알 수가 업스되 이 객관인즉 넷날 조선 사신이 대마도에 올 때에 머물든 곳이라 한다.

◇

이 객관의 내력을 상고하여 보며 임진왜란(壬辰倭亂) 이후로 일시 두절되엿든 량국 국교가 도쿠가와 막부(德川幕府)와 동시에 다시 열리여 도쿠가와 이에야스(德川家康)는 자기의 위신을 일본 전국에 떨치기 위하야 한 번에 륙칠십만 량 이상의 재정을 허비하면서까지 조선사람을 청하야 영접하야 외국이 도쿠가와 막부를 인정한다는 증적을 나타내고저 하엿다. 지금으로 말하자면 혁명정부가 수립되여 외국의 승인을 엇고저 애를 쓰는 것과 맛찬가지이다.

◇

얼마 동안은 그러케 계속을 하엿지마는 해를 거듭함에 따라 도쿠가와 막부의 재정이 고갈하야 일행이 오륙백 명식이나 되는 조선 사절을 에도(江戸)에까지 마질 힘이 업서지게 되엿슴으로 몃 번식 조선 사절의 래빙(來聘)을 연기하도록 교섭하라고 대마도주에게 명령하엿다. 이

것이 지금부터 일백삼십팔 년 전 즉 정조(正祖) 십이 년 일본 덴메이
(天明) 팔 년이라 한다.[21]

조선 사절(朝鮮使節) 영접(迎接)하려 굉장(宏壯)한 객관 건축(客館建築)

그러나 연빙이라는 것은 국교상 무례한 일이라 하야 영접할 땅으로
대마도(對馬島)로 정하자는 역지교섭(易地交涉)을 조선 정부에 하기로
되여 대마도주가 여러 번 조선 조정에 교섭한 결과 십 년 만에 겨우
락착되여 순조(純祖) 십일 년 봄부터 대마도에서 밧기로 결정이 되엿
다. 그러케 되자 도쿠가와 막부에서 외국 사신을 영접하는데 체면을
세워야 된다고 업는 돈에서 팔만 량을 도주에게 내여주어 이즈하라
사지키하라(桟原)라는 곳게 도주의 거성(居城)을 쌋코 사신이 지나갈
바바거리(馬場通)를 넓힌 후 각 신하에게 매호 천 량식을 보조하야 문
호를 장려하게 짓게 하고 고쿠분사 안에 굉장한 객관을 지어 놋코 조
주원(長壽院)이라 칭하엿는데 이 공사의 부역군을 느려 노흘 것 가트
면 이십칠만여 인으로 삼사만의 인구가 사는 대마도로서는 우리나라
의 경복궁 건축하든 이상의 몃 갑절 되는 어려운 공사이엿다.

---

21) 1787년 제11대 쇼군 도쿠가와 이에나리(德川家齊)가 취임하여 본래 통신사의
파견이 이루어져야 했으나, 1788(天明8)년에 조선에 파견 연기 요청이 이루어졌
다. 이후 1791년부터 쓰시마로 장소를 바꾸어 통신사를 초빙하려는 역지빙례(易
地聘禮) 교섭이 개시된다.

그 후 언제인가 조주원 객관은 불에 타고 정문이든 화양문이 홀로 남
아 낡으고 남은 안청을 부여안고 넷임의 자최를 그리워하엿다.

(『동아일보』 1926.8.11)

10

정충 최면암 선생(貞忠崔勉庵先生)의 분사(憤死)한 유배처 방문(流配處訪問)

대마도 올 때부터 고심참담하야 찻든 면암 최익현(勉庵崔益鉉) 선생[22]
의 귀양사리하든 처소를 우라세(浦瀬) 대의사로부터 알어낸다. 이십
년 전의 일이라 차저보기에 힘이 들 줄 미리 짐작하고 대마도 오는
선 중에서부터 알 만해 뵈는 늙은이에게는 모주리 붓잡고 무러보앗지
마는 하나도 시원한 대답을 하는 이를 만나지 못하고 이즈하라(嚴原)
에 내려서도 늙은 려관 주인으로부터 하인까지 경관은 물론 도사에게
까지 물어보아 도청에서 조사를 하기까지 하여 보앗스나 종내 아는
사람이 업든 것을 다행히 이즈하라 부중의 고로격(古老格)인 우라세
씨 하나만이 그것을 알고 잇섯다.

◇

우라세 대의사는 "올소이다 최모인가 하는 조선 선비가 귀양사리를
왓섯더란 말을 드럿지오" 하며 몽농한 기억을 가다듬는 듯이 머리를
끄득이며, "아-그것이 이삼십 년이나 되는 넷적이 아닙니까. 다 이저

---

22) 조선왕조 말기 위정척사파 유생의 대표적 존재로 1905년 을사늑약이 무효를 주
장하며 거병한 후 1906년 6월에 체포되어 8월 28일부터 쓰시마에 유폐되었고,
이듬해 1907년 1월 1일에 서거했다. 1986년에 슈젠사(修善寺)에 '대한인 최익현
선생 순국지비(大韓人崔益鉉先生殉國之碑)'가 건립되었고, 1997년에는 최익현
선생 순국 90주년 추모제가 이즈하라에서 개최되었다.

버리고 생각이 안 남니다. 올치올치 그 사람이 저 산 미테 산업전습소 자리에 감금되여 잇다가 죽엇다는 말을 드른 듯한데요. 오라, 처음에는 경비대에 감금되엿다가 그리로 올라와서 얼마 안 돼 죽엇지. 참 그때야 내가 퍽 젊엇슬 때야 마흔 소리할 때이니까" 하면서 흰 수염을 쓰다드면서 허얀 눈섭이 내려덥힌 눈까풀을 껌벅거리고 혼자 머리를 끄득이는 것이 면암 선생의 귀양사리하든 때를 추억하야 자신의 젊엇든 넷날을 그리워하는 모양이다.

◇

처음 귀양사리를 하든 경비대는 흔적도 남지 안케 헐리우고 지은 그 자리에 축성지부(築城支部)가 새로 섯슴으로 림종을 한 산업전습소 자리를 차저갓다. 산업전습소는 바바거리 하치만신사(馬場通八幡神社) 뒤편 고쿠분(国分)이라는 거리 뒤편 산복에 잇는데 돌옷이 샛파랏케 입힌 몃 층의 층계를 밋그러지며 올라가서 대밧이 청청하고 잣나무 하늘을 어러만지는 유심한 곳에 한길식이나 무성한 잡초 새에 기우러진 쪽대문이 잇스니 인적은 잇는 모양이나 문패는 붓지가 안엇다. 넘어 거치른 데라 무시무시한 생각이 나서 배암이나 나우지 안는가 하고 발 밋흘 경계하며 간신히 대문을 저치니 삐겨적 소리가 나며 웃통버슨 늙은 로파가 나온다. 로파는 이상한 손님에 잠간 놀래는 듯하더니 머리를 땅에 박을 듯이 절을 하고 누구를 찾는가고 뭇는다.

◇

집 직히는 로파는 이상한 사투리로 내가 뭇는 말에 대답은 하는 모양인데 다 알어들을 수가 업다. 그러나 그 요령은 자기가 그곳으로 이사 오기는 오 년밧게 아니 되고 그 전에는 집이 뷔엿섯슴으로 누가 살엇는지 알 수가 업섯다는 말이다.

44

현관고작(顯官高爵) 폐리(弊履) 가치 국가(國家) 위(爲)해 순사(殉死)

집의 위치를 보아 면암 선생이 계시든 곳임 즉하여보이는 언덕 우에 노힌 방으로 차저가서 꼭 닷친 문을 여러보니 곰팽이 냄새가 코를 찌른다. 방 안에는 아모것도 업고 양잠전습소 시대에 쓰든 것 가튼 상자가 두어 개가 노혓슬 뿐인데 낫잠 자든 다람쥐 두 마리가 인기척에 놀라서 다러난다.

◇

우라세 대의사의 말을 종합하여 보면 시기는 기억지 못하되 경비대로부터 전습소에 올마왓슬 때에는 일행이 다섯이엿고 경비대 군사 다섯 명이 항상 수직을 하엿섯슴으로 그들의 얼골도 보지는 못하엿다고 한다.

◇

일세의 석학(碩學)으로 수백의 제자가 잇스며 일세의 충신으로 조야의 신임이 놉핫스며 일세의 렬사로 현관고작을 폐리 가치 집어던지고 총을 들고 수만흔 의병을 거느리엇든 선생은 광무 십 년 병오 륙월 십륙일 전북 순창(淳昌)의 싸홈에 칼은 꺽기고 힘은 다하야 맛츰내 잡힌 몸이 되여 팔월에 감금 삼 년이라는 선고를 밧고 대마도에 귀양사리를 가서 백이숙제의 절개를 직히다가 두어 달이 못 되여 그 이듬해 정월에 고도의 원혼이 되고 말엇스니 사뭇치고 사뭇친 원혼은 지금에 오히려 그 집에 남어 잇서 대닙헤 우는 바람소리 그를 서러함인 듯하다.

◇

선생이 계시든 집은 지금에 그 모양의 폐허가 되다 십히 하고 경비대도 지금은 철퇴되야 영사까지 업서지고 말엇다.

(『동아일보』 1926.8.12)

11

조선(朝鮮)에 감저(甘藷) 이종(移種)은 백사십 년 전 대마(百四十年前對馬)

이즈하라 시가 서해안 고쿠분정(国分町)이라는 곳에 세이잔사(西山寺)라는 절이 잇는데 그 절사록에 의지하면 천 년 이상의 오랜 절이라고 하엿다. 천 년 묵은 절이라 오랜 력사도 만흘 것이로되 그중에서도 내가 쓰고 십흔 것은 이 절 안에 고래로 일본 가는 조선 사절의 류하든 객관(客館)이 잇다는 것이다. 일본 도쿠가와 막부(德川幕府)에서 재정이 군핍하야 조선 사절을 세이잔사에서 영접하기 전 즉 고쿠분사(国分寺)에 객관을 짓기 전까지는 일본으로 건너가는 사절이 대개 세이잔사에서 멧칠식 묵어 갓다. 대마 사기[23]를 상고하여 보면 지금부터 이백이십 년 전 조선 선조(宣祖) 사십 년 일본 게이초(慶長) 십이 년 봄에 임진(壬辰)왜란 후 십륙 년만에 처음으로 통정대부 려유길(呂裕吉)[24] 이하 사백륙십구 인이 대마에서 머물럿다가 도주 소 요시토시(宗義智)의 인도로 일본 에도에 건너갓고 그 후 영조(英祖) 삼십구 년 십월에 통정대부 조엄(趙曮) 이하 일행 사백팔십 인이 세이잔사에 머물럿다가 에도로 건너갓고 그 이듬해 륙월에 귀국하는 길에 대마도에서 고구마(甘藷) 종자를 어더가지고 갓다 하엿스니 이것이 조선에 고구마가 퍼지기는 처음일 것이다. 영조 삼십구 년이면 기원 사천일백이십일 년, 서력 일천칠백팔십팔 년[25]이니, 지금부터 백삼십구 년 전이라 조선에 고구마가 건너온 지가 백사십 년가량 밧게 아니 된 모양이다.

---

23) 당시 쓰시마의 역사서나 지지로는 『대주편년략(対州編年略)』(1723년 편찬)이나 『쓰시마 기사(津島紀事)』(1809년 편찬) 등이 알려져 있었다.

24) 여우길(呂祐吉, 1567-1632)의 오기. 여유길(呂裕吉, 1558-1619)은 여우길의 형으로 병조참판을 지낸 인물이다.

25) 영조 39년은 1763년이다.

46

◇

도쿠가와 막부 이후 량국 통교가 더욱 빈번하여젓슴에 따라 세이잔사의 번잡함도 한두 번이 아니엿겟슴은 물론이나 지금에 그 객관이 남지 안엇슴으로 당시의 화려하든 광경을 상상함에 지나지 못할 뿐이다. 그러나 문전에 천 년 묵은 로송이 홀로 절개를 직히며 신산한 바람에 처량히 울다가도 우줄우줄 춤을 추니 아마도 녯날에 그리워하든 님을 맛나보아 깃버함인 듯하다.

세이잔사 법당에는 이테이암(以酊菴)에 잇든 중 겐소(玄蘇)와 겐보(玄方)26)의 목상이 잇다. 겐보는 본래 조선사람으로 일본에 귀화한 중이라는 말도 잇스되 확실히는 몰으겟스나 일본 정부로부터 조선 통교에 대한 일체 책임을 지고 대마도로 건너왓든 중이다. 지식이 고명하야 숙종(肅宗) 사십사 년27) 일본으로 건너가든 호조참의 홍치중(洪致中) 일행의 비평이, 불서에 널리 통하고 가치 안즈매 태도가 엄숙할뿐더러 보통 일본인과 가치 만속(蠻俗)에 젓지 안엇다고 칭찬하엿다. 이것을 보아 겐소의 인물도 알려니와 그 반면으로 조선 사절이 얼마나 일본인을 낫추 보앗든가를 짐작할 수 잇다.

---

26) 겐소는 도요토미 히데요시가 집권하던 시대부터 에도 시대 초기에 걸쳐 활약했던 임제종의 승려인 게이테쓰 겐소(景轍玄蘇)를 말한다. '겐보'는 겐소의 문인이었던 기하쿠 겐보(規伯玄方)를 말한다. 전근대기에 일본에서 조선, 중국과의 외교를 담당한 것은 기초교양으로서 한시문을 익히고 한문 능력이 탁월한 선승들이었다. 겐소는 1580년에 쓰시마의 다이묘 소 요시시게(宗義調)의 초빙으로 쓰시마로 건너와 이테이암(以酊菴)을 건립하고 조선과의 외교를 맡았으며, 임진왜란 당시에는 도요토미 히데요시의 명령으로 명과의 교섭을 담당하기도 했다. 한편 겐소의 뒤를 이은 겐보는 1635년의 이른바 국서위조사건으로 유배되었다.

27) 1719년 기해 통신사를 말함.

처처(處處)에 산재(散在)한 조선인(朝鮮人)의 후예(後裔)

세이잔사 경내에 수백 기의 묘지가 잇다. 그중에 강 씨(姜氏)라는 조선 부인의 산소도 잇는데 그 내력을 살펴보면 임진왜란 당시에 조선에 출정하엿든 대마도주의 신하 사고 시키부(佐護式部)라는 사람은 조선에서 강 씨와 결혼하야 사고 시키에몬(佐護式衛門)이라는 아들을 나핫다. 그 아들이 령민하야 자기 아버지보다 나흔 벼슬을 하엿슴으로 강 씨의 성망이 더욱 놉하저서 지금도 강 씨 묘라 하여 세이잔사에 연을 매즌 신도로써는 모르는 사람이 업다고 한다.

◇

대마도에서 조선사람 자최를 찻자면 한둘이 아니겟지만 바바도리(馬場通)소학교 엽해 속칭 '조센 바산노 하카(チョウセンバアサンノハカ)'라고 하는 조선 로파의 산소가 잇다 한다. 래력을 잘 알 수 업스되 선대 도주 소 요시타쿠(宗義度)[28]의 가족 묘지이니 도주 소 씨 문중에도 조선 피가 석긴 것이 확실하다.

◇

이밧게 임진왜란에 잡혀갓든 리문장(李文長) 씨는 놉흔 벼슬을 하엿는데 그 자손이 매우 번성하다. 그 후 성을 곳치어 그 자손은 스모타(李田=スモタ)이라고 칭하하야 현재 종손 스모타 간지(李田完二)는 경성(京城)에 와서 서가(書家) 노릇을 하며 그 친아우는 다와라 시로(俵四郎, タワラ)라고 성을 곳치고 지금 조선총독부 체신국엔가 문서과에 봉직한다고 한다.[29] 이런 것을 차저보려면 끗이 업슬 것이다. 공연히

---

28) 미상. 소 씨 역대 당주에는 동명이 없다.

29) 이문장(?-1628)은 조선의 유학자로 임진왜란 당시 포로로 일본에 끌려갔다가 정착하여 일본의 유학 발전에 공헌했다. 특히 조선총독부 촉탁 측량기사이자 근대 이전의 조선과 일본의 지적 교류에 관한 저술을 이어갔던 마쓰다 고(松田甲)

맘만 '센치멘탈'하게 되는 것보다는 그럿타는 표시만 하고 멈추어 두
는 것이 조흘 것이다.

(『동아일보』 1926.8.13)

12

고대역사(古代歷史)의 부고(富庫) 아소만(淺海灣) 일대(一帶)로 향발(向發)

누어서 두견 소리를 듯는다는 이즈하라에서 이삼일 동안을 류하면서
도 두견은커니 뻑국새 소리도 못 듯고 오직 바다에 나아가 달빗을 희
롱하는 물결을 바라보며 끗업시 멀리서 날러오는 해풍을 마시어 울울
하든 심흉을 씨서내니 래일은 가벼운 몸으로 력사의 부고인 서해안
아소만(淺海灣=淺茅湾)에 배를 띄워 수천 년 전 조상들의 위대한 발자
최를 차저 보려고 함이다. 어듸서 한 마듸 샤쿠하치(尺八) 소리가 '천
연의 미'[30]를 부르니 애연한 곡조가 고객의 맘을 더욱 상하게 한다.

◇

이십구일 아츰 소낙비 쫄쫄 오든 하늘도 맑엇게 개이고 구름 한 점
업는 하늘에 일륜만 호올로 폭위(暴威)를 다할 뿐이다. 오전 여덜 시의

는 1931년에 간행된 『續日鮮史話』 第二編(朝鮮總督府)에서 에도시대에 일본의
역학을 부흥시킨 유학자 아사야마 소신(朝山素心)의 스승이 이문장이었음을 밝
혔다. 이후 쓰시마 출신으로 제2회 중의원의원 총선거(1892년)에서 당선되었던
가와모토 도루(川本達)가 이 저술을 접하고 분묘와 후손들에 대해 알려왔다. 마
쓰다는 대구재판소 서기였다는 이문장의 종손 스모타 간조(李田完三)를 만나 계
보나 고쿠분사에 있는 이문장의 분묘 위치도 전해듣는다(松田甲,「日本易学の功
勞者 李文長の墳墓と後裔」,『朝鮮』204, 朝鮮總督府, 1932). 이상의 사실에 비추어
보면, 만년수인은 이미 1926년에 이문장에 대해 쓰시마의 고로(아마도 가와모토 도
루)로부터 전해들었던 것을 알 수 있다.

30) 다나카 호즈미(田中穂積)가 1902년에 작곡한 창가로 학교 교과서에도 수록되어
오랫동안 인기를 얻었던 「아름다운 천연(美しき天然)」을 가리킨다.

온도가 벌서 팔십륙도, 자동차 가치 만든 마차를 타는 것이 이곳 풍정에 어울릴 것 갓기도 하엿스나 이 더위에 세 시간 이상을 고생할 생각이 붓적 생겨 자동차를 택하엿다. 아소만을 가자면 유일한 교통로인 게치(鷄知)촌을 지나 다루가하마(樽浜)에 도착하야 발동선을 타지 안으면 양장구곡 가치 생긴 산중의 험로를 발섭치 안으면 안이 되는 것이다.

◇

우리 자동차가 가는 길은 여기서 일등 가는 현도(縣道)라 하나 자동차 하나 간신히 통행할 만밧게 넓지를 못하다. 평지가 업는 땅이오 모두가 중첩 산악뿐이라 바위를 찌거내고 이만큼 만들어 놋는 것도 여간한 공사는 아니라 하겟지만, 그만큼 문물이 개명치 못하엿다는 표적은 숨길 수 업는 것이다. 촌락의 기분이 분명이 나타나는 기타이즈하라 (北嚴原)를 어느덧 지나 참천한 일륜 사이를 한업시 닷노라니 이윽고 하늘이 훤하니 터진 곳에 나무로(南室)라는 적은 포구가 잇다. 일가 이삼십 호 이즈하라에서 십리. 둥그럿케 파인 못가치 생긴 바다에는 일본의 마쓰시마(松島) 가튼 탐복스럽고 귀여운 섬들이 한줌식 피는 솔나무를 이고 메고 샛파란 물 우에 한가히 조흘고 잇는데, 흰 돗 단 어선들이 그 새이로 헤염치니 록림벽파 백범의 조화된 광경이라니 차상에 실린 몸이 원수가태 보인다.

◇

사기 굿는 데 스는 백토(白土) 소산으로 유명한 고우라(小浦)를 지나서부터는 점점 험준한 산속으로 들어간다. 고우라(小浦) 부근에 이르러 비로소 손바닥 가튼 고구마 밧을 발견하고 산국이라는 인상이 더욱 깁허젓다. 이 부근 산이라는 산 대개가 백토질이 되여 록색에 저즌 안개가 갑작이 변하야 버린다. 동승한 사람에게 들으니 백토 발굴이 아직도 번창치 못하나 일본에는 임의 백토가 업서지고 대마도에만 남어 잇스니 장래가 유망하다고 한다. 아모 것도 업든 고우라는 백토 수출로 말미암아 소중기선 출입이 빈번하여 동리가 번창하여젓다고 한다.

승마(乘馬)하고 채신(採薪) 가는 농촌 부녀(農村婦女)의 풍속(風俗)

고우라에서 십리쯤 서편으로 산을 넘으면 포대(砲臺) 잇는 주몬지(十
文字)라고 하는 고개가 잇는데 그 고개에 올라서 북편을 바라보면 삼
십 리박게 잇는 아소만의 우수한 도서와 포구가 한눈에 보히여 맛치
뜰압헤 잇는 못 속의 괴석을 바라봄과 가치 아름답다고 하나, 길이 총
총하야 그대로 지나 버리고 우리 자동차는 갈사록 수목이 무성하고
산형이 준험한 위태러운 길을 드러간다. 층암절벽이 한두 군대가 아니
로되 벌거버슨 산이 아니라 나무가 가득 백엿슴으로 평평한 토산 가
치 내려다보거나 치어다보거나 위험한 생각은 조곰도 나지 안코 오직
숭엄한 형세를 침범하는 것 가튼 공포가 흉중에 가득 찻슬 뿐이엇다.
◇
로상에서 여러 번 말 타고 나무 하려 가는 안악네들을 만나 보앗다.
대개는 수건 쓰고 각반 차고 집신을 신고 잔등에는 광주리 하나식을
젓는데, 나무도 할 겸 나물도 캐는 것인가보다. 더욱 그들의 탄 말이
조선말 가치 적은 것이
나의 눈을 끄을엇거니
와 조선서 못 보는 농
촌 부녀의 말 타고 가
는 모양이라니 이국정
조 중에서도 인상이 깁
흔 것이다.

(『동아일보』 1926.8.13)

그림 1-3 쓰시마의 명물 말 탄 농촌 부인의 모습
출처: 『부산일보』1929년 8월 29일 자.

13

돌연(突然)한 취우풍랑(驟雨風浪)으로 고전장 탐방(古戰場探訪)도 환멸(幻滅)

삼십 리의 산로를 무사히 돌파하고 요색(要塞) 사령부가 잇는 게치촌
(鶏知村)의 아담한 풍광을 바라보며 북으로 개울을 끼고 터진 골잭이
로 한 오리쯤을 다려가서 배를 탈 준빈(樽浜)에 이르럿다. 준빈은 '다
루가하마'라 불르는 적은 포구이나 해상교통의 제일 밀접한 아소만(浅
海湾)으로 나아가는 동방의 관문이라고도 할 만한 곳으로 객화가 폭주
하야 매우 번성하여 보힌다. 즉시 부두로 나아가 한 삼십여 돈쯤 되여
보히는 발동선을 어더 탓다. 로정은 위선 다케시키 군항(竹敷軍港)31)
을 거처 아소만의 승경을 구경하고 북쪽으로 건너가 니이(仁位) 구경
을 하고 배편이 조흐면 다시 동남으로 아소만을 횡단하야 오후나코시
운하(大船越運河)를 뚤코 일본해로 나가 남행하야 이즈하라 부에 도라
올 예정이엇든 것이다.

◇

배 속에 드러안즈니 이상한 기름 냄새가 코를 찌른다. 사람은 모두 처
야 열댓 명박게 안이 되는데 양복 입은 사람은 나 하나뿐이다. 물 구
비가 꼭 병아구리 가치 생긴 바다 위로 한 반 시간이나 나갓슬까 총총
하게 드려박힌 섬 사이를 이리저리 뚤르며 그림 가튼 경치에 취하여
잇노라니 어지간히 커보히는 가시마(鹿島)라는 섬을 끼고 돌 때에 갑
작이 날이 흐려지더니 한 번 바람이 슬쩍 지나가매 굴근 소낙비가 살
촉가치 내려쏘치며 풍랑이 이러나 풍경은커니 목전의 불안이 머리에

---

31) 일본해군은 1886년에 다케시키항에 수뢰시설부를 설치했고 1896년에는 이것이
　　다케시키 요항부(竹敷要港部)로 승격되었다. 하지만, 러일전쟁이 끝나고 1912년
　　에는 요항부가 폐지되고 방비대로 바뀌었으나 그마저도 1916년에 폐지되었다.

가득하야 불안한 생각이 날 뿐이다. 비는 더욱 쏘다지고 갈사록 바다
는 더 넓어지며 풍랑이 놉허지어 귀 엽헤서 톡닥거리는 요란한 발동
소리도 들리지 안을 만큼 선두에 부듸치는 파도 소리와 비 소리가 놉
다. 한 번 소스면 하늘에 올른 듯하야 갓가히 바라보히든 섬들도 간
곳이 업서지고 숙 드러가면 굴둑까지 파도 속에 잠겨 버리여 수중을
잠행하는 듯하다. 날이 이러케 험한지라 무사히 간대도 구경을 단닐
수 업슬 것이오. 잘못하면 룡궁의 고혼이 될 념려도 업지 안음으로 배
를 돌리라는 교섭을 선장에게 하엿다. 갱신을 못하고 쓰러저 누어서
옥옥 토하든 안악네들도 내 말에 기운을 어더 못 가겟다고 앙탈을 하
엿다. 선장도 단념을 한 듯이 배머리를 돌렷다.

처처(處處)에 흔적(痕迹) 잇는 정대군(征對軍)의 위업(偉業)

소낙비를 마저 흠박 저즌 몸을 해변가에 잇는 음식점에 드러가 말리
우기 두어 시간에 비가 좀 개인 모양임으로 게치로 도라가는 자동차
를 예약하니 아소만 일순도 공상에 지나지 못하게 된 것이다. 구역이
날 듯한 일본 밥을 엇절 수 업시 사서 먹고 자동차 오기만 기다리노라
니 온대든 제 시간에 오지는 안코 척척한 몸의 불쾌한 생각과 가지
못해 유감된 생각이 무연무연 소사나서 본래 신경질인 몸이라 누엇슬
수도 업고 안젓슬 수도 업시 안탑가웟다.

◇

아소만은 고래의 해전장(海戰場)이다. 고려 원종(高麗元宗) 때에 원군
(元軍)과 합하여 오천 병으로 아소만 서단으로부터 서해안 고모다(小
茂田)에 원정하엿든 것은 차치하고라도 오백삼십팔 년 전 고려 후폐왕
(後廢王)[32] 원년에는 왜구(倭寇)를 소탕하고 저 경상도 원수 박위(朴

蔵)가 거느린 병선 일백 척이 아소만 서남단 오사키(尾崎)에 하륙하야 각지를 뭇지르다가 대마 대장 후지 무네나가(藤宗永) 등을 죽이고 철병하엿고, 그 후 리조 세종(世宗) 원년(오백팔 년 전)에도 왜구를 토벌코저 리종무(李從茂)가 거느린 전함이 백 척 군사 일만칠천여 명이 아소만 각지를 소탕하고 지리상 중요한 니이(仁位)에 하륙하야 누카다케(糠嶽)라는 산에 진을 치고 싸왓다.

◇

이것은 사기에 분명히 남어 잇는 사실이라 이밧게 지금에 남어 잇지 안는 사실도 얼마나 될는지 모른다. 엇재든 이 아소만 일대에는 우리 조상의 붉은 피도 만히 흘럿슬 것이며 고귀한 골육도 얼마나 파뭇치 엇는지 모를 것이다. 내가 안젓든 음식점 압헤도 살촉이 얼마나 백엿슬 것이며 바라보는 그 압헤도 검극의 서리가튼 섬광이 얼마나 번득거리엇슬가 창밧글 바라보니 패연한 소낙비는 그냥 쭉쭉 퍼붓는데 풍우가치 모라다니든 조상들의 용자가 환영가치 나타나 보힌다.

(『동아일보』 1926.8.15)

14

이상(異常)한 결혼법(結婚法)과 원시적(原始的) 부락 교제(部落交際)

곳 머질 줄 알엇든 비가 한 시간 두 시간 기달려도 개일 줄을 모른다. 목적한 곳은 고생만 하다가 가지 못하고 자동차 갑이라도 하여야 되겟슴으로 한 사십여 세쯤 되여 보이는 음식점 마누라를 불러노코 이약이를 부치엿다. 이곳의 농촌 풍속을 알려 함이다.

---

32) 창왕(昌王)을 가리킴.

◇

코는 납장이고 입술은 직경 한 치나 둣텁고 광대뼈는 두어 자나 쑥 나오고 얼골은 흑인종이 왓다가도 놀랄 만치 생긴 품이 분명히 하느님이 만들다가 실수한 것을 그냥 내여보낸 것인데도 제따위로서는 미인인 체 호호 우스면서 태를 부리는 것이 돈 십 전이나 얌전히 벌어볼 의견인가보다. 내 목적은 인물이 아니라 이약이를 듯고저 함이라, 인물이 못낫기로 말소리까지 못낫슬 법이야 잇슬라구 청산에 류수 가튼 말솜씨인 모양이나 듯지 못하든 사투리에 대강이라도 추려 듯노라고 여간한 고통이 아니엿다.

◇

고구마 먹고 산다는 생활 상태는 임의 소개된 바이라, 풍속 습관은 이러타고 한다. 명절 쇠는 법은 시가지에는 양력을 쓰되 촌에서는 정월 초하로날부터 팔월 추석까지 음력으로 직히며 조선과 가치 예순한 살이 되면 환갑연을 환력축(還曆祝)이라 하야 온 동리 사람이 다 모히여 잔채를 한다고 한다. 관혼상제에 대한 풍습은 남자 십구 세면 원복축(元服祝)이 잇고 녀자는 십칠 세면 철장부축(鐵漿附祝)이라 하야 친척 중에 가친(假親)을 정하고 시집갈 때 입을 화려한 의복을 입고 린근 친척의 선물을 밧고 연희를 연다 하며, 결혼하는 방법은 매우 간단하야 혼인을 택한 그 날에 신랑 집에서는 신랑은 가지 안코 신랑의 부모와 중매한 사람만이 주효를 채려가지고 신부 집에 가서 밤중에 형식만의 소연을 차리고 의식만 가추고는 즉시 신부를 싀집으로 다리고 와서는 아무른 절차도 업시 신랑과 자게 한 후에 날이 발그면 신랑 혼자 처가로 가서 장인에게 인사를 한다고 한다. 이것보다도 더 이상한 것은 결혼 후 사흘만에 신부가 나드리를 가는 법인데, 신부 집에서 해 보내는 장롱과 의복가지는 싀집으로 가저가지를 안코 본가에 두엇다가 아희를 난 후에 결혼 신청하고야 비로소 본가에 두엇든 물건을 가저가는 법이다. 이와 가치 실질적이라고도 할는지 엇잿든 이로 말미암아 리혼도 어려운 문제가 아니며 정조 관념도 우리나라보다 희박한 모양이다.

장례 가튼 것은 우리나라와 방불한 점이 만흐니 촌이나 동리에서 죽은 사람이 잇슬 것 가트면 즉시 상가에 모히여 통야를 하며 장례의 준비를 도와주고 장렬에 따라갓다가는 런곳 대여두고 주식을 하는데 조선에서 딸 살리면 패가한다는 셈으로 대마에서는 장례 한 번 치루면 망한다 한다. 이것만 아니라 부락적 교제(部落的交際)가 아직도 성행되어 원시적 상징을 나타낸다.

이조(李朝) 초기(初期)의 폐불(廢佛) 십오좌(十五座) 대마(對馬) 표착(漂着)

게치촌(鷄知村)에서 서남간 삼십 리쯤 되는 해변 갓가히 잇는 사스촌(佐須村) 아자시모하라(字下原)라는 촌에 호세이사(法淸寺)라는 절이 잇다. 그 절 안에 고대 불상(佛像) 열다섯 개가 잇다고 한다. 이즈하라에서도 멀지 안은 곳이지마는 깁흔 산중이라 교통이 불편하야 지척이 천리 가태야 차저 보지를 못하엿지마는 절에 잇는 사적에 의지하면 넷날 원군(元軍)이 대마 연변을 침습할 때에 전함에 싯고 왓든 것이라고 하나, 이것은 전설에 지나지 못하고 확실한 고고학자의 감정에 의지하면 리조 초에 유교를 숭상하고 불교를 배척할 때 각 사원에 잇든 폐불(廢佛)을 배에 실허 바다에 띄운 것이 이리저리 표류하다가 서해안 고모다(小茂田) 해안에 표착된 것을 신총이 잇다 하야 그 부처를 모시어 절을 짓고 일흠하야 호세이사라고 하엿다고 한다. 오백 년 전의 표착된 것이라 그간 황폐에 맛겨 버려 지금은 목도 떠러지고 팔도

56

불어지고 코도 깍기여 천 년 전 불상인 만큼 그 광경이 더욱 참담하다
고 한다.

(『동아일보』 1926.8.16)

15

심산유곡(深山幽谷)에 표방(漂放)하는 팔백 명 동포(八百名同胞)의 생애(生涯)

게치촌(鷄知村)으로부터 다케시키(竹敷) 군항 일대에는 우리나라 숫
굽는 사람이 만히 산다고 고 한다. 숫 굽는 사람은 대개가 심산유곡에
드러가 자리를 잡고 몃 달식 굽다가도 또 다른 산으로 올마감으로 얼
마나 사는지 분명히 몰으나, 대마도청에서 대강 조사하엿다는 바에 의
지하면 대략 팔백 명은 잇스리라고 한다.

◇

게치촌에서 자동차를 버리고 거기서 제일 갓가운 동포를 차저 보려고
결심하엿다. 맛츰 메이지 천황제[33]인가 하는 명절이라 관청은 전부 휴
업을 함으로 잇는 방향을 알기에 매우 힘이 들다가 어느 미곡상집에
서 저 산으로 올라가면 잇스리라는 모호한 지도를 밧고 그곳으로 향
하엿다. 돌로 된 촌길이라 길지는 안흐되 비 뒤에 물크는 더위가 찌는
듯하야 한 마장을 못 가서 땀은 등에 배고 버선에까지 칠칠 흐른다.
이미 정한 길이라 조고마한 맑은 시내를 따라 목을 축이면서 게치촌
서북방을 향하야 오르는데 뒤에서 급히 모라오는 말굽소리가 나더니
문득 헌병 하나가 달려오면서 어듸를 가는가고 뭇는다. 여기는 요색지
대라 낫설은 사람이 보히면 그러케 조사를 하는 법이라고 한다.

---

33) 1912년 7월 30일에 사망한 메이지 천황을 기념하여 1913년부터 1926년까지 메
이지천황제라는 제일을 지냈다. 즉 이날이 마지막 행사였던 것이다.

◇

길이 넘는 잡초를 헤치며 발자최를 차저 올라갓다. 비 온 뒤에 목소리를 자랑하는 벌레들의 요란한 울음소리뿐이 산중에 가득 찻슬 뿐이다. 이러한 산골재기를 오르나리기 반 시간이나 되엿슬가. 귤나무 드문드문 박힌 평평한 산을 좌우로 끼고 두어 무덕이 대나무 욱어진 시내 미테 이르니 벌거벗고 물작난하는 칠팔 세쯤 되는 애가 아무리 보아도 조선사람 가튼 직각이 나기로 "애"하고 소리를 질럿드니 머리를 도리켜 치어다 보다가 손에 쥐엇든 모래를 슬그머니 놋코 이러서더니 "나니까이" 하고 일본말로 대답을 한다. 일본말 조선말을 석거가며 그 아해의 뒤를 따라 한 굽이를 도니, 싸리와 거죽대로 집을 짓고 속 썩은 통나무로 만든 굴둑만이 우둑 소슨 것이 함경도에서 보든 인상이 생겨 갑작이 제 집에나 도라온 듯이 그리워지여 "여보시오" 하고 몃 번 주인을 차젓다.

◇

집에는 륙십여 세쯤 되어 보히는 로파 하나가 온돌 우에 깐 돗자리 우에 안저서 압산만 내여다보며 담배대만 뻑뻑 빨다가 나를 보고 손을 내여두르며 "업소" 하며 불연중 조선말로 하드니 내가 일본사람인 줄 알엇슴인지 얼른 다시 "나이 나이" 하며 일본말로 주인이 업다는 뜻을 표한다. 그러는 새에 발가숭이 아이가 어듸서인지 그 아버지와 어머니를 불러가지고 오는데, 아버지는 한 사십이나 되엿슬가. 조선 바지에 '한텐(半纏)'을 하나 입고 머리는 수건으로 돌돌 꼬아 동엿스며 어머니도 사십이나 됨 즉하여 보히는데 굴근 베로 맨든 조선 옷에 고무신을 신엇다.

유목민(遊牧民) 생활(生活) 가튼 산중 동포(山中同胞)의 참상(慘狀)

그들은 경상도 사투리로 드러오시소 하며 진객이나 만나보는 듯이 온 집안 식구가 나를 둘러싸고 방안으로 인도한다. 집이라야 기둥 네 개를 네 귀에 세우고 벽을 싸리로 울타리하듯 역근 데다 거죽대마를 둘러치고 아랫목엔 그래도 신문지 조각이 몃 장 발리엿는데, 방안에서 물큰 나는 김치 냄새가 식욕을 재촉한다.

그의 이야기를 드르면 그 근방 '야마'(숫 굽는 산을 야마라고 한다)에 우리 사람이 십여 호가 잇다고 한다. 보통은 일본인 산주에게서 수목을 사가지고 구어 파나, 그것도 적어도 백여 원의 자본이 잇서야 됨으로 저마다 못하고 일본인 숫 굽는 사람의 일공사리를 한다는데, 밧는 보수는 밥 어더 먹고 신 어더 신고 한 달에 십륙 원 가량을 밧는다고 한다. 그런데 근래에는 일본인 중에 협잡배가 만허저서 자기 산도 아닌 것을 제 것이라고 속여 팔어 각금 경찰 문제가 난다고 한다. 그뿐만 아니라 조선인이 숫 굽기를 시작한 지 십 년이나 되엿슴으로 지금은 물정이 발거저서 리가 업슴으로 산을 버리고 규슈 방면으로 로동을 가는 사람이 만허지어 해마다 주러 간다는데, 그 사람도 여기 온 지 칠 년이나 되는 터이지만은 돈은 모힌 것이 업고 별 자미가 생길 것 갓지도 안음으로 두어 '야마'를 더 구어 보고는 일본으로 건너가서 딴 버리를 하여 보리라 한다.

◇

이 산에서 저 산으로 유목민(遊牧民) 가튼 생활을 하는 버림바든 동포들 그들의 행락은 오직 숫과 돈을 밧구어 밥을 먹는 것 외에는 아모 것도 업슬 것이다. 동산에서 해가 소사 서산으로 넘어가면 또 하로가 갓는가 보다 하고 ……

(『동아일보』 1926.8.17)

16

문패(門牌) 홀로 남어 잇는 누옥(陋屋)의 조선인협회(朝鮮人協會)

압길이 총총함으로 발을 도리켜 게치촌에 내려와 자동차를 타고 이즈하라로 도라오니 네 시가 조금 지낫다. 이즈하라 부중에 조선인협회의 대마지부(朝鮮人協會對馬支部)라는 단체가 잇다는 말을 듯고[34] 차저 보려든 참에 맛츰 기타이즈하라(北嚴原) 입구에 그러한 문패가 부튼 것을 발견하고 안으로 드러갓다. 집은 녯날 '사무라이'가 잇든 집 가태 고색이 창연한데 "주인 게시요" 하고 안으로 드러가 보니 청국 집 모양으로 반 길이나 놉히여 아는 자리를 만들어 노코 왼편으로 열린 문을 드려다 보니 역시 판장을 놉히 깐 바닥 우에 놋그릇 깨와 대접 나부랑이가 칠이 버슨 소반 우에 어지러히 노혀 잇다.

내가 잘못 드러왓나보다 하고 "누구신기오" 하며 마중 나오는 수염이 허연 오십여 세쯤 되여 보히는 로인이 이 집에 어울리지 안는 말속한 도루마옷을 입고 곰방대를 꺽구로 쥐고 나오기에 무러 보앗더니 집은 틀림업는 모양이나 내가 예상한 바와는 넘어나 차이가 생겻슴으로 저윽히 락망함을 금할 수 업섯다.

그 집주인 박모(朴某)라는 사람이 지부장이라는데 아무리 기다려도 도라오지를 안는다. 집을 직히는 백발 로인은 밀양(密陽) 사람으로 자기 일가를 차지려 수일 전에 이곳으로 와서 그 집에서 밥을 사먹으며 류

---

34) 1924년 8월 18일자 『조선일보』에 따르면, 1924년 8월 15일에 조선인협회 대마지부의 발회식이 이즈하라 나카무라정(中村町)에서 거행되었다고 한다(「朝鮮人協會發會式」).

하는 손이라 한다. 대마 물정을 모르기는 나보다 더한 모양이나 마주
안저 한담을 할 수밧게 업섯다. '다다미'는 멋십 년이나 묵엇는지 본색
을 남기지 안코 색감엇게 변색한데다 얌전히 길을 들인 정한 집의 대
청마루 가치 반지를하게 보인다. 때물이 줄줄 흐르는 듯한 목침 서너
개가 방석 대신에 이 구석 저 구석에 노혀 잇는데, 주렷든 벼룩들은
조흔 식량이 드러왓다는 듯이 용감하게 총공격을 하고 다다미의 습기
는 배속에까지 배여 오르는 듯하야 일각을 안저 잇기가 어려운 고통
이다. 그렁저렁 반 시간이나 안저 기다리다가 부득이 퇴각을 당하야
그 집을 나섯는데 부억을 보아서는 주인 마누라가 잇슴즉한데도 보히
지 안키에 로인더러 무러 보앗더니 배가 압흐다고 뒷방에서 알른데
남편은 도라만 다닌다고 하며 웃어 버린다. 차라리 그 모양을 하여 두
려면 문패를 떼여 버리는 것이 수치나 안이 되겟지. 엇저면 책상 하나
임시 보행 객주를 하는 집에 대담스러히 그런 굉장한 문패를 다럿는
가 하고 놀래지 안을 수가 업섯다. 그러나 서울 류행 가치 문패만 줄
줄 다러 붓치는 것보다는 하나만 매단 것이 도로혀 가상하다고 생각
이 되여 고소를 금할 수가 업섯다.

◇

려관에 도라와서 종일 흘린 땀과 때를 씨서 버리고 서늘한 '유까다'를
가리입으니 몸이 산듯하야 금방 하늘에도 나러갈 것 갓다. 이러케 더
운 곳에는 미상불 '유까다'와 목욕탕이 잇서야 살 수 잇슬 것 같다. 해
풍이나 마시려고 로대(露臺)에 올라서 이즈하라 항구를 내여다 볼 때
에 의외에 동포 세 사람이 차저왓다. 하나는 내가 차저갓든 지부장이
오, 하나는 료리집 한성관 주인이오, 하나는 대마도 조선인 '오야분'이
든 김모의 아우라고.

태극기(太極旗) 게양(揭揚)하고 사년 전(四年前)에 창립(創立)

나도 그들을 대해 보는 것이 깃벗거니와 그들도 로동자들만 잇서 일본사람의 천대를 밧다가 행세하는 동포를 처음 보니 억게가 올라가는 듯하다고 련방 치하를 한다. 아모리 보아도 진정으로 깃버하는 모양임으로 장소는 꺼릴 곳이나 청하는 대로 한성관(漢城館)으로 따라갓다.

◇

그들의 말을 드르니 조선인협회가 처음 설 사 년 전에는 숫 굽는 사람이라도 천여 명이 잇고 '오야분' 김모가 잇서 기세가 장하엿는데 처음 창립할 때에 태극기를 세윗더니 이즈하라 경찰이 금지함으로 태극은 일월을 그린 것이라 우리 회의 '마크'이니 '마크' 업는 회가 어듸 잇겟느냐고 변명하야 승락을 엇고 당당히 태극기를 꼿고 발회를 하엿더라고 한다. 그러나 그 '오야분'도 일본으로 건너가고 지금 남은 것이 숫 굽는 사람뿐이니 유지해 나갈 수 업시 되엿스나 그런 력사를 가진 간판을 떼여 버리기는 넘어 앗가움으로 그냥 두어두고 방금 부흥식힐 도리를 강구중이라고 한다.

◇

고초장 김치 안주에 일배 일배 부일배로 주객의 도도한 흥이 대마를 누를 듯하엿다. 뒷산에서 두견이 우는 소리 고도를 정복한 패객의 객희를 자아내는 듯 천리 이역에서 고국 동포와 대작 간담의 진진한 정이 엇지 삼경을 알렷스랴!

(『동아일보』 1926.8.18)

62

17

왕자(王者) 갓든 대마도주(對馬島主) 지금(只今)은 월수 백여 원(月收百餘圓)

대마도의 왕궁이라 할 만한 도주 소 씨(宗氏) 거성(居城)을 차저 보기로 고바야시 도사(小林島司)와 가치 나섯다. 소 씨가 잇든 성은 전 호에 기록한 바와 가치 조선 객관을 굉장히 지허 일본의 면목을 세우든 백이십여 년 전에 싸흔 성이라, 그 안에 굉장한 저택이 잇섯든 것은 상상하기에 어렵지 안으나, 지금은 검은 칠 하엿든 대문 한 채와 성터가 남어 잇슬 뿐이오, 집터에는 널판자로 붓친 일본식 이층 건축물에 축성부 대마지부(築城部對馬支部)가 드러 잇서 군인의 구두빨 소리가 요란할 뿐이다.

◇

지금 도청으로 쓰는 집도 도주의 별저이엇스며 구(區) 재판소로 쓰는 집은 메이지 이십삼 년에 죽은 제 삼십륙 세 도주 요시요리(義和)가 은거(隱居)하든 집으로 철종(哲宗) 십이 년(일본 분큐(文久) 원년) 로국 군함이 대마도 이모자키(芋崎)를 침범하엿슬 때[35] 이즈하라에 드러온 장교를 영접하든 곳이다.

◇

일본도 왕정 회복이 되여 군웅할거의 모양을 이루엇든 제후(諸侯)의 폐번(廢藩)이 되는 동시에 대마도주도 대마의 통치권을 백작과 밧구어 버리고 말엇다. 다른 제후들은 통치하든 땅은 일어버렷슬지언정 령토

---

35) 1850년대에 연해주에 진출한 러시아는 쓰시마를 중국 해양으로 진출하는 '정문의 초병' 같은 존재로 파악하고 영국의 쓰시마 점령 야심을 견제하기 위해 1861년에 초계함 포사드니크호의 선체 수리를 구실로 쓰시마에 연병장 등을 짓고 부근의 영구조차권을 요구했다. 쓰시마 번과 도민들의 격렬한 저항과 영국의 개입으로 5개월 만에 퇴거했다.

가 비옥하엿든 까닭으로 상당한 가산을 떼여가지고 떠러지엇지마는 대마도는 원래 박토라 조선 정부의 도움과 일본 정부의 도움으로 겨우 생계를 유지하든 터라, 일조에 세력이 업서지고 말매, 아모 것도 남지 안는 간난뱅이가 되고 말엇다. 이러케 되매 세도 부리든 도주의 체면으로 그 땅에 머물러 잇기가 거북살스러움으로 굉장한 거성과 저택을 집어던지고 도쿄로 봇짐을 쌋스나 주머니가 가벼운 터에 도쿄에 가선들 넉넉한 살림을 하지 못하고 매달 이것저것 거두어 모아 백오십 원가량 되는 수입으로 겨우 백작가를 유지하야 나간다고 한다. 지금 삼십칠 세 시게모치(重望)36)는 나히 아직 젊어 도쿄제국대학에 재학중이라는데 일전 조선총독부에서 소 가[宗家]에서 가지고 잇는 조선과의 관계 도서를 이만 원에 사왓슴으로37) 이제부터는 생활에 큰 걱정을 아니 하리 만큼 되엿다고 한다.

◇

국파산하재(國破山河在)38)라고 한다. 조선에 비길 바는 아니라 하나, 그 섬의 왕격이든 소 씨부터 그 모양으로 몰락이 되다 십히 하엿스니 그 신민이든 대마도 일반 인민의 상태야 엇더하랴. 전 호에도 대강 기록한 듯하거니와 이즈하라에 발을 처음 드려놋는 사람으로서 제일 감상적 기분을 품게 하는 것은 바바거리(馬場通) 일대의 구식 건축물들이다. 이

---

36) 시게모치는 소 가문의 제36대 도주로 1923년에 이미 사망했으므로, 제37대 도주 소 다케유키(宗武志, 1908-1985)의 오기로 보인다. 다케유키는 도쿄제국대학 영문과를 졸업하고 1931년에 고종의 딸이었던 덕혜옹주와 결혼한다.
37) 조선총독부는 1926년과 1938년에 소 가문으로부터 『쓰시마 소가문서(対馬宗家文書)』를 구입했고 현재 약 28,000책이 확인된다.
38) 당나라 시인 두보(杜甫)가 안사의 난이 한창이던 757년 봄에 장안(長安)에서 읊은 유명한 오언율시 「춘망(春望)」의 첫구이다. 폐허가 되어 버린 도읍과 유구한 자연을 대비시키며 인간사회의 비애를 읊은 한시로, 특히 이 구는 가장 유명한 한시 구절의 하나이다.

건축물이야말로 대마도의 축사라고 하여도 과언이 아닐 듯하다.

'국파산하재(國破山河在)' 대마도인(對馬島人)의 비애(悲哀)

집채 가튼 돌을 굴려다가 성 가튼 담을 쌋고 궁문 가튼 대문을 지어 노흘 때에야 대마의 영화가 절정에 이르럿슬 때이엇겟다. 석일의 영화도 지금은 환영뿐, 첨첨히 닷친 쓰러저가는 대문이 행인의 맘을 어지러히 할 뿐이오, 길 넘는 잡초가 뜰 안에 욱어젓스며 개와에 입힌 익기 담장에도 든 돌 옷이 어허 여긔가 폐허로고나 하는 탄식을 무심중 발하게 한다. 이 집에 살든 사람은 다 어듸로 갓노!

◇

새로 건너와 주인 노릇을 하는 일본인들은 관리들까지도 대마 사람을 미개하다 하며 시기 만코 겨을르다고 한다. 장사도 할 줄 모르고 바다에 고기가 만흐되 잡을 줄을 모르니 겨을르고 미개한 것이 아니고 무엇이냐고 엇던 관리에게서까지 이런 말을 드럿다. 조선에 와 잇는 일본인이 조선사람을 비평할 때에 쓰는 말과 꼭 갓다.

일본인의 말이 일리가 업는 것은 아니다. 대마인은 일본사람으로서의 대우를 평등히 밧고 잇다. 우리가 조선사람인 때문에 밧는 손해와 가튼 불편은 조곰도 업다. 그러나 그들은 일본 본토에 자란 사람이 아니라 조선도 아니고 일본도 아닌 땅에 자라든 조상의 피를 바덧슴에야
……

(『동아일보』 1926.8.19)

2. 안회남 「섬」(1946)

　1946년 『신천지(新天地)』 창간호에 발표된 「섬」은 '내지'로 징용
되었던 조선인 탄광 노동자들의 해방 직후 귀환을 다룬 단편소설
로, 열악한 노동환경으로 도망 시도가 잦은 조선인 노동자들을 탄
광에 묶어두기 위해 실시된 일본인 여성과의 '강제적' 결혼으로
가정을 가지게 된 '박서방'은 해방 후 조선으로 귀환하지도 일본에
남지도 못한 채 '표류'하다 대마도에 머물게 된다. 저자인 안회남(安
懷南, 1909-?)은 이태준, 박태원 등을 비롯한 구인회 동인들과 함께
활동한 소설가로, 태평양전쟁 기간에 일본에 1년가량 징용으로 끌
려갔고 해방 후에 이때의 체험을 바탕으로 여러 단편을 발표했다.
좌익 계열 문학 단체인 조선문학동맹 결성에 참여하여 소설분과위
원장을 맡았고, 1947년 무렵에 월북했다.

단편소설 「섬」

안회남(安懷南)

일본 안에 있는 조선사람은 전부 나가게 된다는 소문이 떠돌자, 벼란간 짐을 꾸리느라고 부산하여졌다.

더군다나 탄광(炭鑛)에 있는 조선사람들에게는 팔(八), 일오(一五)의 해방의 기쁨은 더한층 감격적이었다.

탄광이라는 데가 사람을 한번 잡으면 노하줄 생각을 않 한다. 땅속 수천 길의 굴속에다 집어넣고는 늘 거기만 오르내리게 하였지, 딴 데로는 꼼짝 못 하게 하였다.

그렇기 때문에 항용 도망을 간다. 가다가 잡혀오는 사람도 많다. 도망을 못 가게 하느라고, 옷도 뺏고 품삯도 다 내주지를 않기 때문에, 남누한 조선인 노동자를 보면, 으레히 탄광에서 도망한 사람으로 취급을 하고는, 그냥 잡어드리는 것이다.

그러나 그래도 한 번 두 번 세 번 몇 번 몇 차례고 도망들을 계속해 하였다. 사지에서 탈출하는 길은, 오직 이것 한 가지밖에 없기 때문이였다.

그래, 도망 방지책으로 나종 생각해낸 것이, 소위 '데이쟈꾸(定着)' 정착이라는 건데, 탄광지대에서 노동자로하여금, 가족을 데려다 가정생활을 하게 하는 방책이다. 즉 가족을 볼모로 잡고 있기 때문에 '데이쟈꾸'한 사람은 도망을 못 간다는 것이다.

조선서 부모처자를 오게 하여, 탄광에다 매껴 놓은 사람들은, 일평

생 그 지옥을 버서나지 못 할 줄 알었다.

그렇기 때문에 처음에는 모다 꿈인가 하고, 어리둥절하였다. 갓 올 때처럼 다시 남부여대하고, 그리운 조선을 향하야 도라오게 될 때, 우리는 정말 정말, 해방이라는 두 글자의 넓은 뜻을, 그야말로 정말 느꼈다.

(조선으로 간다!)

(참, 해방이다!)

모다들 거러댕기는 품이, 저절로 손짓 발짓이 생겨, 반은 춤을 추는 양 같었다.

그러나 탄광에서 일본인 여자와 결혼해 사는 사람들이 딱했다. 더욱이 아이들이 몇식 있는 사람들이 문제였다. 물론, 그들도 다 조선으로 나가고 싶었지만, 일본인 여자는 절대로 조선엘 못 가고, 또 조선사람은 다 남어 있지 않어야만 되었으므로, 잘 해결할 수가 없었다.

아니, 조선사람이 일본에 남어 있는 것은 자유였으나, 그들은 모다 조선으로 오고 싶어 했다. 왜 그러냐 하면 거기서 일본인 여자와 결혼해서 정착해 살었다는 그 자체가 강제적이었었고, 조선사람 남자로서는 어쩔 수 없어서, 말하자면 피치 못 할 사정에 억눌려서, 이룩한 생활이기 때문이다.

박서방도 그러한 사정으로 번민하는 사람 중의 하나였다.

"안상 어떻게 했으면 쓸가요?"

그는 늘 나에게 와서 호소하고 문의하고 했다.

"꿈에도 못 잊는 고향엘 않 가자니 말 아니고, 저걸 데리구 가지는 못하구 …… 후 …… 안상 이얘기 좀 하슈 ……"

그러나 나는 뭐라고 대답할 수가 없었다. 문제는 뻔하기 까닭이였다. 그리고 그것을 실행하는 데 있어서는, 본인들의 의사에 절대로 달렸지, 내 말에 의하야 좌우될 성질의 것이 아니기 때문이었다.

아이가 둘이나 되었다. 하나는 젓멕이요 하나는 다섯 살 된 게집아이인데, 이것이 늘 저이 아버지 도망간다고, 박서방의 손에 매달려 다녔다. 어머니가 시킨 모양이었다.

"가긴 가야 겠어요. 에미 새끼 다 떼여 버리구 가겠에요. 아 …… 게집은 조선 거나 일본 거나 다 마천가지드군요. 울구불고 하는데, 아주 원수 같구면요. 또 새끼는 꼭 부뜰구 놓질 않지요? 이게 어디 게집입니까? 자식입니까 다 버리구 가야겠에요 ……"

나는 말을 듯고, 올치 혼자 조선으로 가랴나부다 생각하였다. 그의 말은 그가 혼자 조선으로 나갈랴는 구실이었든 것이다.

'가라쓰(唐津)'라는 데서 날마다 '야미' 배 장사치들이 밀려드러 배 탈 날자를 계약받고 가곤 하였다. 좁다란 산길로는 허접스레 세간 짐이 연해 뒤를 이어 실려저 나갔다. 조선 갈 때면 입고 가리라 하고 자기의 온 희망과 함께 싸 두었든 새 옷을 끄내어 입고 모다 작별을 아수어 하며 나섰다. 정거장에는 늘 조선사람만 모이는 것 같았고 떠나는 기차마다도 조선사람으로 가득가득했다.

박서방은 날마다 먼저 떠나가는 사람들 전송을 나갔다. 눈물을 흘리고 헤여지는 친구도 많았다. 박서방은 자기도 좀 있다가 나간다고 말하면서 게집아이 손을 끌고는 정거장까지 나가곤 하였다. 혼자가 아니라 게집애만은 데리고 갈려나 생각했으나 그는 날마다 허정허정 도라오곤 하였다.

그러나 어느 날 박서방은 혼자서 털래털래 나에게로 오드니

"안상 조선 가서 맞납시다!"

하고 씩 우섰다.

"네!"

나는 코대답을 할 밖에.

보아하니 우선 풀대님이었다. 일본 여자하고 살면서도 언제 어떻게 조선옷을 구해뒀는지는 알 길 없으나 하얀 바지저고리를 입었는데 그것이 조끼도 없이 게다가 팔장을 끼고 어슬렁대기 때문에 그의 인사를 정색을 하고 받을 수가 없었다. 물론 모자도 안 썼고 헌 '소리'[39]를 껄었다.

그러한 그의 모양이 제법 의관을 차리고 가방하며 짐을 들고 가족과 함께 앞서거니 뒤서거니 하여 떠나는 수많은 광부들 사이에 휩슬려 나가는 것을 보며 나는 또 저 친구가 저녁때는 실심을 하고 도라오려니 했다.

그런데 그날 그는 도라오지 않았다. 이튿날 엽서가 그의 안해에게로 왔는데 간단히

"俺は・朝鮮へ帰るだ。"[40]

했을 뿐이었다. 내가 잘 보니까 그것은 그날 가치 떠난 지도원 장모(張某)의 필치였다. 조선으로 간다는 뜻을 대필하여준 모양이었다.

바지가랭이를 너털대이며 을시녕스럽게 기차에 올라타는 박서방의 꼴을 나는 몇 번이고 상상하여 보았다. 그 장면을 그려보면서

"다시 박한테서 자세한 편지가 올게요. 낙심 말고 기다리세요 ……"

이렇게 그의 안해인 일본 여인에게 말하엿다.

• • •

나는 그 후 일주일이 지나서 조선으로 떠나 왔다. 우리가 간 부대가

---

39) 일본어 草履로 짚신이라는 뜻.
40) "난 조선으로 돌아갈 거야"라는 뜻.

70

차례가 제일 늦었고 그 외 저금을 찾느니 그 달 품삯을 계산하느니 하야 그렇게 늦어졌든 것이다.

우리 일행은 연기대(燕岐隊) 외에 제천(堤川) 사람을 합하야 한 백오십 명이였는데 실제로는 배에 탄 사람이 삼백 명이 넘었다. 이것은 탄광에서 나가자 가라쓰 사이의 딴 곳에 있든 조선사람들이 몰려온 까닭이었다. 배는 물론 화물선으로 겨우 칠십팔 돈밖에 않 되어 선장은 대단한 모험이라고 누차 위험한 것을 설명하였다.

바람이 일을 염녀가 있다고 해서 일부러 하로 예정을 느려 묵었다. 떠나는 데도 해상에서 우리는 폭풍을 맞나고 말었든 것이다. 내가 규슈(九州)에 있으면서도 참 규슈라는 곳은 바람도 많은 곳이다 생각했었는데 바다를 지나면서는 첫 번 갈 때도 그랬치만 더욱 험난 곳으로 알었다. 현해탄이란 일의 대수가 아니라 제법 넓은 양양대해요 또 아주 험한 데다.

이것을 처음 경험하는 나로서는 죽나부다 하는 생각이 들었다. '덱크'로 바다 물결이 처올으고 배가 좌우로 흔들리는데 금방 바다로 끼우러저 들어갈 것만 같었다. 어마어마하고 무서운 물결, 지금 생각해도 몸서리가 처진다.

떠나오기 전에, 바다에서 폭풍으로 하야 전복된 배가 많고 사람이 수백 명, 수천 명식 희생을 당했다는 이야기를 드렸었는데[41] 그 꼭같

---

41) 1945년 10월에 쓰시마에서 태풍이 멎기를 기다리던 승객들을 태우고 하카타로 향하던 연락선 다마마루가 이키 앞바다에서 구일본군이 부설한 기뢰에 부딪혀 침몰하는 사고가 있었다. 탑승자는 730명으로 되어 있지만, 실제로 명부에 기재되지 않은 승객이 많아 1,000명 이상이 타고 있었다고 한다. 이 중에 생존자는 185명뿐이었다고 한다. 탑승자의 대부분은 한반도에서 일본으로 귀환하던 일본인들이라고 일컬어지지만, 다양한 이유로 '역이주'하는 조선인들도 섞여 있었을 것으로 보인다.

은 운명을 당하고 마는 일을 생각하며 가도 가도 여전히 넓은 대해 미처 뒤집고 있는 물결 속인 데는 아연하지 않을 수 없었다.

꼭 하로밤 하로낮은 바다 가운데서 방황한 후 한 군데 육지에 다닷는데 말을 드르니까 거기가 바로 이야기에 잘 듣던 대마도(對馬島)라는 섬이었다.

한눈에 봐도 조막만한 섬이려구나 하는 것을 잘 알 수가 있었다. 우리 배가 포구에 드러갔을 때에는 바람이 자고 고요했는데 거기도 조금 전까지는 폭풍이 있었는지 배가 전복한 것, 마주 부다처 깨여진 것이 수처에나 있었다. 피난선이 수없이 밀려드러 어수선하였고 각 배에서 내쏟는 오예물로 근처 바다물은 말할 수 없이 지저분하였다.

사람들은 각각 눈을 멍하니 떠보며,

"뭐? 대마도?"

"응, 여기두 조선이여!"

하고 중얼거렸다. 무슨 근거로 조선이라고 믿는지 좀 야릇한 생각이 드렀다.

그러나 따는 규슈에서는 산에 그렇게 나무가 무성해도 통 소나무를 볼 수가 없었는데 여기서는 흔히 눈에 띄이는 것이 우선 조선에 가까운 듯하였다.

해안을 딿아 동서로 길다란 포장을 한 길이 있고 그 해안선을 가로질러 드러가면 거기가 섬에서 제일 번화한 거리인 듯 붉은 집웅들이 멀리 바라다 보였다. 그리고 그 후면에 높은 산이 소사 있는데 이 섬 전체가 그 산빛에 품여저 있는 인상을 주어 이것이 아까 말한 것처럼 적은 섬이려구나 생각하게 하는 특증을 아주 두드러지게 내고 있었다. 산 우로는 솔개미가 유난히 많이 떠돌고 있었다.

모다들 배 속에서 시달리고 굶고 해서 생기는 하나 없이 축 느러저

들 있었으나, 보트를 풀어내려서는 거기다 쌀 냄비 솥 등을 싫고 육지로 밥 지어 먹으려들 올라갔다.

배멀미라는 것은 병이 아니라 나도 배 속에서는 거이 다 죽는 시늉이 드니 육지에 올라 맑은 공기를 쏘이고 산골 샘물을 찾아서 더러워진 얼골과 손을 씻고 샤쓰도 버서서 빨어갖이고는 저즌 놈을 그대로 다시 입는 등 기운을 내니까 건강과 원기가 금새 회복되여 퍽 상쾌하였다.

산모통이 한 구텡이에다 솥을 걸고 밥을 지었다. 섬 속에는 조선사람들이 꽤 많이 사는 모양 조선 부인들이 박아지에다 밥거리를 담어 갖이고 샘에 와서 씻는데 보니까 쌀 갖인 이는 하나도 없고 모다 강냉이, 좁쌀, 수수 등이었다. 쌀은 이곳에서 어지간히 귀한 물건인 것 같했다.

집도 살림사리도 오래 뿌리를 박고 살 계획에서 한 것이 아니라 그저 살다가 내일이라도 떠날 수 있도록 임기응변으로 차려 놓은 것이 얼른 눈에 띄였다.

그러나 고기국과 술을 판다고 해서 한 집을 들렀다가 방 세간 속에서 조선식 쌀독이며 누런 놋그릇들을 발견했을 때는 우리 조선사람의 말하자면 조선적인 민족성과 또 현재 그렇게 이 섬에서 사는 것처럼 이리저리 떠다니는 우리 백성의 유랑하는 신세가 연상되여 서글품 마음이 드렀다.

이렇게 생각하는 것은 오히려 내가 인식 부족이여서 그런지는 모르나 이 대마도라는 절해의 고도에 와서 조선사람의 사발과 대접으로 조선음식이며 막걸리를 먹는 것이 나에게는 퍽 진기하게 여겨졌다.

그러나 나에게는 정말 놀랠 일이 한 가지 생겨졌다. 그것은 섬 속에서 의외로 일주일 전에 먼저 조선으로 떠났든 박서방을 만난 일이다.

바람이 잔 것 같으니까 날새를 보아 밤에 떠난다 하므로 저녁에 모다들 다시 뽀트를 타고 배 안으로 도라올 때었다. 아주 남누한 꼴을 한 조선인 노동자 몇 사람이 나에게 찾아와 인사를 청하므로 보니까 그 속에 박서방도 끼어 있었든 것이다.

그들은 먼저 밀선을 타고 조선으로 향했든 사람들로, 우리처럼 대마도로 피난했을 때 잠간 대마도에 묵어 봤든 이들로 다시 고국으로 가겠으나 수무일푼이니 배를 공으로 태워 달라는 교섭이었다. 혹 이 섬에서 돈을 벌게나 되지 않을가 하고 내려 봤든 사람들로 모다 실패를 한 모양이였다.

그러나 박서방만은 달렀다. 그가 대마도에서 다시 조선으로 가는 배를 않 탄 것은 규슈에다 처자를 떼어 놓고 왔으나 또 다시 차마 떠날 수가 없는 마음이 들었든 까닭이였다. 지금 그가 따른 노동자와 섞이어 온 것도 배 타기 위한 교섭이 아니라 섬 속에서 방황하든 차 사람들이 다수히 왔다갔다 하니까 구경으로 휩쓸려 든 것이엇다.

나는 그들이 청하는 대로 모다 배에 올르게 하였다. 박서방 보고도 타라고 하니까 그는 기가 매킨다는 드시 한숨을 쉬고 멍하니 나를 처다보드니 나의 손목을 이끌고 산모통이로 갔다.

"안상 못 가겠에요!"

하는 것이 그의 말이요 대답이였다. 자기가 바다에서 폭풍을 만난 것도 자기 죄에 대한 천벌이였든 것처럼 그는 해석하고 또 앞으로도 처자를 다시 데리러 가면 연이어니와 혼자서 조선으로 내뺀다면 필시 또 다시 바람을 만나 바다에서 죽고 말리라는 것이였다.

"흥 그럴 리가 있나요."

나는 코우슴을 치면서 그것만은 단연 부정을 하였드니 그는

"아니예요. 제가 잘못했에요. 제가 잘못했에요"

고개를 좌우로 연해 흔들며 처자가 밤마다 꿈에 뵌다는 이야기, 아이들이 얼마나 불상하냐는 이야기로 자기 신세를 한탄하였다. 사실 그는 창자를 끊는 슬음과 뼈속까지 슴여드는 번민을 못 이겨냄인지 얼굴이 몹시 여의고 창백하였다. 그 깨끗하든 바지저고리도 어느새 더럽고 후줄그레해졌다.

끝끝내 배를 않다고 좀더 생각한 후 기회를 봐서 다시 규슈로 처자를 찾아가 봐야겠다고 하므로 나는 하는 수 없이 그와 작별코 혼자서 배 우로 돌아왔다. 그는 외로히 바다가에 혼자 서서 멀리 망망한 대해를 바라다보고 있었다.

선장 말이 밤에 출범할랴고 했으나 또 염려가 생긴다고 해서 그대로 하로밤을 더 자고 이튿날 아츰 열 시쯤 해서 떠났다.

가을의 날새 좋은 상쾌한 아츰이었다. 배가 스르르 움즈기매 나는 배전에 서서 시원한 바람을 쏘이며 보니까 박서방이 또 다시 나와 해안에 서서 있었다. 떠나면서 내가 손을 흔드니까 그는 알어보고 허리를 굽신굽신했다. 배가 멀리 포구 밖을 향해 나아가며 보니 그는 흡사히 움즈기지 않는 무슨 석상처럼 서 있었다.

· · ·

그 후 두 달이 지나서 서울서 또 다시 나는 박서방과 만났다. 그때는 그는 섬 속에서 보든 그와는 전혀 딴 사람이었다. 요새 종노 어디서나 볼 수 있는 사람 마찬가지로 평범하고 활기 있고 다시 거세고 하였다.

"박 ……"

나는 몹시 그가 반가웠다. 그러나 그는 내가 궁금해 하고 반가워하는 모든 심리를 잘 알면서 그것을 고려하는 눈치였다. 새로 퍽 어색하 게 느끼었다. 그는 나에게 묻지 말라는 드시 딴 인사말만 하고 황황히 사람들 사이로 사라저 갔다. 나는 그의 뒤모양을 바라다보면서 검푸른 물결 속에 외로히 슨 섬, 섬을 생각하였다. 박서방은 어디인지 섬이다 하는 느낌을 나에게 주었다. 그러나 그의 씩씩한 기품이 나로하여금 저윽이 안심하게 하였다.

一九四五, 十二月 二十二日

(『신천지』 1, 1946)

제2장

불법화된 경계의 삶

1. 쓰카모토·은 「현해탄의 고도 쓰시마에서 밀항선을 찾다」(1946, 한국어역)

　　미군정청(USAMGIK) 하카타 연락소는 쓰시마의 동포 현황과 밀항 관련 조사를 위해 46년 10월 26일에 외무관 최영걸을 쓰시마에 파견했는데, 이에 동행한 세기신문사 특파원 쓰카모토(塚本)와 은(恩)은 '대마도 방문기'를 게재한다. 『세기신문』은 1946년 4월 25일에 후쿠오카시에서 창간된 서일본 최초의 동포신문으로, 15호(1946년 9월 16일자)부터 재일본조선거류민단의 부단장이었던 고순흠(高順欽)이 발행인이 되었다. 하지만 민단뿐만 아니라 조련의 활동에도 많은 지면을 할애하면서 해방기에 중립적인 위치에 섰던 매체로 평가되고 있다. 은 특파원은 이 신문에 소설이나 수필을 기고했던 은상환(殷相煥)으로 보인다. 쓰카모토(塚本)에 대해서는 알려진 바가 없다.

현해탄의 고도 쓰시마에서 밀항선을 찾다

    종전 이후 지금까지 불가사의한 안개 속에 갇혀 있던 현해탄의 외딴 섬 쓰시마에 사는 조선 동포의 안부를 묻고 밀항 상황을 알아보기 위해 조선미군 군정청 하카타연락소에서는 10월 26일 외무관 최영걸(崔永杰)을 이 섬에 파견했다. 한편 본사에서는 쓰카모토(塚本)와 은(股) 두 특파원을 수행하게 하여 현지 특집에 임하게 했다. 다음은 폭풍 경보 하의 현해탄을 횡단하고 28일 귀사한 두 특파원이 가져온 '고도(孤島) 대주(對州) 방문기'의 한 구절이다.

쓰카모토 특파원

안개 낀 항구에 반짝이는 초롱불, 그리운 나가사키 사투리가 속삭인다

    배가 기울어진다. 수평선이 순식간에 뱃머리보다 높아진다. 보트, 갑판 높이에 현해탄의 흰 파도가 번쩍이면서 부서진다. 흔들릴 대로 흔들린 제7교카이마루(第七恭海丸, 하카타해운회사 소속, 272톤)로 항해 9시간 남짓, 적하된 맥주, 감자, 우편행낭과 함께 이즈하라항에 내려진 기자의 모습은 구겨진 손수건처럼 초라하기 그지없다. 비를 맞은 이 항구는 오후 6시인데도 밤안개에 흠뻑 젖어 어둠 속에 밝게 빛나는 등불 언저리에서 떠도는 사람들의 속삭임은 피에르 로티(Pierre Loti) 『국화부인(Madame Chrysanthème)』1)의 그리운 나가사키 사투리다.

---

1) 피에르 로티(Pierre Loti, 1850-1923)는 프랑스 해군 장교 출신 소설가로 항해중에 방문한 지역을 소재로 한 이국취미의 소설을 다수 창작했다. 그중에서 1885년 여름에 1개월간 나가사키에 체재하면서 일본 여성과의 연애 경험을 그린 『국화부인(Madame Chrysanthème)』(1887)은 당시 서구인들의 오리엔탈리즘적

배 안에서 알게 된 조련(朝聯)2) 아라오(荒尾) 지부의 김용균(金龍均) 씨와 동행하여 비와 안개의 돌길을 걸어 숙소로 서두르는 기자의 뇌리에는 러시아의 패전작가 프리보이(Aleksey Silych Novikov-Priboy)가 그린 소설 『쓰시마(Tsusima)』3)의 회상이 되살아났다. 미우라야(三浦屋)라는 여관에 도착해 건돔과 고구마로 된 간단한 음식을 먹고 기와를 때리는 빗방울을 세면서 꾼 여로의 꿈은 마른 들판을 누비고 있었다.

체포 비화의 필두는 감시하던 순사부장의 역밀항

하룻밤이 지나자 또다시 부슬부슬 내리는 비. 나가사키 항만의 마을을 흠뻑 적시며 내리는 비와 다르지는 않지만, 평화로운 항구의 밑바닥에서 단단히 죄어 오는 것은 새로운 시대의 중압. 여기 고도 쓰시마는 포츠담 선언 수락 후 갑자기 후퇴한 소국 일본의 국경 제일선으로

일본 인식 형성에 커다란 영향을 미쳤다.
2) 재일본조선인연맹(在日本朝鮮人聯盟)의 약칭. 해방 직후 조선인들의 귀환과 생활 지원을 목적으로 1945년 10월 15일에 도쿄에서 결성된 최대 규모의 민족조직이었다. 초등교육기관이나 활동가 양성 기관 등 민족교육의 기반 구축에도 진력했다. 또한, 동포들의 생명과 재산을 보호할 목적으로 조련자치대를 설치하기도 했다. 냉전대립이 심화되고 분단체제가 형성되면서 조련은 북한을 지지하게 되었고, 1949년 9월 8일에 GHQ에 의해 강제 해산되었고 자산도 몰수되었다. 이후 조선학교도 대부분 폐쇄되었다.
3) 알렉세이 실리치 노비코프-프리보이(Aleksey Silych Novikov-Priboy, 1877-1944)는 러시아의 작가로, 수병으로 직접 참가한 러일전쟁의 쓰시마해전에서 러시아 해군이 대패한 후에 일본군의 포로가 된다. 그는 이 체험을 바탕으로 러시아 지배층의 무능함과 수병들의 영웅적인 행동을 사실적으로 그린 소설 『쓰시마(Цусима)』(1932-1935)을 집필한다. 이 소설은 뛰어난 사회주의 리얼리즘 작품으로 추앙되어 1941년에 스탈린상을 수상한다.

돌출되고 있다. 좁은 현해탄을 사이에 두고 조선, 중국과 경계를 접하고 피아(彼我)의 불법 수출입, 불법 입국자, 특히 조선에서 밀항선이 도래하는 사건이 빈발하여, 점령군 당국은 물론 현지 경찰기관, 세관, 해운국, 연안 감시초소, 밀항 감시선은 바늘처럼 신경을 곤두세우며 철통같은 경계를 펴고 있다. 지난 8월에 밀항 단속이 시작된 후 그물망에 걸린 밀항선은 11척, 밀항자 수는 560여 명에 이른다. 조선 여수 부근에서 1인당 1,500엔 정도의 뱃삯을 받고 손님을 태운 밀항선은 소형 범선이나 발동기선으로 규슈 본토로 가기 위해 쓰시마 근해에 왔을 때 순시선에 발견되어 억류되는 것이 보통이지만, 그중에는 갑자기 배를 섬 기슭에 붙여 손님을 해변에 내리자마자 후미에 돛을 달고 달아나는 배도 있다. 밀항자들은 대부분 밀항 브로커의 손에 놀아난 자들인데, 배 안에 브로커는 없고 단지 선장이 목적지까지 운반하는 책임을 지고 있을 뿐, 대부분의 밀항자들은 돈도 가진 것도 없는 딱한 사람들이다. 나가사키현 쓰시마지청이 직접 계치의 구 중포병연대 막사를 이용해 지난 8월 중순에 설립한 밀항자 수용소는 개설 이래 오늘까지 수용자 수 536명에 이르고, 그중 517명은 사세보(佐世保) 하리오섬(針尾島)[4]을 거쳐 본국으로 송환했고, 지금은 19명밖에 되지 않는데 이들도 조만간 송환할 것이다. 억류된 밀항선 11척 중 침몰 2척, 현지 도주 2척, 포획 후 도주 2척, 하리오섬 회항 1척, 본국 송환 중 1척, 보관 중 3척이다. 이 근해는 가을과 겨울 사이에 짙은 안개가 끼어 단속에 어려움을 겪고 있는데, 또 하리오섬행 송환선이 이즈하라 출항 후 침로를 틀려 거제도에 도착해 감시 순사부장이 반대로 조선으로

---

4) 전후 일본에서 불법 입국자나 재류 자격 상실 외국인을 추방하기 위해 설치된 수용시설로, 1950년 10월에 출입국관리청 설치령에 따라 하리오 입국자 수용소로 발족되었다. 그러나 이 장소가 경찰예비대의 주둔지로 결정되자, 같은 해 12월에 급히 오무라(大村)로 이전하여 '오무라 입국자 수용소'가 설치되었다.

밀항을 감행한 것이 되어 다행히 이 부장은 조선에서 귀환한 경관이 었기 때문에 무사히 쓰시마로 송환되었다는 웃지 못할 난센스도 있다. 돈키호테를 닮은 밀항은 하루빨리 멈춰야 한다. 점령군도 일본 정부도 애를 태우고 있고, 무엇보다 밀항자 자신이 불쌍하다. 우리 본국도 체면이 말이 아니고 나아가 선일(鮮日) 양국의 화근이 될지도 모르기 때문이다.

고요한 산골짜기에서 즐거운 생활, 조선 동포는 목탄 생산에 활약

은 특파원

섬 주변은 마치 소련 국경에서 본 듯한 긴장된 공기를 품고 있지만, 섬 내부는 순박함 그 자체. 소(宗) 쓰시마 지방관 지배 이래 봉건적 색채도 짙고 섬 내 민주화와는 거리가 먼 평화로운 물고기와 고구마와 목탄과 소주의 섬. 일본 본토에 30년 늦은 문화의 그늘에서 이루지 못한 과거의 아름다운 꿈을 꾸고 있는 섬 쓰시마.

비에 자욱한 이즈하라의 거리는 평화의 상징처럼 고요히 자리 잡고 있다. 쓰시마 재류 동포는 예상을 깨고 다수이다. 동포들의 생활을 종전 후에 극도로 절박하게 만든 큰 원인은 밀항선 경계의 여파로 잠적한 수입 조선미의 단절이 지적되고, 거리 관계상 지금까지는 상당량의 조선미가 쓰시마 거류 동포들을 윤택하게 한 것은 틀림없는 사실인 것 같다. 이천 명이 넘는 동포들은 무엇을 벌고 무엇을 먹고 있을까. 우선 이 섬 산업의 대종을 차지하는 목탄 생산에 동포들이 독점적으로 활약하고 있다. 게치의 야스다(安田) 씨라는 동포 중 임업 성공자를 중심으로 일하며 산출하는 목탄, 삼나무 재료 등은 규슈 본토로 이출되어 고액의 신 엔을 벌어들여 조용한 산골짜기에 문자 그대로 좁지만 즐거운 우리 집을 가꾸고 있다. 식생활은 일본인과 마찬가지로 고구마가 주식으로 군림하고 있다. 바다가 거칠지 않을 때는 풍부하게 잡히는 생선과 고구마로 제법 영양이 보충되는 것이다. 이즈하라 서장 쓰지 시로(辻四郎) 씨의 주장에 의하면 "동포들은 모두 현재의 생활에 만족하고 성실하게 가업에 힘쓰고 있다. 요즘 조선인연맹 결성을 준비하고 있다는데 별로 마음에 들지 않는다. 왜냐하면 그들은 현재의 평화로운 생활에 변화를 필요로 하지 않으며, 오히려 그들이야말로 새로운 의미의 선일 융화를 땅에서 행하는 지하수적 역할을 하고 있다고 할 수 있다." 패전을 계기로 쓰시마에도 카키색 군인의 모습은 찾아볼 수 없지만 외딴 섬의 특수한 입장으로 인해 의외로 경관의 수는 많다. 민주화로 탈피하고 있는 오늘날 설마 특고경찰도 아니겠지만, 출선(出船)과 입선(入船) 시 부두 감시는 삼엄하다. 해산물을 둘러싼 암상인들의 활보를 제한하기 위한 것이기도 하겠지만, 동포들이 여행증명을 필요로 한다5)는 것은 의아하다. 그 이유를 선장에게 설명했더니 다음과 같이 동포들의 반성을 촉구하는 사실을 말하는 것이었다. 어느 날 쓰시마에 한 조선인 청년이 나타나 나는 2세로 현재 사세보 연합군 통역을 하고 있다. 태생은 하와이로 아버지 역시 통역을 하고 있다. 일본어는 잘 못하지만 영어라면 외국인과 한판 붙어도 손색이 없을 정도라고 떠벌려서 쓰시마 사람들도 처음에는 믿고 상당한 대우를 해주었다. 특히 밀항자수용소는 연합군의 증명 없이는 출입할 수 없게 되어 있

---

5) 이 '여행증명'이 무엇을 의미하는지는 불분명하지만, 문맥상 재일조선인이 쓰시마에 갈 때 도항 전용 신분증명서 같은 공식문서가 요구되었던 것으로 보인다. 아직 외국인등록령이 제정되기 이전이지만 그와 비슷한 증명서가 GHQ나 일본정부에 의해 발급되었던 것으로 보인다.

는 것을 꼭 보여달라고 해 비합법적으로 안내하기도 했다. 그 사람이 마지막에는 가면이 벗겨져 헐레벌떡 도망친 적이 있고, 상당히 악질적인 사기꾼들도 선량한 동포의 피를 빨아먹기 위해 모습을 나타내므로 그것을 방지하기 위한 조치에 불과하다는 것이었다. 어느 땅에 가도 조선인들은 하찮다는 말을 듣는 이유는 무엇일까. 야마토 민족의 섬나라 근성에서 기인한 배타주의 때문이라고 치부할 수만은 없는 구절이 많이 있는 것은 아닐까. 조용히 그리고 냉정하게 자신을 비판하고 객관적인 모든 정세를 고려할 때 사실은 한심하기 그지없는 예도 있다. 해방 후 찬란한 독립을 약속받은 우리의 가야 할 노선을 조선인들은 하찮다는 한마디로 차단시키고 싶지 않다. 개인적으로 완성된 인간으로 향상될 수 있도록 이성적인 입장에서 노력해야 한다. 우민정책에 따른 왜곡된 우리의 사상과 감정도 위대한 물결을 보이며 전환하고 있는 민주적 조류를 분명히 파악하지 않는 한 슬픈 유대민족의 전철을 밟을지 모른다. 선일(鮮日) 유식자 사이의 기우의 정점도 거기에 가로놓여 있음을 자각하고 사대주의를 팽개치고 경제를 공부하는 지적 수준 향상에 전심전력을 바쳐 분투하자.

(『世紀新聞』 1946.12.13)

2. 박길봉 「밀항의 본거지 대마도를 해부함」(1950)

　한국전쟁 발발 직전『국도신문(國都新聞)』은 당시 한국으로부터의 밀항자들의 최대 기항지인 쓰시마의 상황을 취재하기 위해 주일특파원 박길봉(朴吉鳳)을 파견한다. 그는 니시도마리(西泊)항의 밀항자 숙소 등을 잠입 취재하거나 순찰경관이나 주민들과의 인터뷰를 통해 생명을 건 밀항이나 참혹한 비극을 낳고 있는 쓰시마의 상황을 한국의 동포들에게 호소하고자 했다. 박길봉은『국도신문』의 도쿄 특파원이었다는 것 외에 알려진 바가 없으며 1950년 5월부터 6월까지 짧은 기간의 특파원 활동이 확인된다.

밀항(密航)의 본거지(本據地) 대마도(對馬島)를 해부(解剖)함

박길봉

1. 니시도마리항(西泊港)에서

해방이 된 지 6년이 되도록 아직도 그 판도가 한국과 일본 어느 쪽에 속하는지 판명되지 않고 있는 대마도(對馬島) 그래서 일본에서는 요즘 고고학자(考古學者) 등을 이곳에 파견하여 그것이 일본 땅임을 증명하려고 무던한 애를 쓰고 있는 문제의 대마도![6] 그곳은 또한 정들었어야 할 이 땅을 뒤에 법망을 뚫고 남몰래 일본으로 밀항(密航)하는 수천 동포들의 기항지(寄港地)로도 유명하다.

역사를 자랑하는 이 나라 백성들이 왜 해필이면 일본 땅으로 건너가나는 따질 것도 없겠지만 하여간 일본 정부가 발표한 작년 1월부터 십1월까지의 밀항자 수는 체포된 사람만도 무려 8천5백9십1명이라는 어마어마한 수에 달하고 있는바 이 또한 우리들이 다시 한번 생각해야 할 사회문제가 아닐 수 없다. 이에 본사에서는 주일(駐日) 특파원 박길봉(朴吉鳳) 기자를 시켜 밀항자의 기항지 대마도의 실태를 조사케 하였다.

(사진은 박 특파원)

북(北)대마도에서 제일 큰 항구 히타카쓰(比田勝)의 부두를 떠나 남

---

6) 1948년 1월에 남한 과도정부입법위원회 대일강화회의 시 대마도 반환 요구 제의를 시작으로 이승만정권의 대마도 영유권 주장이 이어지자, 1948년 8월에 동아고고학회(東亞考古學會)가 쓰시마 전도에서 고고학 조사 활동을 벌였다. 동아고고학회는 1925년에 결성된 고고학 연구단체로 중국 동북지구를 중심으로 광범위한 조사활동을 벌였고, 패전 직후에도 쓰시마 등지에서 조사가 이루어졌다.

(南)쪽으로 3십 분 동안 산길을 걸으면 니시도마리(西泊)라는 조그만 어촌이 하나 찰다. 호수로 따져서 7십 호 가량, 인구 겨우 3백밖에는 되지 않는 조그만 부락. 가끔 자전거로 순찰을 다니는 2, 3명의 경비원이 있을 뿐, 파출소도 상주하는 경관도 없는 평화로운 부락이다. 그러나 외모는 이렇게 법이 없어도 질서가 잡히고 아담하고 말썽 없는 어촌 같지만, 이곳이 한 달에도 수억(數億)의 밀수(密輸) 물자가 거래되고 하루에도 수십 명의 밀항(密航)자가 잠입하는 기괴(奇怪)한 숙명을 가진 문제의 항구인 것이다.

기자는 허수룩한 검은색 바지에 국방색 저고리를 입고 피곤과 불안 싸인 초조한 얼굴로 밀항자를 가장, 선술집으로 들어가서 약간의 음식을 사먹은 다음 그 집 주부에게 돈은 얼마든지 낼 터이니 며칠만 안전하게 숨어 있을 수 있는 밀항자 전문집을 하나 알선해 달라고 부탁하였다. 주부는 벌써부터 다 알아채고 있었다는 듯, 잠간 기대리라고 하드니 얼굴이 새까맣게 탄 4십 세 전후의 밀항 밀수 뿌로-커 한 사람을 불러왔다.

그는 "어디로 가느냐?" "동행은 없느냐"는 등 몇 가지를 물은 후 삼백 원의 구전을 먼저 받아 넣고 약 십5분 동안이나 이 골목 저 골목으로 기자를 데리고 다니드니 야스카와(安川) 모라는 문패를 붙인 일본식 목조 이층집 현관에서 주인 영감과 몇 마디 소개알선의 말을 한후 가버렸다. 주인은 밀항자의 숙박료는 소위 공정가격으로 4백 원(朝夕飯 包숨)이라는 말을 한 다음 이름 하나를 물어보지 않고 8조(疊) 방 6조 방 두 방으로 되어 있는 2층으로 친절하게 안내해 주었다. 2층 두 방에는 2십4, 5세 가량 되어 보이는 청년 두 명과 소학생 같은 어린애를 데리고 있는 3십 세 전후의 여자 한 사람 그리고 노동자 같은 중년의 남자가 세 명, 신사복으로 채린 젊은 남자가 네 명, 2십 세쯤 되어 보이는 여자 하나, 도합 열두 명의 '결사대'들이 아침을 하고 있는 중이다. 기자는 이들과 인사하고 같은 환경에 있는 사람으로서 금방 친히 이야기를 주고받을 수 있었다.

이들 중 신사복을 입은 두 사람은 밀수업자로 한국 돈으로 약 6백만 원에 달하는 양복감과 옷감을 밀수출하다가 대마도 사스나(佐須奈) 부근에서 경비선에게 발각되어 짐을 모조리 빼았긴 채 九사―생으로 몸만 간신히 빠져나와 이곳에 숨어 있는 사람이고, 청년 두 명은 공부하러 가는 학생, 노동자 두 명은 일터를 찾아 가는 사람, 여자 한 명은 바레―(舞踊)을 공부하러 가는 사람이었다. 이들은 모두가 열흘 이상이나 이곳에 머무르고 있어 혹은 선편을 기대리고 혹은 일본에 연락하여 부쳐오기로 되었다는 돈과 외국인등록증(外國人登錄證)을 기대리고 있는 것이다.

덧문까지 꽉 닫아 버린 어둠침침한 방안에서 하루종일 밖에 한 발짝 못 나가는 답답한 생활. 마치 감방 안 죄수와도 같이 유폐(幽閉)된 상태에서 그들은 경관에게 발각될까 바 불안과 굶주림에 떨며 언제 올지 모르는 막연한 소식과 선편을 언제까지나 언제까지나 기대리고 있는 것이다. 생명을 걸고 죽을 고생을 다 해가며 여기까지는 왔으나 선편을 얻어 앞으로 가야 할 8십 마일 이상의 거센 파도가 잡아먹을 듯이 출렁거리고 있는 것을 목도할 때 그리고 밀항자의 대다수가 걸려든다는 엄중한 해안선의 경비를 상상할 때 그들의 간장은 조라들 대로 조라들고 그러면 그럴쑤록 밀항자들의 감옥인 하리오(針尾)의 참혹한 풍경이 눈에 어리어 주검과도 같은 환멸을 느끼곤 하는 것이다.

그러나 그래도 어떻게 하든지 이 난관을 뚫고 나갈랴고 그들의 일부분은 매일같이 선편을 알선하는 뿌로―커에게 안내되어 앞길을 모르는 운명의 항로를 떠난다.

북대마도에는 이곳 '니시도마리' 이외에 '도요(豊)' '이즈미(泉)' 등 역시 밀항 밀수업자들이 잠입하는 기항지가 있다. 그들의 말에 의하면 한국으로부터 떠나오는 기지는 부산(釜山)을 필두로 하여 마산(馬山), 통영(統營), 여수(麗水), 목포(木浦) 등으로 매일매일 9십 명 내외의 밀항자가 이곳으로 몰려드는데 밀항해오는 사람들의 9십5퍼-센트까지는 전부 일단 대마도에 기항한다고 한다.

그림 2-1 대마도의 일인(日人) 어부들

(『국도신문』 1950.5.3)

2

대체로 한국으로부터는 밀항자가 많고 일본으로부터는 밀수업자가 많다. 대마도에 기항되는 이들의 자세한 숫자는 명확치 않으나 매월 4, 5천 명에 달한다고 현지 거주민들은 말하고 있다. 밀항하는 방법은 전부가 선편으로 대개가 1톤 반 내지 3톤의 어선을 가장한 '통통선'들이다. 한 척에는 약 7, 8명 내지 약 3십 명의 소위 선객들을 싣는데, 그들은 전부 선창(船艙)에 통조림같이 밀폐되어 다행히 살아서 이곳에 도착한 사람은 대개 빈사 상태에 빠져 있다고 한다.

그리고 이곳에서 거래되는 밀수물품은 대개 옷감, 라이타, 만년필, 철물, 유리시계, 화장품, 설탕, 약품, 술, 피혁 급 피혁제품 등 수백 종이 있다.

한편 이곳의 경비 상태를 보면 부근 연해의 밀수 밀항을 전문적으로 순찰하는 경비선 약 십 척이 매일 주야를 불문하고 연해를 감시하고 있다.

육상 경비는 사스나(佐須奈)에 경찰서가 있고 히타카쓰(比田勝) 등 각 중요 항구에는 각각 경관파출소가 있어 약 십 명의 경관과 수십 명의 경비원들이 삼엄한 경비망을 펴고 있다.

기자는 저물어가는 부두에서 선편을 기대리며 두 명의 순찰경관으로부터 몇 가지의 이야기를 들었는데 밀항자들은 대개로 날이 좋은 날 밤에 십여 명씩 뭉쳐 잠입한다고 한다.

밀수업자들은 아무리 물건을 많이 가지고 있어도 현행범(現行犯)이 아니면 체포치 못하는 까닭에 백 퍼-센트의 혐의가 있어도 채포치 못하는 경우가 종종 있다고 한다. 그리고 타고 오는 배가 2톤 정도인 까닭에 난파되기 쉬우며 가끔 경비선을 향하여 구원을 부르짖는 난파선도 종종 있다는 것이다. 그리고 밀항 도중 이곳에서 발각 체포되어 하리오(針尾) 수용소에 송치되는 밀항자의 수효는 매월 2, 3백 명을 넘는데, 이렇게 해서 하리오 수용소에 전국으로부터 송치되어 오는 수효는 1946년 7월에 3천6백8십 명이었던 것이 다음 8월에는 1만1천3백 명으로 격증하였다 한다.

이리하여 하리오 수용소에는 매일과 같이 끊임없이 밀항자들이 송치되어 오는데, 그들은 2개월간에 세 번 정도로 한국에 송환되어 가는 것이다.

이들은 남녀노소를 불문하고 그곳 수용소에서 같이 잡거(雜居)하고 있으며 2층 건물을 여덟 방으로 나누어 8명의 단장(團長)이 통솔을 하고 있다. 중간에 긴 복도가 있고 양쪽 방은 전부 엄중한 창살로 가로막히어 마치 형무소와도 같은 모양을 하고 있다. 붉게 물들은 수평선의 석양을 등지고 멀리 고국 땅을 바라보는 기자의 가슴속에는 무거운 감동이 찌르고 수백 리 저 건너 고국 한국에 있는 동포들에게 이 땅 이 섬에서 벌어지는 비극을 호소하고 싶은 눈물이 어두워 가는 앞을 가렸다.

(『국도신문』 1950.5.4)

3. 류혁인 「'망국'을 나르는 마의 항구: 밀수의 전초지 이즈하라 르뽀」(1965)

한일기본조약이 조인된 직후인 1965년 8월 2일에 쓰시마에서 일제 밀수품을 싣고 부산으로 향하던 쾌속밀수선 영덕호가 한국의 감시선에 의해 피격되어 침몰한 사건이 발생하자, 취재를 위해 쓰시마로 급파된 동아일보 주일 특파원이었던 류혁인이 밀수의 전초기지로서의 이즈하라항의 모습을 생생하게 전했다. 류혁인(柳赫仁, 1934-1999)은 동아일보 정치부 기자를 지냈으며, 1965년 7월부터 1967년까지 주일 특파원으로 근무했다. 이후 1973년부터 1979년 12월까지 대통령 비서실 정무비서관을 지냈다.

'망국(亡國)'을 나르는 마(魔)의 항구(港口)
: 밀수(密輸)의 전초지(前哨地) 이즈하라 르뽀

류혁인

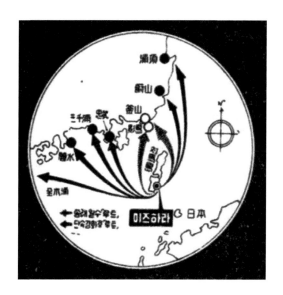

그림 2-2 대마도 밀수 루트

1

어선들도 별로 없어 언제나 조용한 이즈하라 항구의 세관 앞 부두에는 군함색으로 칠한 5, 6톤짜리 쾌속정 3, 4척이 정박하고 있지 않은 날이 없다. 괴선박이라고 할까? 국적 표시도 선명(船名) 표시도 없는 이 괴선들은 세관 당국은 물론, 이즈하라 사람들까지 아무도 그 배들을 이상하게 보지 않는다.

지난 2일에 '영덕호'가 우리나라 감시선에 격침당한 소식7)이 전해진 5일 오전에도 이즈하라 항구에는 3척의 배가 밀수품을 가득 싣고 정박하고 있었으나 본국과의 연락이 되지 않아 초조한 모습이었다.

사진을 찍으려 하자 선실에서 밥을 먹고 있던 선원이 눈에 핏발을 세우며 달려든다. 누가 와도 사진은 절대 못 찍는다는 것이고 더구나 신문기자는 더욱 안 된다는 것. 일본(日本) 사람들에게는 그래도 떳떳한 장사(?)로 행세하나 본국 사람을 경계하는 그들의 태도는 정체가 드러날까 봐 걱정하는 태도를 넘어 오히려 살벌할 정도로 험악했다. 지난 2일 일어난 밀수선 격침사건은 그 분위기를 한층 더 살벌하게 만들었다.

최근 당국의 밀수 단속이 심해지자 부산(釜山) 등지의 하주(荷主)들은 이미 피신했다는 소문이고 이에 따라 이곳에 와 있는 3척의 배들은 연락이 끊어져 옴짝 못하고 있으며 격침당한 영덕호(永德號)도 겨우 연락이 되어 그동안 세 차례나 출항을 했는데 접선이 안 되어 되돌아왔다가 이날 네 번째 출항한 것이 대마도(對馬島) 연안을 멀리 벗어나지 못한 채 격침당하고 만 것이라 한다.

우리나라의 삼천포(三千浦) 정도에 불과한 대마도의 이즈하라항이 이처럼 번창하게 된 것은 대한(對韓) 무역의 성과, 다시 말하면 대한 밀수의 근거지로 발전했기 때문이라고 한다.

한국에서는 악명높은 '밀수'지만 이곳에서는 이것이 하나의 '변칙무역'으로 불리고 있으며 이즈하라를 근거지로 하여 5톤 안팎의 쾌속정들이 월평균 40척씩 출항하고 있다.

---

7) 대마도에서 밀수품을 싣고 부산으로 향하던 밀수 쾌속정 영덕호가 1965년 8월 2일에 한국의 감시선에 의해 침몰된 사건으로, 당국에 의해 밀수선이 격침된 첫 사례이다.

그들이 말하는바 이즈하라의 경제는 한국의 어느 항구보다도 밀수의 영향을 받고 있다는 것이 이곳 관계자들의 공통된 견해였다.

한국에서 밀수가 엄격히 규제되고 있는 데 반해 이곳에서는 진짜든 가짜든 증명만 갖추어오면 세관 당국이 합법 무역으로 묵인해 주고 있다. 일본(日本) 세관 당국이 말하는바 이즈하라항을 통한 대한 수출액은 1960년도까지 연간 10억 원(日貨)까지 이르렀으나 5·16혁명 직후에 격감, 그 뒤 다시 늘어 작년도(64년)에는 3억2천5백만 원이나 되었다.

이 숫자는 그대로 이즈하라를 통해 한국에 밀수입된 물품 가격을 일본(日本) 세관이 계산한 공식 액수를 의미하는 것으로 이 같은 밀수품을 운반한 배는 작년 10월부터 지난 3월 말까지 반년 동안에 모두 2백40척으로 한달 평균 40척이며 그 가운데는 다른 수출품도 약간 포함되어 있으나 9할 이상이 10톤 미만의 쾌속정으로 1척당 5천 달라 내지 1만 달라 이상씩 실어나르고 있다는 것이다.

세관 당국의 통계에 의하면 한일(韓日)협정 조인을 전후하여 최근에는 그 수가 줄어들고 있어 지난 5월에는 42척에 10여 만 달라, 6월에는 31척에 11여 만 달라, 7월에는 10척에 2만 달라 어치밖에 되지 않았다고 하며 그것도 5, 6척이 전문적으로 한두 차례씩 왔다 갔다 하고 있는 실정이라고 한다.

이러한 현상도 전혀 한국 측의 단속에 좌우된 것으로 단속이 심하지 않을 때는 보통 2, 3일에서 1주일 정도로 매우 회전이 빨랐으나 최근에는 2주일 이상씩 나가지 못하고 있는 것도 허다하며 자주 다니던 배가 최근에 나타나지 않는 것도 허다하다는 세관 당국의 말이다.

이곳 해상보안부는 찾아간 기자에게 "영덕호가 격침된 위치는 대마도(對馬島) 해안에서 9백 미터밖에 안 된 거리였다"고 가시 돋힌 어조

로 말하면서 영해 침범 운운했지만 증거를 보여달라고 하자 우물우물
하고 정식 항의 여부는 상부에서 결정할 일이라고 슬쩍 넘겼다.

(『동아일보』 1965.8.5)

2

이즈하라항을 중심으로 한 밀무역의 대금 결제(決濟) 방식은 애당초
에는 한국에서 탄피를 싣고와 팔고는 화장품을 사가는 식의 물물교환
을 하는 정도였으나, 60년 7월 이후부터는 '비거주자 자유 원(圓) 계
정'('간조(勘定)')이라는 제도가 생겨 이에 의한 대금 선불 수출이 대부
분이라고 한다. 이것은 선원이 갖고 온 '달라'를 은행에 예치하고 그
구좌(口座)에서 수출 대금을 결제하는 식의 합법에 가까운 소위 '변칙
무역'인 것이다.

이러한 무역방식 때문에 일본에서는 이즈하라의 밀수가 '합법화'되
어 있는 셈이 된다.

한국 측은 이런 형식의 합법을 가장한 밀무역을 단속해 줄 것을 여
러 차례 일본 측에 요구했다 하나, 일본 세관 당국의 견해는 ① 한국
선원들이 모두 선원증을 갖고 또 배가 한국의 출항허가증을 갖고 있
으며 ② 일본에서는 외환이 자유화되어 있기 때문에 출처야 어쨌든 간
에 '달라'나 일화(日貨)를 갖고 와 은행에 예치하는 것을 '체크'할 수
없고 ③ 따라서 이 자금으로 산 물건을 수출할 것을 정식으로 요청하
면 그것이 일본 정부의 금수품(禁輸品)이 아닌 이상 허가하지 않을 수
없다는 것이다.

그러나 이것은 어디까지나 '공식적인 견해'에 불과하며 실상은 이들
밀수꾼들이 갖고 있는 선원증이나 출항허가서가 한눈에 가짜라는 것

을 알 수 있다는 사실을 세관 당국도 시인하고 있다. 그러나 "굳이 그 진부(眞否)를 가릴 필요도 없으며 또 가릴 수도 없는 노릇"이며 "원래 수출하는 입장에서는 그렇게 까다롭게 하지 않는 것이 관례가 아니냐?"는 말로 그들의 속셈을 시사하는 이도 있다.

이곳 거류민단의 한 관계자는 일본 당국이 한국 가짜 선원들의 불법을 형식 요건만 갖추면 된다는 식으로 묵인하고 있으며 이즈하라가 대한(對韓) 밀수로 상당한 외화를 획득하고 있는 현실적인 사정 때문에 일본 정부도 이즈하라를 일본의 한 '예외적인 지역' 비슷이 취급하는 것 같다고 서슴지 않고 단정했다. 일본 본토에서는 이러한 엉터리(예컨대 가짜 선원증으로 행세하는 것)가 절대로 통하지 않으며 그러한 면의 단속을 일본 정부가 그동안 몇 차례 할 움직임을 보였으나 대마도의 무역업자들이 도쿄(東京)에 진정단을 보낸 뒤 흐지부지된 사실까지 있다 한다.

이즈하라에는 지금 밀수품을 취급하는 닛쇼(日昭)회사, 도자이(東西)교역, 스즈키(鈴木)상사 등 굵직한 간판을 내건 대한 밀무역 업자들이 네 곳이나 있으며, 한창 번성할 때에는 24개 사나 되었다는 것이다. 지금은 은행에 예치한 예금으로 결제하기 때문에 실패가 없다고 하지만 전에는 신용거래도 있어 한국의 밀수꾼에 속아 거액의 사기를 당하는 바람에 도산(倒産)한 상사까지 있다 한다.

이 상사들은 거의 다 밀무역 절차의 대행이고 실제 물건을 중개하는 업자는 또 따로 있으며 이즈하라 거리에는 '수출 전문 화장품 상회'라는 간판을 내건 대업자도 있고, 부두에는 한일(韓日) 선원을 위한 불고기집 간판까지 나붙어 밀수 경기를 구가하는 일면을 보여주고 있다.

(『동아일보』 1965.8.6)

3

지금은 그렇지도 않지만 이즈하라는 몇 해 전 만 해도 한창때는 한 꺼번에 20~30척씩 밀수선이 들이닥쳐 이 좁은 거리의 여관이란 여관, 술집이란 술집에는 1백여 명씩 한국 선원들이 들끓어 밀수 '붐'을 이 룰 때가 있었다. 그러나 지금도 이즈하라 전신국에는 한국으로 가는 밀수배들의 암호 전화가 한 달에도 몇 10통씩 접수된다는 이야기.

선원들이 갖고 오는 돈은 대개 암시장에서 산 달라나 일본 돈(圓)인 데 배 1척이 최고 1만5천 달라 어치를 사간 적도 있었으며 지금 일본 세관은 그 출처를 따지진 않지만 작년에 대한(對韓) 밀무역을 하는 도 자이교역상사에서 위조 달라가 나와 말썽된 적도 있었다는 것이다. 밀 수선들이 여기서 사가는 물건은 화장품, 장신구, 화학섬유 등이 대부 분이며 TV, 냉장고도 많이 사간다는데 작년 한때는 설탕이 인기 품목 으로 잘 팔렸고 심지어 고추까지 사간 경우도 있다는 세관 당국의 얘 기다.

대마도는 일본 본토보다 가까운 부산과의 거리가 불과 28마일, 하룻 밤 사이에 내왕할 수 있는 이즈하라의 거리에서 최소한 일본 관헌들 이 한국 밀수꾼들의 거래를 합법적인 변칙무역으로 인정하고 있는 한 이른바 이즈하라 루트의 특공대에 의한 밀수는 근절될 수 없다.

기자가 만난 이곳 세관 지서장이나 해상보안부장 등은 한결같이 '지금의 규정상' 이것을 규제할 수 없으며 앞으로도 그 규제 여부는 전혀 중앙정부의 정책적 결정이나 입법화 여부에 달렸다고 말하고 있다.

그들은 "밀수선을 한국의 무역선으로 인정한다면 왜 그 배에 아무 표지(標識)도 없이 해적선 모양 출·입항하는 것을 단속 안 하느냐?"는 질문이나 "왜 위조 선원증을 철저히 가려내지 않느냐?"는 질문에 "그것은 전혀 한국 정부에서 할 일이고 한국 정부 명의로 된 것을 어떻게 우리가 진부를 가려 조사할 수 있느냐?"는 식으로 답변하면서 역습(?)한다.

그러나 그들은 한일(韓日)조약이 비준 발효되면 정식으로 관청끼리의 횡적인 연락도 될 것이고 또 이에 따라 자연히 "한쪽은 불법, 한쪽은 합법"이라는 모순이 없어질 것이라고 내다보고 있다. 하지만 과연 국교정상화만으로 문제가 한국 측의 요구대로 원만히 모두 해결될 것인지? 10년 이상이나 대한 밀수기지로 뿌리 박아온 이즈하라의 현실은 낙관적인 전망만을 내릴 순 없을 것 같다.

한국 정부가 항의한 대로 일본의 단속이 철저하지 못한 사실은 이즈하라의 관계관들도 시인하고 있고 경찰 당국자 역시 밀수선들이 거의 모두 가짜 선원증과 가짜 출항허가서를 갖고 있는 점을 부인 못하면서도 단속 문제는 모두 애매한 대답으로 모호한 태도를 취하고 있다.

이곳 경찰에서는 기자가 묵고 있는 여관으로 찾아와 "언제 왔느냐, 무엇 하러 왔느냐?"고 꼬치꼬치 캐묻고 갔는데 경찰은 이곳에 와 있는 '무역 선원'들은 지금까지 일본 국내법상 이렇다 할 문제를 일으킨 적이 없어 특별히 단속할 일이 없다는 것이고 밀수 선원들보다도 오히려 취재하는 기자의 동정(動靜)에 신경을 쓰고 있어 '묘한 이즈하라의 분위기' 같은 것을 느끼게 했다.

(『동아일보』 1965.8.7)

4

이즈하라 경제의 3대 지주(支柱) 중의 하나가 대한 무역, 즉 밀수라고 한다. 그것은 이즈하라에 있는 광산 수입이나 관공리들이 뿌리는 돈과 함께 밀무역으로 톡톡히 재미를 본다는 얘기인데, 그중에서도 밀무역이 이즈하라 경제에 차지하는 위치는 그 비율보다 경제 구성면으로 더 무겁게 평가되고 있다.

업자들이 오사카(大阪) 등지에서 물건을 갖다 쌓아놓고 모개 흥정을 하는 등 현실적으로 이즈하라에 떨어지는 것은 그리 많지 못하다고는 하나 지리적으로도 밀무역의 구조 자체가 여기서 비롯된 만큼 그 영향도는 크다는 것이다.

밀수선이 항구에 닿으면 배에서 먼저 노란 깃발을 올려 입항 허가를 청하면 곧 입국관리소 직원이 배에 나아가 출항허가서나 선원증을 검사하는데 이것은 물론 형식에 지나지 않고 때로 단속을 한다고 해도 밀수선은 종이쪽지로 'xx호'라고 배 이름을 즉흥적으로 써 붙여 얼버무린다는 것.

따라서 이즈하라의 경기를 저울질하는 것은 일본 관헌의 단속이 아니라 우리나라 측의 단속이 강화됐느냐 혹은 늦춰졌느냐에 달려 있고 실제로 부산에 합동 단속반이 생긴 뒤로 국내에서는 검거 건수가 늘어 급증된 것으로 보는지 몰라도 이곳에서 보면 오히려 줄어든 현상이다.

우리나라 측은 지난번 무역회담에서도 20톤급 미만의 선박은 한국 정부가 무역선으로 허가하지 않고 있다는 사실을 분명히 밝히고 이즈하라에서 단속해 줄 것을 요구한바 있었다.

이에 대해 일본 측은 선박들이 정규 절차를 밟아 무역을 하는 이상

밀무역으로 단속하기는 불가능하며 "다만 한국을 자극하지 않도록 자숙할 것을 요망"하는 정도의 태도를 보였었다.

그들은 이 밀무역선들이 달라를 일본 은행에 넣고 정식으로 수출허가를 받고 있기 때문에 단속할 수 없다는 이론이다. 지금 이즈하라항에서 출항을 기다리는 3척의 밀무역선 역시 물건을 정식 통관 절차를 밟아 배에 실었다고 한다. 이 선원들의 표정은 다분히 살기를 띠고 있으나 어찌 보면 비참하기 짝이 없는, 막다른 골목에 쫓긴 듯한 모습으로 배에서 밥을 지어 먹고 거기서 자고 하는 형편이다.

그것은 그들이 대부분 청부한 운반 선원이고 하주는 국내의 단속 때문에 숨어서 나타나지 않는 데도 원인이 있다는 것. 그들 선원들도 귀국하면 서로 모르는 척하는 것이 밀수조직의 규율이며 생리라고 하는데 검거되는 위험률이 커짐에 따라 수입도 줄고 있고 은행 계정으로 물건을 사기 때문에 위험에 대한 손해 부담도 아무런 보상이 없다 한다.

밀무역고는 일본 세관에 신고, 통관된 액수만으로 최고 연간 85만 달라까지 된 적이 있었고 교포가 경영하는 헤이와(平和)무역상사는 5·16 후 문을 닫았다가 작년 6월에 다시 문을 열어 최근까지 상당한 재미를 보고 있다 한다.

이즈하라 해상보안부장 이케다(池田) 씨는 한국 해군함정이 대마도 남쪽 일본 영해 바로 바깥까지 와 있어 자기들의 어로에 큰 지장을 주고 있다고 항의하면서 "이승만(李承晚) 라인8)에서 쫓겨 다니던 습성

---

8) 평화선(Peace Line)의 별칭으로 미국, 중국, 일본에서 쓰인 명칭이다. 1952년 1월에 이승만 대통령이 한국의 연안수역 보호를 목적으로 공포한 해양주권선을 가리킨다. 이 평화선은 해안에서부터 평균 60마일에 달하여 독도를 포함한다. 이에 즉각 반발한 일본은 공해의 자유 원칙이 인정되어야 한다고 주장했다. 이에

이라 제 영해 안에서도 한국 함정만 보면 겁을 먹고 쫓겨 온다"고 기자에게 되려 알쏭달쏭한 항의(?)를 했다.

(『동아일보』 1965.8.9)

5

주일대표부 후쿠오카(福岡) 사무소 박광해(朴匡海) 소장은 지난 7일 급거 이즈하라에 건너와 밀수를 둘러싼 현지 실태를 조사하는 한편, 세관, 해상보안부, 경찰 등 관계 당국자들과 접촉하면서 일본 측이 무역선으로 인정하고 있는 밀수선을 한국 정부가 인정하지 않는 것이므로 이들을 정식으로 단속해 줄 것을 요청했다. 10일 현재 이즈하라 부두에 정박 중인 밀수선(박 소장은 2척뿐이라고 말하고 있음)들을 일본 측이 단속해서 추방할 것인지의 여부를 밝히지 않았지만, 관헌들이 우리 측 요구를 선뜻 받아들이지 않고 있음을 시사했다.

그에 의하면 현지 관리들은 '입장이 난처하다'는 태도로 '근본적인 해결이 있어야겠다'는 것. 그는 "일본이 경제협력을 한다는 처지에 상대국이야 죽든지 살든지 아랑곳없다는 태도는 말이 안 된다"고 항의했다고 말하고, 체류 일정을 늦추어서라도 어떤 해결을 봐야겠다고 벼르고 있으나 과연 어느 정도의 성과를 거둘지는 의문이다.

이 문제로 기자와 의견을 나눈 이 지방의 한 유력한 언론인은 결국 이 문제가 한일조약의 비준으로 해결된다기보다도 빨리 무역협정을

대해 이승만은 선포수역에서 조업하는 외국어선은 국적을 불문하고 나포하라는 지시를 내렸고, 한일 갈등을 심화시키는 주요 원인이 되었다. 평화선은 1965년 한일어업협정이 체결됨으로써 사실상 철폐되었다. 일본정부에 의한 나포어선 인정수는 325척, 억류 선원 3,796명이었다.

맺어 그 조문 속에 자세한 규정 같은 것을 넣어 두 나라 사이에 말썽이 없도록 하는 것이 첩경이라는 견해를 밝혔다.

이즈하라 거류민단장 김(金)청민 씨 같은 이의 경우를 보면 사실 밀수 선박들을 사진으로 찍어 우리 정부 기관에 통보하고 싶어도 직접 찍기는커녕 멀리서 기술적으로 몰래 찍자 해도 비용은 많이 들고 그렇다고 무슨 보상이 있는 것도 아니어서 보고도 못 본 체하고 있다는 것이다.

대마도의 교포는 모두 1천3백 명가량인데 대부분이 영세농·어민이지만 거류민단 간부의 말을 빌리면 "밀수로 한 밑천 잡으려고" 본국에 건너간 사람도 더러 있다는 얘기였다. 정치적으로는 거류민단이 압도적으로 많고 조총련(朝總聯)9)계는 이렇다 할 세력이 못 되나(1할 미만이라는 민단 측 얘기) 도쿄 같은 데서 일부러 공작원을 파견해서 커다란 간판을 내걸고 허세를 부리고 있는 실정이다. 한 가지 특기할 것은 교포 외에 이곳 아연(亞鉛) 광산에 한국에서 콜롬보 계획에 의한 기술자가 와 있는 사실이다.10)

---

9) 재일본조선인총련합회의 약칭이다. 총련이라고도 한다. 1955년에 조선민주주의인민공화국 공민을 천명하며 한덕수를 초대의장으로 하여 결성된 재일조선인 민족단체. 50, 60년대에 조선학교 정비, 귀국운동, 한일조약 체결 반대운동, '조국'과의 자유왕래운동 등을 전개했다. 문화단체로는 재일본조선인문화단체협의회(문단협, 55년), 재일본조선인문학예술가동맹(문예동, 59년 이후)이 있다. 기관지에 『조선민보』, 『조선신보』 등이 있다. 총련 대마도 본부는 1956년에 히타카쓰에서 결성되어 59년에는 이즈하라로 옮겨 활동을 이어가다가 1986년에 해산되었다.

10) 사스 지구(佐須地区)에 있던 도호아연(東邦亜鉛)의 다이슈 광산(対州鉱山)을 말한다. 1943년부터 본격적으로 조업을 개시하여 1973년 폐산되기까지 30년간 채굴이 이어졌다. 전후 고도경제성장으로 활기를 띠며 쓰시마 최대의 기업이 되기도 했으나, 염가의 외국산 광석에 밀려 60년대 이후 침체기에 들어섰다. 더욱이 1964년에 아연광산 부근에서 카드뮴 중독 환자가 발견되었고 그 은폐

이즈하라는 인구 5만 정도의 항구. 거리는 깨끗하고 역시 밀수 경기 때문인지 어업 위주인 섬 항구치고는 무척 화려한 인상이다. 4년 전 이즈하라 뒷산에 NHK(일본방송협회) 텔레비존 자동 중계탑이 세워져 부산에서까지 수신이 되게 된 것은 너무나 유명한 이야기지만 그 당시의 통계로도 텔레비존은 11가구에 1대꼴이었다고.

이곳 고적의 하나가 되고 있는 반쇼원(萬松院, 옛날 대마 성주들의 묘지 같은 것)에는 고려(高麗)판 대장경(大藏經)과 한국산 쇠장구 등 옛날 한국과의 문화교류를 말하는 유물들이 진열돼 있다.

이즈하라가 이른바 무역항으로 비교적 번화한 반면 대마도 전체는 역시 반농반어(半農半漁)의 가난한 섬이며 어업도 영세 어민들의 오징어잡이가 대부분으로 어획고는 연간 10억 원, 그밖에 본토의 대수산업체가 개발한 진주 양식(養殖)으로 연간 6억 원 정도(어업 전체 수입은 24억 원)에 달하고 있다. 이곳 영세 어민들이 한때 평화선 철폐 반대 진정을 하여 신문에 보도되는 등[11] 화제가 된 일은 이즈하라의 밀수 경기와

공작이 드러나며 주민들의 강한 저항에 직면했고 보상문제를 남긴 채 폐업을 결정하게 된다. 이 광산에 한국인 기술자가 파견되었다는 사실을 전한 것은 이 기사가 유일하다. 한국이 콜롬보 계획에 가입한 것은 1963년 1월이므로 노동자의 파견은 그 이후에 이루어진 것으로 보이며 언제까지 지속되었는지는 알 수 없다.

11) 『동아일보』 1964년 4월 27일 자에는 평화선 철폐 문제를 둘러싼 일본 신문들의 보도가 소개되어 있다. 평화선으로 인해 나포되어 억류되는 경우가 잦았던 일본 어선과 어민들은 오랫동안 그 철폐를 강력하게 요구해 왔다. 그런데 일본 신문들의 보도에 따르면, 실은 평화선 철폐를 요구하는 것은 기계화된 대형 어선들이며, 영세 어민들은 오히려 평화선이 철폐되어 대형 어선과 경쟁해야 하는 상황을 우려하고 있다고 한다. 특히 대마도 영세 어민들은 아카기 무네노리(赤城宗德) 농림성 장관이 평화선 근해를 순시했을 때 "평화선이 철폐되어 안전 조업이 보장되면, 이들 대중형 어선이 대거 쇄도하여 일본조(一本釣)의 어장이 쑥대밭이 되지 않을까 하는 실정"을 진정했다고 전했다. 「韓國」을 보는

대조적이라 할 만한 재미있는 현상의 하나이다.

그림 2-3 거류민단 대마도 본부
이곳에는 약 1천3백 명의 교포가 살고 있다.

日本新聞의 '눈'」, 『동아일보』 1964.4.27. 본서 제4장 2 정귀문 「고국을 바라보러 떠나는 여행」 참조.

그림 2-4 조총련 대마도 본부

요란스런 간판 밑에 북괴(北傀)의 각종 기관지 지국(支局) 간판이 보인다. 그러나 조총련(朝總聯) 계는 교포의 1할 미만으로 일본(日本)의 어느 곳보다 열세(劣勢)이다.

(『동아일보』 1965.8.10)

제**3**장

동포의 생활을 찾아서

1. 조희준 「그리운 조국이 보인다」(1948, 한국어역)

조희준(曺喜俊, 1907-?)은 전남 출신으로 1930년대에 일본노동조합전국협의회 토건노조 등에서 일본공산당 노동운동가로 활동하다가 검거되기도 했다. 해방 후 일본에 남아 조선경제연구소장, 조련 중앙총본부 서기장 등을 역임했다. 1949년 조련 강제 해산과 함께 공직추방 처분을 받았고, 1955년에는 재일본조선인총연합회(총련) 결성대회 의장단의 일원이 되기도 했다. 조희준은 1948년 6월에 쓰시마에 파견되어 조련 중앙총본부 기관지인 『조련중앙시보(朝連中央時報)』에 방문기를 기고한다. 조련은 해방기에 적어도 세 차례 중앙에서 쓰시마로 임원을 파견하는데, 김병길(金秉吉, 1946년 11월), 조희준(1948년 6월), 원용덕(元容德, 1949년 2월) 등이 쓰시마를 방문한 것이 확인되고, 조희준과 원용덕은 방문기를 남겼다. 이 책에도 번역되어 수록된 이들의 방문기에는 당시 쓰시마 조선인들의 생활뿐만 아니라 갑작스런 지정학적 변동으로 격동기를 겪고 있던 쓰시마의 생생한 모습을 엿볼 수 있는 귀중한 기록이 담겨 있다.

그리운 조국이 보인다*
: 눈코 뜰 새 없이 바쁜 쓰시마 조직

조희준

무장 경관의 요구

하카타(博多)에서 쓰시마의 이즈하라정까지 7시간의 뱃길. 배를 탈 때도 내릴 때도 무장경찰이 짚이는 대로 승객 중에서 상대방을 뽑아내서는 외국인등록증 제시를 요구하거나 트렁크나 가방을 열게 해서 무엇이 들었는지를 본다거나, 우리 모두가 갖고 있는 과거 관부(關釜) 연락선의 씁쓸한 기억을 떠올리게 했다.

쓰시마에 오르자 고리대금업 불량배의 이름이 드높다. 그는 본명이 ××라고 하면 기억하는 사람도 많을 것으로 보인다. 지금은 육십을 넘긴 늙은이지만, 전쟁 전까지는 ××조선총독부의 유능한 경관으로서 조선의 무수한 애국자들이 그의 손에 의해 학살당하고 불구가 되고 투옥되었던 것이다. 그는 아직도 건재하다. 이곳에서 ×××의 조선어 통역을 하면서, 때로는 예전 습성이 나타나는 듯 다른 사람의 뒤를 쫓거나 하기도 하는 모양이다.

조국의 숨결, 반동의 유언비어를 막다

쓰시마에서 조선까지는 ×시간이면 갈 수 있다. 산에 오르면 경남 통

---

* 원문의 판독이 불가능한 부분은 ××로 표시했다.

영군의 ×대를 가리킬 수 있다고 한다. 나는 도중에 시모노세키(下關)에 하차하여 해조 찌꺼기로 더러워진 옛 관부연락선의 부둣가에 우두커니 서 보았는데, 관부 연락이 단절된 오늘날 시모노세키의 몹시 쓸쓸한 느낌과는 대조적으로 이곳 쓰시마에서는 조국 조선의 숨결을 직접 느낄 수 있었다.

조국의 통일과 자주독립과 민족의 큰 발전을 위하여 외국 군대의 즉시 철수를 요구하는 남조선 인민의 과감한 항쟁의 ××이나 민족의 새로운 영웅, 그에 관련된 수많은 일화들이 현해탄의 거센 파도에 실려 오듯이 쓰시마에 사는 동포들에게 풍부한 이야깃거리를 제공한다. 쓰시마의 동포들은 이승만 박사나 김성수 등의 매국적 죄상이나 민족 반역자적 정체를 생생한 사실에 근거하여 잘 알고 있다. 남조선 단독 정부가 꾸며진다 하더라도 그래서 뭘 할 수 있겠느냐, 얼마나 유지될 수 있겠느냐며 항쟁하는 인민의 승리를 믿어 의심치 않는다. 그들은 인민 조선의 애국 항쟁이 빚어내는 민족의 대사업을 자랑스럽게 여기며 서로 이야기를 나누는 것이다. 민족의 우두머리 박열(朴烈) 씨가 하카타역 앞 변소에 숨어서 도망갔다는 이야기[1]는 기타큐슈(北九州)에서 소문이 났지만, 이곳 쓰시마의 공기는 반동적인 유언비어를 굳이

---

[1] 박열(朴烈, 1902-74)은 경북 문경 출신으로, 1919년 3·1운동에 가담했다가 퇴학 당한 후, 도일하여 1921년에 흑도회를 조직했다. 1922년에는 무정부주의 조직인 풍뢰회(風雷會, 이후 黑友會) 결성에 참여했다. 1923년에 황태자를 암살하려 했다는 혐의로 구속되어 사형을 선고받았으나, 무기징역으로 감형되어 20여 년간 옥고를 치렀고 옥중에서 전향한다. 1945년 10월 출옥 후 1946년 1월 재일본조선인연맹에서 탈퇴한 우파를 중심으로 신조선건설동맹을 결성하여 위원장이 되었다. 10월에는 재일본조선거류민단을 결성하여 의장이 되었다. 1948년 2월에 민단 내 갈등으로 단장직을 사임했고 1949년 4월 민단 전체대회에서 의장선거에 패배한 후 한국으로 귀국하여 이승만정권의 국무위원이 되었지만, 한국전쟁 때 납북되었다. 1974년 1월 평양에서 사망했다.

입에 담으려는 자의 존재를 허락하지 않는다.

쓰시마에서 이루어진 규슈학원의 성과

쓰시마는 가미아가타(上県)와 시모아가타(下県)의 두 섬을 중심으로 크고 작은 130개의 섬들로 이루어져 있으며, 둘레 연장 94km, 면적 2만km, 인구 7만여 명. 여기에 동포 3천 명이 조련(朝聯)의 지부, 15분회로 뭉쳐 있다.

도내 교통은 매우 불편하다. 하카타를 출발하여 이즈하라정 선착장에 도착하면 거기에서 조련 본부 소재지인 게치정까지, 조선에 가까운 가미아가타군의 사스나정으로 가는 버스 편이 있을 뿐, 나머지는 연안을 따라 이동하는 배 편뿐이다. 그래서 조련 주최 대회에는 모두 배로 동원한다. 국기, 조련기, 민청기, 적기 등 다채롭게 휘날리며 가미아가타와 시모아가타, 근처와 원거리의 지부·분회에서 모여드는 광경은 소문대로 장관일 것이다.

삼일학원(三一學院), 조련 규슈고등학원[2] 졸업생 십여 명이 귀도한 후, 조련, 민청의 조직은 점차 강화되어 조직 선전, 문화 계몽, 아동교육 등, 활동은 다면적이고 활발하게 전개되고 있다. 제탄(製炭)업자의 영업세 투쟁은 종전에 20킬로 한 가마의 순이익을 28엔으로 보고 과세해 오던 것을 한 가마의 순익 5엔 감정을 쟁취했고 이어서 목탄제조업자의 영업세 면제를 요구하고 있다. 또한 조선에서 오는 표류선 처리 등에 있어서도 유익한 많은 성과를 거두고 있다.

---

2) 삼일정치학원은, 일본공산당이 운영하는 조선인 활동가 교육기관이고, 규슈고등학원은 1946년 10월에 개교한 조련 후쿠오카 현본부가 운영하는 활동가 교육기관이다.

쓰시마에서는 두 달에 한 번 본부에서 강습회를 열고 활동가를 함양하는 동시에 이 강습회에서 우수한 자를 규슈고등학원에 추천하게 되어 있다. 현재 5명의 재학생이 있고, 차기 추천자 15명도 정해져 있다고 하여 세심함이 느껴진다. 이들 젊은 활동가들이 모두 돌아와 각 부서에 임하면 쓰시마 조직은 더욱더 강해질 것이다.

목탄 생산 협동조합을 만드는 것이 염원

쓰시마의 산물은 목탄과 장작이다. 이전에는 조선에도 상당히 수출했다고 한다. 얼마 전에도 남조선 군정 당국자들이 와서 장작을 많이 싣고 돌아갔다고 한다. 쓰시마의 금년도 신탄 생산 각 정촌 할당량을 보면, 목탄 3,957,270kg, 장작 745,000묶음이다. 재주 동포 3천 명, 전부가 제탄에 종사하여 실업자는 거의 없는 상태이다. 그러나 자금이 부족하기 때문에 빤히 중간 착취자에게 이윤의 대부분을 빼앗기고 있는 상황이다. 조련 부위원장 안쾌삼(安快三) 씨의 염원은 쓰시마 조련목탄생산협동조합을 결성하여 일체의 중간착취를 배제하고 업자의 공동 이익을 도모하려는 것이라고 한다. 업자의 결속과 쓰시마의 특이한 유망성에 착안한 유지들의 협력을 얻어 이것이 실현되면 여러모로 이익이 많다고 한다.

쓰시마 명물

쓰시마의 명물은 까마귀, 솔개에 가스마키[3], 양갱이라고 하는데, 양

---

3) 원문은 カキマキ로 되어 있으나 쓰시마의 전통과자인 가스마키(かすまき)의 오기로 보인다.

갱, 가스마키는 찾아볼 수 없었다. 다만 썩은 생선을 뒤지는 솔개의 지저귐과 날갯짓만은 요란했다. 그와 함께 쓰시마의 명물이라고 하면 이상하지만, 쓰시마가 아니면 좀처럼 보기 힘든 것은 밀수꾼들의 수군거림이다. 그들의 귓속말은 이 세상에서 벌어지는 일이라고 믿기 힘든 지옥에서 온 이승만 박사의 첩자로 여겨질 정도로 백귀(百鬼)가 암야에 횡행하는 느낌이다.

섬사람들의 소문으로는 여기 쓰시마의 불법 유출물은 조선쌀이라고 한다. 쌀뿐만 아니라 주류, 약품, 설탕, 생고무 등이 남조선에서 운반되는데, 그 대부분은 일본 당국에 걸려 몰수된다고 하니까 압류되어 몰수되기 때문에 큰일이다. 현재 남조선에서는 풍년기근이 계속되고 있다. 괴이하기 짝이 없는 대목이다. 남조선군 당국은 조선에서 나가는 미곡 수출은 전혀 없다고 거듭 부인하고 있다. 이승만 박사는 어떻게 생각했을까. 이승만 박사가 쓰시마를 자기한테 나누어 달라고 미군정에 진정했다는 보도는 이 섬 ×× 노인들의 격분을 사고 있었다.[4] 6월 5일.

(조 씨는 조선경제연구소 소장)

(『조련중앙시보』 1948.7.9)

---

4) 1948년 1월에 남한 과도정부입법위원회가 대일강화회의 시 대마도 반환 요구를 제의한 것을 시작으로 같은 해 8월에 이승만은 대마도 반환 촉구 성명을 발표하여 대마도 영유권 주장을 본격화했다. 일본의 대륙 침략의 길목을 차단한다는 정치적 명분도 내세웠지만, 미국은 대마도가 일본령이라는 견해를 굽히지 않았고, 대일평화조약 발효 이후에 한국 정부는 대마도 반환 주장을 더 이상 하지 않았다.

2. 원용덕 「쓰시마 주변의 사람들」(1949)

원용덕(元容德, 1914-?)은 추자도 출신으로 광주에서 신흥중학교를 졸업하고 1934년에 도일하여 릿쿄(立教)대학 경제학부에 입학했다. 1941년에 대학을 졸업했으나, 1938-39년에 조선인 유학생들과 조선독립운동을 고취했다고 하여 1942년에 치안유지법 위반으로 투옥되었다. 『사상월보』 107호(1943)에는 원용오(元容五)로 기록되어 있는데, 본서에 수록된 이 글은 원용오와 원용덕이 동일인임을 입증하는 자료이기도 하다. 원용덕은 해방 후 GHQ의 정치사상범 석방지령으로 출옥한 후 조련 중앙총본부 문교부장으로 활약하며 재일조선인 교육운동에서 중요한 역할을 했다. 1946년 4월에는 김달수 등과 함께 일본어 종합잡지 『민주조선(民主朝鮮)』을 창간하기도 했다. 원용덕은 1949년 2월 24일부터 27일까지 조련 문교부장으로 쓰시마를 방문했다. 방문기에는 쓰시마 주민들의 조선인에 대한 뿌리 깊은 차별의식, 그에 굴하지 않고 숯을 구우며 고되게 살아가는 거류민들과, 그들을 조직화하는 조련의 열성적인 일꾼들, 조련의 소학교에서 민족교육을 받는 아이들의 이야기뿐만 아니라, 이승만 정권의 대마도 반환 요구에 대한 쓰시마 주민들의 반응과 그를 둘러싼 조련과 민단의 갈등 등이 언급되어 있다. 또한 쓰시마 방문에 대한 원용덕의 사적인 이유는 고향이나 혈육을 상기시키는 쓰시마의 장소성을 효과적으로 드러내고 있다.

쓰시마 주변의 사람들

원용덕

H시에 머물던 2월 23일 밤이었다. 일은 아직 끝나지 않았는데, 그러나 예정이 없어 24일 새벽에 S시로 떠날 생각으로 일지를 작성한 뒤 F현 본부 위원장 K씨와 지방의 여러 사정을 이야기하던 중에 쓰시마에서 왔다는 Y씨가 들어왔다. 그와는 전날에 어떤 회합에서 인사를 나누었는데, 그는 중앙에서는 쓰시마를 잊었는지, 현역 상임 중에는 한 명도 대마도에 온 적이 없다고 엄청나게 불평을 늘어놓으며 여기까지 와서 이번에 쓰시마에 들러가지 않으면 앞으로 중앙은 상대하지 않겠다고 하면서 끈질기게 동행을 권유했다. 아직 젊고 애교 있는 청년 부위원장이었다. 그때 나는 웃으면서 그럴 리가 없다고 하면서, 이번에는 예정이 없지만 다음 출장에는 꼭 일정을 짜고 다른 상임한테도 이야기해서 가도록 할 테니 이번만은 양해해 달라고 부탁했고, 기다리는 아동들이 있어서 가봐야 한다고 말하고 헤어졌다.

나는 그와 헤어지고 아이들이 기다리고 있는 학교에 도착할 때까지 쓰시마, 쓰시마하고 불러보기도 하고 바다 쪽을 바라보기도 했다. 그리고 대마도에 관해 뭔가 내 기억을 떠올려 보려고 애쓰기도 했다. 그러나 그것은 헛수고였다. 그런데 아동들과의 이야기가 끝나고 여관으로 돌아가는 길에 문득 고향 생각이 나고, 대마도에서는 날씨가 좋은 날에는 조선도 보인다는 이야기를 들었던 기억도 났다. 그뿐만이 아니다. 조금 전까지, 뭔가 내 기억을 떠올려 보려고 애쓴 이유도 알게 되었다.

그것은 어린 시절의 추억이었다. 나의 고향은 섬이었다. 섬치고도 너무 작은 섬이어서 지도를 펼쳐 놓고 눈을 부릅뜨고 찾아봐도 보이지 않을 정도였다.[5] 그것도 무리가 아니어서 상당히 큰 지도가 아니면 대개의 지도에는 실려 있지 않기 때문이다. 그 작은 섬사람들의 생활은 가난했다. 그중에서도 우리 집은 가장 가난했던 것 같다. 그 가난한 집에 일손이 되지도 못하는 형제가 일곱 명이나 살았으니 우리 부모의 고충은 한결 컸을 것이다. 칠 남매 중에서 내가 막내였다. 내 바로 위의 형은 어느 날 우리 마을에서 가장 유복하다는 집에 놀러 가서 그 집 아이들이 공부하는 사랑에 들어가 있다가 그 집 영감한테 발견되어 끌려 나와, 거지 자식이 남의 집에 오면 안 된다, 다시 오면 바닷속에 던져버릴 테니 얼른 나가라며 호되게 꾸중을 들은 끝에 쫓겨났던 것이다.

형은 울면서 집으로 돌아왔다. 그때 형은 15살이었던 것 같다. 어린 마음에 뭔가를 느끼고 또 결심했던 것으로 보인다. 나는 나중에 들은 거지만, 그로부터 며칠 후 형의 모습은 그 작은 섬에서 보이지 않게 되었다. 일본을 왕래하는 어선을 타고 어디론가 가 버렸다고 한다. 아버지와 어머니의 슬픔은 컸다. 나도 울고 있는 누나 옆에서 덩달아 울었던 적도 있었다. 그로부터 몇 년이라는 세월이 흘러도 아무런 소식이 없었지만, 내가 기독교의 전도사를 하던 백씨(맏형을 일컫는 말) 덕분에 제주 본도에 가서 소학교를 졸업하고 미국 선교사의 잔심부름꾼으로 고용되어 광주로 가서, 그들이 운영하는 미션스쿨 중학부의 혜택을 입게 된 어느 봄날, 아버지한테서 온 편지로 행방불명이 되었던 형이 쓰시마에서 일본인의 양자가 되기 위해 열심히 일하고 있다는 것을 알게 되었다.

아버지의 편지를 보고 나는 기뻤지만, 한편으로 슬픈 생각이 들었

---

5) 제주도의 북쪽에 위치한 추자도에 딸린 작은 섬마을(대서리)이다.

다. 기쁘다는 것은 형과 나는 자주 싸우기도 했지만 사이도 좋았다. 형이 마을 아이들로부터 나를 감싸기 위해 그들에게 던진 돌이 내 이마에 맞아 큰 상처를 입었다. 그 상처는 작아졌지만 지금도 내 이마에 남아 있다. 그리고 형은 형제 중에서 가장 똑똑했다고 생각했기 때문이다. 슬프다는 것은 작은 섬 안에 약 40명 정도의 일본인이 살고 있었는데, 조선인을 인간으로 보지 않는 그들의 야만적인 행위에 대한 증오심이 미션스쿨에서 고취된 민족사상과 맞물려 일본인에 대한 적개심이 강해져서 우리 민족의 적은 일본민족이라고 믿게 되었는데, 형이 그 일본인의 양자가 되는구나 싶었기 때문이다.

그 후 아버지와 백씨(맏형)가 쓰시마를 방문해 형을 만났고 형도 한 번 고향에 찾아왔다는 소식은 있었지만 내가 아홉 살 때 헤어진 그 형과는 지금까지 만날 기회가 없었다. 내가 일본에 건너온 것은 1934년으로, 형을 만날 수 있는 대마도에 대한 동경은 계속 가지고 있었지만, 그것도 동경 이상을 벗어나지는 못했다.

×

S시로 떠날 준비는 했지만, 동경했던 추억이 되살아나 마음이 어지럽던 나에게 Y씨가 들어와서 또다시 동행을 재촉한 것이다. 그래서 나는 예정을 바꾸지 않을 수 없었다.

바람은 강하지 않았지만, 바다는 조금 거칠었다. H항을 떠난 배는 누런 흙먼지와 매연 구름에 휩싸인 규슈의 도시를 뒤로 하고 작은 섬 사이를 뚫고 서쪽으로 서쪽으로 달렸다.

나는 섬에서 태어나 소년 시절의 대부분을 바다와 관계가 깊은 생활을 한 탓인지는 모르지만, 바다를 좋아했다. 지금도 바다가 싫지 않다. 바다를 좋아한다는 것을 과학적으로 분석해 보라고 해도 곤란하지만, 마음이 커지는 듯한 저 넓은 바다 벌판, 늘 변함없는 저 푸르름,

아무런 차별 없이 모든 것을 포용하는 평등함, 어쨌든 바다가 좋다. 그러나 이 바다를 원망하기도 했다.

섬 생활이란 곧 바다의 생활이다. 바다는 섬사람의 직장이다. 그래서 작은 배라도 한 척 가지면 생활에 어려움이 없다. 그러므로 섬사람들의 유일한 소망은 어떻게 하면 배를 한 척 갖게 될까 하는 데 있다. 그리고 그들은 목숨을 널빤지 하나에 의지하여 거친 파도를 뚫고 열심히 일했고, 그 보답으로 꿈을 이루기도 한다. 이처럼 그들이 거친 파도와 싸우고 또 싸우고 끝까지 싸워 얻어낸 배를 목숨보다 사랑하는 것은 조금도 무리가 없는 일이다. 그들은 자신의 배를 가진 기쁨과 대어의 꿈에 들떠 용감하게 출어한다. 그러나 폭풍은 그들의 기쁨도 대어의 꿈도, 무엇이건 모조리 빼앗아 버리는 때가 드물지 않다.

섬사람들은 거친 파도가 몰아치는 절벽에 서서 남편이나 아버지, 형의 귀가를 밤새 기다리고 있다. 이틀이 지나도 사흘이 지나도 한 해가 지나도 두 해가 지나도 돌아오지 않는다. 인내심도 다한 가족들은 하늘을 원망하고 바다를 원망하며 돌아오지 않는 사람들의 장례식을 치르고, 살기 위해 젊은 과부는 새로 시집가고, 아이들은 몸종이나 도제가 되어 가족은 뿔뿔이 흩어진다.

그런데 천재일우로 난을 피해 육지 혹은 타국으로 떠내려간 사람들은 일하면서 배를 고쳐 섬사람들이 거의 잊었을 때 돌아오는 경우도 있다. 그때는 섬의 희비극이 연출되는 것이다. 아아, 누가 알랴, 바다의 비밀을.

왼쪽으로 보이는 저 가늘고 길쭉한 섬에도 희비극에 울고 웃는 사람들의 목소리가 들려오는 듯하다. 그런 생각을 하고 있는 사이에 배는 근해를 떠나 현해탄으로 나아간 것 같다. 흔들리기 시작했다. 배에는 자신이 있었던 나도 오랫동안 바다 생활에서 떠나 있었던 탓도 있어 뱃멀미 때문에 견딜 수 없어 갑판에 기대면서 선실로 들어갔다.

이등 선실에 탄 것은 내 생애를 통틀어 처음이다. 소년 때 고향 섬에서 육지 항구까지는 종종 왕복했는데, 일등이나 이등 선실이라는 것은 일본인이 아니면 탈 수 없다고 생각했고, 나는 직접 보지 않았지만, 일등이나 이등 선실 앞에는 "조선인 출입금지"라는 팻말이 붙어 있는 배도 있다고 들었다. 심지어 그 앞을 서성이다가 침세례를 받기도 했다고 한다. 나도 언젠가 이등 선실 창문으로 일본 남녀 학생들이 뒤섞여 양갱을 먹으며 트럼프(그로부터 약 10년 정도 지난 후에 알게 된 것이지만)를 하는 것을 놀란 눈으로 부러운 듯 바라보고 있던 것을 한 학생한테 들켜 황급히 도망치다가 갑판에 머리를 부딪쳐 울음을 터뜨리기도 했다.

그 이등 선실에 탄 것이다. 그런데 그때보다 깨끗하지도 않고 넓지도 않았다. 모두 11명이 타고 있었는데, 나와 동행한 Y형을 제외하면 전부 일본인이었다. 그런데 한가운데 다다미 위에 화로를 둘러싸고 오십이 넘은 것 같은 시골풍 신사가 아이를 안고 있는 중년 부인한테 말을 걸기 시작했다.

"사모님, 어디까지 가세요?"

"이키(壹岐)로 돌아갑니다."

"아, 그렇군요. 그런데 이키에는 그런 소문은 없나요?"

"무슨 소문이요?"

"지금 화제를 독차지하고 있는 소문이요. 조선인 놈들이 대마도를 조선에 돌려달라는 그것 말이에요."

"어머 그렇군요. 끔찍한 말을 하고 있군요."

"패했다고 놈들이 날뛰다가 끝에 가서는 무슨 말을 꺼낼지 알 수 없어요."

"그럼 대마도 사람들은 혼슈(本州)로 쫓겨나나요?"

"뭐, 그럴리가 있겠어요. 조금 있으면 또 옛날과 같은 일본이 될 거에요."

나는 '그렇지 않다. 대마도에 관해서 뭐라고 하는 건 조선인이 아니라 이승만이다. 그리고 대마도는 조선에 돌려줘야 한다느니 한 건 진정한 조선 인민한테서 나오는 원성을 다른 곳으로 돌려 자신의 목숨을 연장하려는 속임수 기만정책이다. 그 이승만은 그런 말을 해서 인민들의 자신에 대한 원망을 대마도에 대한 관심으로 돌리고, 그 틈에 또 무슨 술책을 부리려는 음모다.' 그런 말을 해 주려고 했지만, 아이가 울음을 터뜨려서 부인은 아이를 달래고 있고 시골 신사는 밖으로 나가 버려서 말할 수가 없었다.

그렇다 해도 국회의원 후보로 나선 자 중에서 말이 나올 정도니까 시골 신사가 언급하는 것도 무리는 아니지만, 일본인의 생각이 구태의연하여 옛날 머리와 옛날 눈을 가지고 조선과 조선인을 보는 것은 통탄스러운 일이다.

정오가 조금 지났을 때 배는 기적을 울리면서 어느 항구에 도착했다. 이키라고 한다. 기다란 이 천연 항구는 좁지만 아늑하고 어쩐지 따뜻한 느낌을 주었다. 돛단배와 작은 발동선이 섞여 있다. 아이들이 모인다. 여경 두 사람이 아마 선박 검사를 위해 온 것이 아닌가 생각되었지만, 강가에 서서 단지 히죽히죽 웃으면서 하선하는 손님을 바라볼 뿐이다. 상당히 많은 사람이 내려서, 모두 이키 사람들이냐고 옆에 있던 Y형한테 물어보니, 그게 아니라 혼슈에서 식량을 사러 온 사람들이 대부분이라고 했다. 이키는 대마도보다도 작지만, 평지가 많아 주식 생산이 풍부하여 자급자족하고도 남는다고 한다. 그래서 거의 집집마다 배를 소유하고 있다고 한다. 이 섬을 침범하는 자가 있는 모양이라

소나무로 뒤덮인 약간 높고 푸른 산 위에 작은 검선소(檢船所)가 세워졌는데, 거기서 한 감시인이 망원경을 들고 자주 주위를 둘러보고 있었다. 시간이 허용된다면 거리도 걸어 보고 싶어졌지만 그럴 시간은 없었다. 지도상으로 본 이키는 왠지 칙칙한 풍경이고 이 섬에 사는 사람들은 다른 종족으로 남양의 토인을 떠올릴 듯한 인상을 받았지만, 첫인상에 따뜻한 느낌과 그리움이 느껴졌다.

이키의 항구를 떠나서 약 세 시간의 항로였지만, 파도가 거칠어지고 배가 흔들리기 시작해서 실내의 한구석에 꼼짝없이 드러누운 채 무리해서 눈을 감고 잠들어 버렸다. Y형이 깨웠을 때는 배는 대마도 암벽 아래를 아슬아슬하게 파도를 가르면 달리고 있었다. 조금 있으면 쓰시마의 수도 이즈하라항에 도착한다고 한다. 비가 내리고 있었다. 올겨울은 예년에 비해 따뜻하지만 비를 섞어 뺨을 때리는 2월 북풍은 아직 차가웠다. 아직 조금 시간이 있으니 실내에 들어가자는 Y형의 권유에는 귀도 기울이지 않고 나는 무언가를 바라보고 있었다. 비나 바람을 맞으며. 그것은, 뭔가 특정물을 바라보는 것도 아니었지만, 부두처럼 보이는 곳에 우산을 들거나 우산이 없는 사람들은 비를 맞으며 서 있는 한 무리 사람들의 광경이었다. 그리고 그것이 내 흥미를 당긴 것은 아니었지만, 희미해진 내 기억을 오가는 고도(孤島) 사람들의 생활에 생각이 미쳤기 때문이다.

고도 사람들은 배가 들어오는 것을 기다리고 있다. 배는 그들과 다른 세계를 잇는 유일한 교통 기관이다. 배는 그들에게 행운을 나르기도 하고 비운을 나르기도 한다. 그뿐만이 아니다. 고적한 생활에 입항하는 배의 기적 소리는 그들의 단조로운 생활을 깨고 즉시 활기를 불어넣는다. 그뿐만이 아니다. 배는 그들의 목숨을 잇는 식량을 나르고 그들이 필요로 하는 물건을 나르기 때문이다. 배가 들어오면 그들은 집에서 밭에서 산에서 학교에서 면사무소에서 상가에서 술집에서, 남자도 여자도 아이도 노인도 모두 부두에 모인다. 그리고 울고 웃고 소리 지르고 흐느낀다. 항구는 순식간에 아수라장으로 변한다. 고도 사람들의 유일한 기쁨은 입항하는 배다. 그 배가 폭풍우가 치면 며칠이고 들어오지 않는다. 그들은 바람이 멎고 배가 들어오기를 빈다. 그리고 배를 기다리는 것이다.

출항하는 배가 기적을 울리면 그들은 또 부두에 모인다. 그리고 눈물을 흘리며 이별을 아쉬워한다. 그들은 또 약간 높은 산에 모여 배가 수평선 너머 보이지 않을 때까지 오래도록 서 있다. 그들은 지칠 대로 지쳐 기절하듯이 집에 돌아온다. 그리고 다음에 들어오는 배를 기다리는 것이다.

어느새 배는 부두에 접안했다. Y형은 배를 맞이하는 많은 사람 중에 우리도 마중 온 사람들이 있다고 귀에 대고 살짝 말했다. 그리고 그 방향을 눈짓으로 알려 주었다. 군중은 아직 내리지 않은 사람들을 향해 큰 소리로 이름을 부르거나 탄성을 지르거나 했다. 움직이지 않고 가만히 지켜보던 군중은 움직이기 시작했다.

이리하여 나는 숱한 추억을 품고 대마도 땅을 밟게 된 것이다. 비는 계속해서 내렸다. 우리는 마중 나와 준 쓰시마 본부 위원장과 청년들 사이에 섞여 울창한 이즈하라의 안벽을 따라 자갈 섞인 진흙탕을 약 반 정(丁)정도 걸어가자, 무시무시한 경관대가 막아섰다. 듣자 하니 그것이 검문소라고 한다. 낯선 나한테 주소와 이름을 쓰라고 한다. 내가 쓰려고 하자 위원장은 괜찮으니까 빨리 가자고 했다. 경관한테는 나중에 알려주겠다고 하고 우리들은 걸어 나왔다.

×

산으로 둘러싸인 이 어장 마을은 어장이라기보다는 오히려 고도(古

122

都)의 느낌을 주었다. 베이징(北京)역에 내려 정문에서부터 펼쳐지는 베이징의 시가지가 수천 년 역사를 무언으로 이야기하며 보는 사람의 감회를 고도의 비밀로 이끌어가듯이, 전쟁의 피해를 입지 않은 것은 지금까지 봐 온 많은 도시와 마을에서 보지 못한 경험이지만, 옛날 그대로 늘어서 있는 낡은 건물, 상점인지 집인지 확실히 분간할 수 없는 장사꾼의 집, 맨발로 진흙탕을 뛰어다니는 아이들, 보기만 해도 알 수 있는 사람들의 순박함, 중국이나 조선을 연상시키는 주택의 건축 양식, 특히 돌을 쌓아 올려 두른 돌담은 조선의 담을 떠올리게 했다. 전쟁으로 바뀐 이 마을의 풍경은 큰 키에 푸른 눈을 하고 허리에 권총을 찬 채 애교를 띠며 걸어 다니는 병사들이 늘어났다는 것이다. 그러나 그 병사들도 처음부터가 아니라 최근이라고 한다. 그것도 남조선을 휘몰아치는 폭풍의 여파일 것이다.[6]

비가 그친 뒤의 섬 하늘은 푸르고 아름다웠다. 주위의 산기슭 곳곳에서는 가늘고 긴 한 줄기 연기가 높이 휘날리고 있다. 숯을 굽는 연기다. 황혼이 다가왔다. 바다를 헤집고 다니며 양식을 실은 바다의 아들들은 한 척 두 척 대열을 이루어 항구로 들어온다. 어떤 배는 적과 흑, 색색의 천에 풍어라고 물들인 깃발을 많이 세우고 개선가를 울리며 들어오기도 하고, 깃발도 없이 묵묵히 발동기 소리도 낮춘 채 들어오는 배도 있다. 순식간에 그다지 넓지 않은 이 항구는 부두 한가득 돛대의 숲을 연출한다. 배에서 쏟아져 나온 거친 사나이들은 술집으로 흘러간다. 무리에서 벗어나 버린 자들은 큰소리를 지르며 찾아 헤맨다. 이제 항구의 밤이 시작된다.

---

6) 1945년 11월, 구일본군 포대 폭파를 목적으로 미군 약 300명이 상륙한 것을 시작으로 미군 주둔은 지속되어 1952년 일본이 독립한 후에도 통신부대를 두었으나, 1959년 5월에 우니시마(海栗島) 기지를 항공자위대로 이관하고 최종적으로 철수했다.

우리의 행선지는 이 이즈하라 마을에서 약 4리 정도 떨어진 게치라는 마을이다. 이 마을로 가는 유일한 교통 기관으로는 하루에 두 차례 (오전 10시와 오후 4시) 버스가 있을 뿐이다. 그러나 4시는 이미 2시간이나 지났다. 걸어서 가지 않으면 안 된다. 그래서 버스 회사에 임시로 버스를 내주도록 교섭하면서 게치행 승객을 모으기 시작했다. 교섭도 잘 되고 승객도 우리 여섯 명 외에 다섯 명을 모았다. 각자 부담으로 운임을 모아 운전사에게 건넸다. 버스는 달리기 시작했다. 비에 젖어 어둠침침해진 밤의 항구를 뒤로한 채.

다시 내리기 시작한 비는 버스 창을 때렸다. 버스의 창에서 내다보이는 길가의 풍경을 기대하고 있던 나는 보란 듯이 배신당하고 말았다. 길가의 풍경은 아무것도 보이지 않았다. 버스는 언덕길을 엔진 소리를 한층 높이면서 열심히 달렸지만 좀체 나아가지 않았다. 길가에서 손을 드는 승차 희망자에게 전세라서 안 된다고 째지는 목소리로 거절하는 열대여섯 살 먹은 소년 조수의 손짓 발짓은 승객을 웃겼다. 쇼치쿠(松竹) 영화의 '폭탄 소년'[7]을 떠올리게 하는 이 소년은 자신의 몸짓이 스스로도 우스운지 이따금 승객을 돌아보며 피식 웃는다. 그러면 모두 와락 웃는다. 이윽고 버스는 비탈길에 다다른 것 같다. 소리는 낮아지고 속력은 나기 시작했다. 약 1시간이나 달렸을 때 전등 불빛이 하나 둘 보이기 시작했다. 옆에 앉은 위원장이 이제 도착했습니다라고 말했을 때, 또 다시 조수 아이는 익살맞게 살짝 위원장을 바라보며 "연맹 앞이죠?" 하고 묻는다. 우리는 본부에서 내렸다.

숙직실로 안내되어 나는 십여 년 만에 처음 온돌에 앉아 보았다. 정겨운 온돌이다. 온돌방에 들어간 것만으로도 온몸이 따뜻해지는 것 같았다. 십여 년 동안이나 온돌에서 떨어져서 생활해 왔고 건강에도 좋

---

7) 爆弾小僧. 영화배우 요코야마 준(橫山準)의 아역 배우 시절의 예명.

지 않고 비생산적인 조선 특유의 가옥구조인 것도 알고 있었지만, 내게는 그리울 따름이다. 그것이 민족성이라는 것일까. 하루아침에 그 민족적 감정을 내던질 수도 없지만, 현재 일반적인 일본인의 감정으로 조선인이 하는 것, 이루는 것, 하는 말이 설사 틀린 것이 있다 하더라도, 아아 이게 조선인이구나 하며 몰아붙이면서 일본이 패해서 저런 조선인한테 저런 짓을 당한다며 어디 두고 보자는 태도나 사고방식에는 불평은 있어도 평화에 도움이 되지는 않을 것이다.

이 온돌 위에서 오랜만에 조선의 김치에 입맛을 다시고 불고기를 대접받으면서 쓰시마의 첫날밤을 맞았다. 나는 잠자리에 들어 다리를 뻗으며 옆에서 이불을 깔고 있는 Y형에게 다짐하며 물었다.

"대마도에 게치라는 곳은 여기 말고 없겠죠?"

"맞아요. 또 없는데 무슨 일이 있나요?"

나는 공무를 띠고 온 사람으로서 개인에 대해서 묻는 것은 좋지 않고, 이런 말을 듣고 저 사람은 공무를 위해서가 아니라 자기 일을 위해서 쓰시마에 왔다는 소문이라도 나면 곤란할 것 같아 좀처럼 말을 꺼낼 수 없었지만, 도저히 감추지 못하고 마침내 형에 대해 말해 버렸다. 다 털어놓고 부끄러웠지만, 마음이 가벼워지는 것을 느꼈다.

2월 25일, 며칠 비가 계속 내려 축축한 날씨로 고기도 안 잡혔다고 했는데, 오늘은 맑게 갠 날씨였다. 나는 우선 학교를 시찰하기로 했다. 본부에서 학교까지는 걸어서 약 ×분 정도 떨어진 곳에 있었다. 게치는 대마도 제2의 도회지로 일컬어지는 큰 마을인데, 이 마을 역시 삼면이 산으로 둘러싸인 어촌이었다. 구스가하마(久須ヶ浜)의 투명하고 맑은 바다는 비가 그친 뒤의 이름 모를 산들을 희미하게 비추고 있다. 어느 산을 바라보아도 꼭대기에 드문드문 서 있는 소나무 숲을 제외하면 민둥산이다. 조금 푸르다 싶은 숲 바로 아래로는 하얀 연기가 가늘게

피어오른다. 제탄업이 6만 대마도 인구의 대부분을 차지하고 있으니 수긍이 가지 않는 것도 아니다. 특히 2,600명의 조선인 중 약 80%가 제탄업이라고 한다. 이들은 산에서 산으로 전전하며 대자연 속에서 묵묵히 일하고 있다. 관청 마당에 복숭아꽃이 피어 있다. 자전거가 몇 대나 늘어져 있다. 복숭아꽃 아래를 닭이 먹이를 찾아 돌아다닌다. 아이들이 닭과 놀고 있다. 흐뭇한 풍경이다. 가게에는 귤이나 사탕 옆에 바다에서 갓 올라온 것으로 보이는 미역이 검게 쌓여 있다. 바구니를 멘 부인들이 떼를 지어 골목길을 서둘러 가고 있다. 바구니를 짊어진 노인이 작은 개펄에 걸터서서 담배를 피워 물고 지나간다. 일본옷에 조선 고무신을 신은 중년 남자가 우리를 두리번거리다가 고개를 숙이고 골목으로 들어가 버린다. 흙벽의 작은 창문으로 아가씨가 내다보고 있다. 다리 밑을 흐르는 시냇물 옆에서 조선 부인들이 방망이로 빨래를 두드리고 있다. 그녀들은 자꾸 뭔가를 속삭이고 있었다. 어느 집에나 안채가 있고 조금 떨어진 곳에 창고 같은 별채를 가지고 있다. 귀중품을 넣어 두는 곳이라고 한다. 내 눈에 비치는 것은 모든 것이 새로운 것들뿐이다.

학교에 도착했다. 병원 2동을 빌려 학교로 사용하고 있다고 하는데, 꽤 오래된 건물이었다. 조련소학교로 4개교가 있는 가운데, 여기가 제일소학교다. 아동은 약 80명이 있는데, 대부분 조금씩 떨어진 곳이나 산에서 통학한다고 한다. 특별히 아동들의 노래나 시를 듣고 춤이나 촌극을 보는 사이에 나는 착각을 조금 했다.

무슨 일인가 하면, 1학년 아이부터 6학년에 이르기까지 아동들의 말은 분명히 맑고 순전한 조선말이지 일본에서 태어나서 일본에서 자란 조선 아동의 말이 아니었다. 반짝반짝 빛나는 그들의 눈에는 인민공화국의 참모습이 비쳤고 쾌활하고 명랑한 그들의 동작은 신흥소년의 면

모가 역력했다.

학교에서 본부로 돌아오는 길에, 아침에 나가면서 건넸던 형에 관한 이야기로 짚이는 점이 있다고 해서 그 상황을 보러 간 사람과 만났다. 나는 다짜고짜 물었다.

"있었나요?"

"정말 유감입니다. 분명히 있었다고 했습니다만, 그게 10년쯤 전에 나간 후로 아직 소식이 없는 것 같아요."

나는 실망했다. 절벽에서 밀쳐진 것 같았다. 그러나 그런 실망감을 겉으로 드러낼 수 없는 처지였다.

"그래서 형을 아는 분이 있었나요?"

"허어, 마스노 기요코(增野清子)라고 해서, 누나였던 모양이에요. 그분도 가능하면 꼭 한번 당신을 만나고 싶다고 하더군요."

"그렇군요. 그래서 그분은 어디에 있나요?"

"바로 저기 병원에서 일하고 있어요."

그 말을 듣고 나는 문득 옆에 서 있는 위원장을 쳐다보았다. 그것은 무의식적이었을지도 모르지만, 어떻게 해야 할지를 그에게 호소한 것 같다. 위원장님은 "가까우니까 겸사겸사 들러서 만나고 가지요."라고 말했다. 나는 구원받은 것처럼 병원 쪽으로 성큼성큼 걸어갔다.

(『民主朝鮮』 28, 1949)

쓰시마 주변의 사람들(속)

비록 형이 여기(대마도 게지촌)에는 없다 하더라도 그녀(마스노 기요코)는 틀림없이 형이 있는 곳을 알고 있을 것이다. 한 20년 이상이나 만나지 못했다. 그것은 결코 만나서는 안 된다는 의미는 아니었다. 만날 수 있는 기회가 없었고 만날 수 없는 시간이 길어지면 길어질수록 그리워하던 형이었고, 특히 내가 흠모했던 형이었는데, 형을 만날 수 있는 열쇠를 그녀가 가지고 있는 것이다. 나는 아침에 형이 있다고 하는 곳으로 상황을 살피러 간 사람에게 큰 희망과 기대를 거는 한편, 마스노 기요코라는 여자를 만나는 기쁨을 가슴 가득 안고 복숭아나무 밑을 지나 작은 다리를 건너 자갈을 걷어차면서 병원 현관에 도착했다. 접수대의 아가씨한테 명함을 건네고 마스노 기요코 씨와의 면회를 부탁했다. 낯빛이 거무스름하고 눈이 동그란 여직원은 살짝 명함과 우리를 둘러보면서 잠시 기다리라는 말을 남기고 안쪽으로 성큼성큼 걸어갔다.

전시중에는 육군병원이었다는 이 병원은 흰색 페인트칠을 한 목조 2층 건물이 여러 채 무질서하게 늘어서 있고, 그 사이를 뚫고 복숭아나무나 이름 모를 고목이 즐비하다. 조용하고 한산하기는 하지만, 전후의 혼란 상태에서 완전히 벗어났다고 보기는 어려운 곳들이 보이고 경영도 어려운 듯, 사용되는 것이 절반 정도밖에 안 된다고 한다.

병원이라고 하면, 그곳이 아무리 조용하고 한산한 장소든, 또 아무리 깨끗하고 청결한 건물이든, 나는 기분 좋게 생각해 본 경험이 없다. 그런데 오늘만은 이런 좋은 환경에서 푸른 하늘의 순결한 공기를 마시며 요양하고 있는 사람들은 가장 행복한 사람들임이 틀림없다고 생각하기도 하고, 자꾸만 안쪽을 바라보거나 무슨 소리에 귀를 기울이곤 했다. 그러자 안쪽에서 발소리가 들리는가 싶더니 마흔 정도 되는 통통하고 풍만한 여인이 명함을 손에 들고 우리 쪽으로 다가갔다.

"저는 마스노라고 합니다만, 원 선생님이 어느 분입니까?"라고, 의아한 듯이 위원장과 나를 둘러보고 있었다.

나는 정중히 인사를 하고, 오늘 아침에 사람을 보낸 것과 그 사람한 테서 들은 것과 그녀를 만나야 하는 용건 등을 이야기했다. 내가 너무 긴장한 탓인지는 모르지만, 그녀는 마흔 고개를 넘은 여자로서 인간의 모든 것을 다 아는 연령과 그 풍만함이나 멋들어진 생김새와는 어울리지 않을 정도로 무표정하고 차가운 느낌도 들었다. 그러나 내게는 표정이나 태도에 정신을 빼앗길 마음의 여유는 없었다. 그런 것은 문제가 아니었다. 빨리 그녀가 형의 거처를 말해 주면 좋겠다고 생각하며 그녀의 다음 이야기에 주의를 집중했다.

그런데 현관에서는 조금 곤란한 듯, 그녀의 권유에 따라 그녀와 우리는 현관을 떠나 병원 뒤뜰로 돌아가서, 겨울이라고 느껴지지 않을 정도로 포근하고 화창한 풍경 속에서 쓰러져 가는 벤치에 자리를 잡았다. 한시가 천추 같은 마음으로 나는 그녀의 이야기를 기다리고 있었지만, 그녀는 느긋한 자세로 자꾸 나를 쳐다보며 조금씩 말을 시작했다.

형이 대마도 게치 사람들과 알게 된 것은 고국을 떠난 지 2, 3년 후의 일이었다고 한다. 그때까지는 고국을 떠날 때 태워준 어류 운반선의 취사 담당으로 사나운 바다 위에서, 말을 알아듣지 못하는 죄, 습관과 풍습이 다른 죄를 뒤집어쓰고 울며불며 아침부터 밤까지 어리고 연약한 손발이 거칠고 얼어 무신경해질 때까지 서서 일해야 했다고 한다. 그래도 참을 만큼 참고 일할 만큼 하기로 결심한 이 소년은 학대와 과로에 지쳐 병상에 쓰러진 것이다. 그래서 바다의 폭군들도 어쩔 수 없이 먼 연고 관계에 해당하는 마스노(增野) 가문에 맡기고 갔다고 한다. 선량한 마스노 가문 사람들은 이 가련한 소년을 위해 여러 가지로 애쓴 끝에 약 3개월 후에 건강을 되찾았다고 한다. 병은 나았지만 친족이 없는 소년은 갈 곳이 없고 친절한 마스노 가문 사람들의 권유로 마스노 가문의 가족이 되었다. 거기서 그는 포목점의 도제가 되어 열심히 일했고 그 근면함과 진지함은 마을에서 평판이 났다고 한다. 예민하고 쾌활하기는 했지만 어딘가 석연치 않은 우울한 데가 있었고, 과묵한 성격으로 남에게 선뜻 자신의 신상 이야기를 하거나 의논을 하는 일은 드물었다고 한다. 딸을 가진 마을 사람들이 사위 삼으려는 이야기를 해오곤 했는데, 그는 그런 이야기에는 무관심했다고 한다. 고향에서 아버지와 백씨(맏형)가 번갈아 찾아와 돌아오도록 권했지만 그것도 거절하고 두 차례 고향에 다녀왔다고 한다. 그는 강의록을 얻어다가 독학으로 열심히 공부했다고 한다. 그는 또한 기독교의 진지한 신봉자였다고 한다. 이렇게 해서 그는 쭉쭉 뻗어 나가 누가 봐도 그를 조선인으로 보는 사람은 없었다고 한다. 26세 때 주위의 권유를 거절하지 못하고 게치에서 약 1리 정도 떨어진 다케시키(竹敷)라는 곳의 조선업자 딸과 결혼하여 남자아이를 얻었는데, 그 아이는 1년 정도 지나 죽어 버렸다고 한다. 그 후에 만주사변이 시작되어 소집이 오는 등의 소동으로 대마도에도 그때까지와는 다른 여러 사건이 발생하게 되었고 형의 태도도 어딘지 모르게 불안해 보였다고 한다. 그래서 그는 어느 날 혼자 떠나는 줄도 모르게 본토 쪽으로 건너갔다고 한다. 그 후 어느 정도 지나서 두세 차례 소식이 왔는데, 호적초본을 보내 달라는 것과 이대로는 여러분을 만날 면목이 없으니 반드시 여러분을 만날 수 있는 일을 한 후 만나러 갈 테니 안심하라는 내용의 소식이었

130

다고 한다. 가족들도 그가 틀림이 없는 사람이라고 해서 따로 찾을 생각도 하지 않고 그가 말하는 대로 돌아오기를 기다렸다고 한다. 그런데 아무리 기다려도 그는 돌아오지 않았다. 마을 사람이 하치만(八幡) 거리에서 우연히 그를 만났다고 했는데 그는 주소를 알려주지 않았다는 것이다.

그녀는 여기까지 말을 이었지만, 무슨 생각을 했는지, "당신이 겐창(賢ちゃん, 형의 이름)의 동생이지요?"라고 하며 물끄러미 나를 바라보았다. 처음에 만난 그녀의 무표정하고 차가운 느낌은 이제는 어디에서도 찾을 수 없었다. 그녀의 눈은 울먹이기까지 했다. 풍만한 육체에서 피어오르는 정념의 숨결은 내 몸까지 흔들어, 나를 현실에서 먼 소년시절의 울고, 웃고, 뒹구는 꿈의 세계로 데려가는 것 같았다. 형한테 얻어맞고 형한테 위로받은 먼 옛날로, 때리고는 눈물을 닦아주며 엄마한테 이르지 말라고 사탕을 사준 형의 얼굴이 어른거려 견딜 수가 없었다. 그녀는 또 무언가를 떠올리듯 하늘을 바라보기도 하고 바다 저편을 바라보기도 했다. 그리고, "겐창은 훌륭한 사람이었어요. 어딘가에서 뭔가를 하고 있겠지요. 언젠가는 꼭 만나러 올 거라고 믿어요. 제동생이니까요. 게다가 부인도 기다리고 있으니까요!"라며 감회에 차서 그녀는 그렇게 덧붙였다.

소박한 그녀와의 대화를 통해 나는 왠지 모르게 눈시울이 뜨거워지는 것을 느꼈다. 그러나 그것은 형에 대한 애석함이라기보다는 그녀 마스노 기요코에 대한 국경을 초월한 고귀한 인간성의 분출에 깊이 감동을 받았기 때문이 아닐까.

해방 후 조선의 어지러운 정치 상황 속에 사선을 넘은 격렬한 인민 항쟁[8]의 한가운데에 아버지를 잃고 두 형도 쓰러지고 가족은 다시 뿔뿔이 흩어져 여자들만 남아 있다는 소식을 들은 나는 처음 잠깐이기는 했지만 꼭 만날 수 있으리라 생각한 형에 대한 기대가 작지 않았던 것도 사실이다. 그러나 그것은 나의 사고방식이 너무나 회고적이며 '그러니까, 그렇겠지'라는 추상논법이 얼마나 현실과 동떨어진 생각이 었는지를 스스로에게 반문하게 만들었던 것이다.

식민지 조선이 낳은 창백한 인텔리의 허약한 청년이 센티멘탈리즘에 빠지는 것도, 투쟁을 포기하고 도피처를 찾아 고향을 떠나는 것도, 이유와 동기는 있겠지만, 대개는 정해진 일이다.

집을 뛰쳐나갈 정도로 억척스러워 보이지만 여린 형이 고향을 떠난 것도, 일본 여자와 결혼한 것도 사정이 있고 이유도 있을 것이다. 그러나 그런 사정이나 이유는 누구나 알고 있는 공통된 것일 터이다. 그는 일본인과의 생활에서 인간적으로 매우 친하고 성의를 다했던 것은 사실일지 모르지만, 그것도 지금은 없다고 생각해야 하는 형에 대한 추억의 하나가 아닐까. 그는 징용에 끌려가 침략자들의 총알받이가 되어 영원히 만날 수 없게 되었거나 혹은 어딘가에 있을지도 모른다. 어쨌든 여기에는 없다고 포기하지 않으면 안 되는 존재에 대해 희망을 걸거나 기대를 거는 것 자체는 현실과 현실 속에서 새롭게 성장하는 것에 대한 태도가 아니라 센티멘탈한 매너리즘에 빠지는 것이 남을 뿐이다. 이런 경험이 나에게는 또 있다.

1946년 가을이었던 것 같다. 민주청년동맹[9] 가나가와(神奈川) 본부 주최로 요코하마에 무슨 대회가 있었을 때 간사이(関西)에서 왔다며 나를 만난 한 청년이 우연히 내 친한 친구의 이름을 대며 알고 있는지를 물었다. 나는 전기에 감전된 듯 깜짝 놀라 갑자기 청년의 손을 움

---

8) 제주 4·3 사건을 가리킴.
9) 47년 3월에 결성된 조련의 청년단체인 재일본조선민주청년동맹을 말한다.

켜쥐고, "내 친구 맞아. 감옥에서 나왔을 때부터 찾고 있었어. 그를 만나고 싶은데, 어디 있어?"라고 다그쳤다. 청년은 나의 격정에 놀라 눈을 깜박거리다가 고개를 떨구며 "그렇군요, 하지만 안타깝게도 이 씨는 지난해(1945년) 9월 오사카 형무소에서 옥사하셨습니다."

친구 고 이상조(李尙祚)[10]는 같은 경제학부를 함께 졸업했다. 서로를 믿는 친한 학우였다. 그러나 졸업시험이 끝나자마자 태평양전쟁의 개시라는 동란에 말려들어 뿔뿔이 흩어져 버렸다. 청년의 말에 따르면, 경성에서 신문기자를 하다가 추방당해 향리에 내려가 결혼했는데, 끔찍한 개떼들은 구실을 달아 결혼 이틀 만에 그를 체포하려 했다고 한다. 신혼의 단꿈도 깨져 추적의 손길을 피해 일본으로 건너갔다가 결국 특고의 먹이가 되어 투옥되었고, 해방의 환상을 품은 채 마침내 일제의 폭력에 쓰러졌다는 것이다. 그때 그 살찌고 건장했던 이 군이 끔찍한 테러와 학대를 당해 고통받고 말라 죽어가는 친구의 최후를 상상해 본 적이 있지만, 당시 내 마음의 아픔과 참혹함은 표현할 필치가 없는 나로서는 도저히 표현할 수가 없다.

말을 잊은 채 나는 묵묵히 본부로 돌아왔다. 많은 사람이 기다리고 있다. 이 동포들은 게치뿐만 아니라 사방에서 모여들었다고 한다. 가미아가타(上県)와 시모아가타(下県)의 두 섬을 중심으로 약 130개의 작은 섬으로 이루어져 있고 둘레 연장 945km, 면적 2만km, 인구 6만여 명의 이 가늘고 긴 쓰시마는 세계에서 가장 교통이 불편한 곳이라고

10) 1913~1945. 경상남도 통영 출신으로 릿쿄대학(立敎大學) 경제학부 졸업 후 귀국하여 회사원 등으로 활동하다가 1942년에 대학 재학 당시 같은 대학 조선인 유학생이었던 원용덕 등과 함께 조선 독립운동 의식을 고취했다고 하여 치안유지법 위반으로 기소유예 처분을 받았으나, 다시 체포되어 일본으로 이송되어 징역 3년형을 언도받고 복역중에 사망했다.

하면 거짓말처럼 생각하는 사람이 있을지 모르지만, 적어도 내가 아는 범위 내에서는 정말이라고 주장하고 싶다. 교통 기관으로 버스가 있지만, 그것도 하카타에서 오는 선착장인 이즈하라에서 게치까지와, 조선에 가까운 사스나정까지로, 전 섬을 관통하는 도로도 없어[11] 다른 곳은 배로 이동한다. 그래서 바람이 있어 파도라도 거칠 때는 교통이 차단되어 섬의 신경은 멈춰버린다. 날씨가 좋은 날에도 섬의 끝에서 끝까지 도착하는 데 꼬박 이틀이 걸린다고 한다. 게다가 지질학상의 쓰시마는 잘 모르지만, 6만 인구가 4주밖에 견디지 못한다는 경지면적으로 보아도 험준한 산악의 연쇄로 보아도 석조 가옥이 많은 것을 보아도 대개는 상상할 수 있다고 생각한다. 그래서 쓰시마는 오랜 역사 동안 대지가 바닷속으로 가라앉아 산언덕의 가장 높은 곳만 남아 있지 않을까 하는 생각도 든다.

이런 교통이 불편한 곳에서 조직 활동을 하는 사람들을 상상하는 것만으로도 그 노고는 짐작할 수 있다. 집합할 경우 통지서 한 장이나 전화 한 통으로 끝낼 수는 없다. 조직원들이 일일이 찾아다닌다고 한다. 특히 제탄업이 조선인 직업의 대부분을 차지하고 있는 이 섬에서는 이 산에서 저 산으로 작업화를 신고 도시락을 싸 들고 밤낮없이 걸어야 한다. 언젠가는 여성동맹 간부가 밤에 산길을 따라 맹원의 집을 찾다가 골짜기 절벽에서 떨어져 전치 2개월의 중상을 입었다고 한다. 이런 산간벽지에 흩어져 있어 아무런 오락도 없이 아침부터 밤까지 나무를 베거나 불을 지피거나 하며 숯을 굽는 일을 일과로 하는 그들에게는 간부들의 발길이 유일한 즐거움이며 방문을 기다리는 것도 즐거움인 듯하다. 그래서, 고독한 그들은 이해관계보다 인간적 친밀감이 선행하는 것이다. 그리고 집합할 때에도 불가항력이 아닌 한,

---

11) 섬을 관통하는 종관도로(縱貫道路)는 1968년에 개통된다. 제5장 각주 8) 참조.

일이 있다고 하면 일단 모인다. 이날도 약 3시간에 걸친 내 이야기를 귀 기울여 듣는 것이다. 시간과 환경의 혜택을 입지 못한 그들은 다른 세계의 사건들과 새로운 소식들에 굶주려 있었다.

이처럼 소박하고 근면한 사람들 사이에는 한 가지 나쁜 습관이 전통적으로 흐르고 있다고 한다. 그것은 조혼이다. 그날 저녁 나는 위원장의 안내를 받아 헐떡이며 굽이치는 산길을 걸어 겨우 동포들의 숯막에 다다랐다. 열 서넛으로 보이는 소녀가 열심히 나무를 베는 것을 보고 나는 아무렇지도 않게 "안녕! 아빠는 어디 갔어?"라고 물었더니 내 뒤에 있던 위원장은 손짓으로 나를 가로막았다. 나중에 그 이유를 물었더니 "남의 아내를 어린애 취급하면 혼나요"라고 한다. 나는 깜짝 놀라며 "저 아이가 벌써 부인이라고요?" "맞아요. 그래서 이 나쁜 인습을 어떻게 하면 좋을지가 가장 큰 고민 중 하나입니다"라고 호소한다.

영세한 숯 굽는 생업에 큰 여유가 있을 리 없다. 설사 여유가 있다 하더라도 먼 산길을 내려와 매일 마을로 놀러 오기도 어렵다. 마을에 온다 해도 그들을 위한 오락 시설은 없다. 오락이라면 소학교 아동들이 만든 문화공작대 순회공연이다. 그런 다음 축일에 모두 모여 춤추고 노래하는 것인데, 그때는 이때다 하고 노인도 아이도 여자도 남자도, 오는 사람들은 모두 다채로운 조선옷으로 몸을 단장하고 해가 질 때까지 마음껏 노래하며 춤춘다고 한다. 그럴 때의 구스가하마의 광경은 쓰시마 명물의 하나가 되었다. 건설로 씩씩하게 나아가는 조국 조선에 울릴 듯이. 이런 행사는 매일 이어지는 것도 아니고 매달 이어지는 것도 아니다.

타향의 하늘에서 고독과 싸우는 이들의 생활환경을 간부들 자신이 체험하고 있으면서도 조혼을 해서는 안 된다고 강제할 수도 없는 사정을 어떻게 해야 할지 모르겠다고 마음을 털어놓는다.

모든 점에서 쓰시마 사람들의 수준은 본토에 비해 상당한 거리를 두고 뒤처져 있다. 그것은 조선인뿐만 아니라 일본인도 마찬가지다. 그리고 조선인과 일본인의 관계에서는 본토보다는 조선에 가까운 이 섬사람들은 명산물 목탄을 종전까지는 거의 조선으로 수출한 관계도 있었고, 돈벌이의 밀접한 관계도 있어 조선으로 자주 왕래하며 일제 침략자들의 비인도적인 만행을 본받았으며, 또한 그들 자신이 그 일원이기도 했던 것이다. 말할 것도 없이 마스노 가문 사람들과 같은 일본인들도 왕왕 있었지만. 그들의 조선인에 대한 태도는 글자 그대로 짐승 취급을 했다고 해도 과언이 아니라고 한다. 그래서 해방 후 조선인의 정당한 주장에 대해 그들은 일본은 미국한테 졌지 조선놈들한테 진 게 아닌데도 놈들이 날뛰는 게 괘씸하다든지 아이들 싸움에 대해서도 조선놈들은 애들까지 으스댄다는 식의 말을 아무렇지도 않게 했다고 한다. 그러나 꾸준한 조련 간부들의 노력과 동포들의 협력, 그리고 지지부진한 느낌은 거둘 수 없지만, 일본인들의 자각은 민족적인 감정 대립을 완화시키고 있다고 한다. 거기에 조선에서의 민주 과업의 경이적인 약진, 이승만의 매국적 행위와 삼족 학살 행위에 대한 남조선 전 동포의 과감한 혈쟁의 모습이 현해탄의 거센 파도에 밀려오듯이 격변하는 조국의 움직임이 쓰시마 동포들에게 풍부한 화제를 제공한다.

특히 이승만이 쓰시마는 소위 대한민국에 귀속되어야 한다고 외국 통신기자들에게 담화를 발표했을 때 쓰시마의 전 동포들은 총궐기하여 그 기만책과 그의 죄상을 폭로하는 한편, 쓰시마의 문제는 쓰시마에 사는 전 인민의 총의에 의해 결정되는 것이지 그 밖의 어떤 자도 이것을 결정할 수는 없는 법이라고 한다. 일본 인민에게 호소하여 민주주의의 적 이승만의 졸개들을 쓰시마에서 몰아내자고 서명운동을 전개하여 쓰시마 전 일본 인민의 열렬한 지지를 얻어 양 민족 친선에 큰 성공을 거두게 되었다고 한다.

2월 26일 9시 버스로 이즈하라로 떠날 예정이었으나, 전날 밤늦게까지 유지들과 좌담회를 가진 탓도 있어서 늦잠을 자는 바람에 9시 버스를 놓쳐 버렸다. 다음은 오후 3시라고 해서 명물이라는 양갱과 감말이를 찾으러 걸어 다녀 봤는데, 어디에도 보이지 않는다. 솔개는 짐짓 나야말로 쓰시마의 명물이라고 뽐내듯 이상한 소리를 지르며 머리 위를 날아간다.

또 하나 잊지 말아야 할 명물은 밀수자들이다. 이것은 쓰시마가 아니면 보기 힘든 명물로 그 등록 연월일은 어쨌든 1946년부터인 것 같다. 그렇다면 가장 새로운 명물이라고 할 수 있을 것이다. 이것은 일명 이승만 명물이라고도 한다. 이들은 우두머리가 산을 팔고 지하자원을 팔고 호텔을 팔고 땅을 팔고 학교를 팔고 모든 것을 팔아치우는데 그 돈을 어떻게 하는 건지 한 푼도 나눠주지 않는다. 나눠주지 않으면 그나마 좋겠지만, 졸개들한테서 더 뜯어내는 것이다. 뜯어낼 게 없는 자한테는 아내까지 뜯어낸다. 이래서는 견딜 수 없는 법이다. 그래서 도둑질한 쌀이나 술이나 약품이나 설탕이나 생고무 등을 일본에 가져온다. 팔아치우고 돌아가서는 다시 뜯어낸다. 그들은 또한 불쌍한 사람들을 속이거나 훔쳐서 나라를 팔고 민족을 파는 것이다. 그 방면의 통인 만큼 재빠르다. 백귀(百鬼)들이 야밤에 출몰하는 느낌이다. 풍년기근도 이승만이 사라지기 전까지는 계속되지 않을까.

게치 사람들과 작별을 고하고 버스를 탔다. 올 때와는 달리 맑은 창밖의 전망은 각별히 좋은 법이다. 버스는 조선에 가까운 연도를 곧장 바다로 달려가는가 했더니 나무 그늘을 뚫고 구불구불 돌고 있다. 당장이라도 호랑이가 나올 것 같은 죽림 사이를 뚫고 지나간다. 옆에 앉아 있던 부위원장 윤씨가 "다케시키는 저 작은 마을이에요"라고 하며 손짓해 주었다. 나는 해안 기슭 위에 늘어선 작은 마을을 눈이 닿는 한 보이지 않을 때까지 응시했다. 그리웠다. 만난 적이 없는 가련하고 아름다운 그녀는 지금 무엇을 하고 있을까.

버스가 멈췄다. 다시 움직이기 시작했다. 시시각각 이즈하라를 향해 거리를 좁혀갔다. 게치나 다케시키를 추억의 마을로 남겨놓고 버스는 이즈하라에 도착했다.

하카타행 정기선은 다음 날 아침 7시까지 기다려야 한다. 제이조련 소학교에 가서 학부형의 좌담회를 마치고 우리는 여관으로 돌아와 오랜만에 목욕을 했다. 전복요리로 저녁을 마쳤다. 차를 날라 온 여직원이 손님이 왔다고 한다. 우리는 이즈하라 지부의 누군가라고 생각하여 아무렇지도 않게 들여보내라고 했다. 여직원과 엇갈려서 키가 늘씬하고 건장한 청년이 감색 더블 재킷으로 몸을 감싸고 들어서자 반갑게 동석한 사람들한테 인사를 올리는 것이다. 용건이 무엇인지 물었다.

"실은 대한민국 연안경비선으로 오늘 아침 도착했는데 출어를 나갔다가 폭풍 때문에 떠내려가 맥아더라인 동쪽에서 일본의 연안경비선에 나포되어 억류된 선박을 되찾으러 왔습니다. 그리고 경찰서에서 검찰청으로 접촉할 만한 곳은 전부 접촉해서 교섭했지만, 돌려주지 않는다는 것입니다. 그런데 조선인연맹이 말해주면 돌려줄 수 있을 거라는 말을 듣고 부탁하러 온 것입니다. 부디 민족과 국가를 위해 힘써주시지 않겠습니까. 부탁드립니다."

이 청년의 용건을 듣고 우리는 무심결에 서로 얼굴을 마주 보았다.

나는 미소짓지 않을 수 없었다. 그런데 여전히 애교 많고 재치있는 부위원장 윤씨가 거절하며 말했다.

"당신의 사정은 잘 압니다만, 대한민국이라는 국가권력을 가진 당신이 할 수 없는 일을 조선인연맹이 무슨 권한이 있어서 할 수 있다고 생각하십니까? 게다가 당신은 민족과 국가를 위해서라고 했지만, 밀무역으로 배를 채우는 모리배의 앞잡이 노릇을 하는 것이 결코 당신이 말하는 민족이나 국가를 위하는 것이 아닙니다. 하물며 이른바 대한민국이라는 것이 그런 성격의 것이고, 그 권력으로 그 정도를 해결할 수 없다면 도무지 말이 되지 않겠지요. 그리고 당신이 조련을 안다면 이런 용건을 가지고 올 리가 없었을 텐데, 모르는 게 약이라고, 일부러 왔는데 조련은 동의할 수 없다는 것을 잘 생각해보는 편이 좋을 겁니다. 내친김에 대한민국의 이야기보따리라도 풀어주시지 않겠습니까?"

청년은 고개를 떨구고 힘없이 일어섰다. 그가 나간 뒤 다시 엇갈려서 여직원이 들어와서 "지금 그 사람 어디 갔는지 알 수 있습니까"라고 물었더니 아래층에 묵고 있다고 했다. "어떻게 우리가 여기 있다는 것을 그가 알았을까" 하고 묻자, 그녀는 "저녁에 왔는데 영어로 한참 전화를 걸거나 걱정스러운 표정으로 복도를 왔다 갔다 해서 마담이 무슨 일이 있냐고 물었는데, 그러고 나서 저는 방에 올라갔기 때문에 둘이서 무슨 말을 했는지는 모릅니다. 방에서 나왔을 때 마담이 이쪽으로 안내해 드리라고 해서 안내했을 뿐이에요"라고 의아한 듯이 우리를 바라보며 대답했다.

"그런 의아한 표정을 짓지 마오. 귀한 손님을 안내해 주어서 인사를 하려고 물어본 거니까."

"아이고, 말씀도 잘 하시네요."

우리는 목소리를 높여 웃어버렸다.

배는 떠나려고 한다. 아침 7시 조금 전이다. 나는 배웅 나온 사람들에게 감격에 겨운 악수를 나누고 선상의 객이 되었다. 오늘도 다시 늘어선 돛대는 두 척 세 척 무리를 이루어 대양으로 대양으로 나간다. 요란한 발동기의 소음은 아침의 고요를 깨뜨린다. 내가 탄 배도 어선들 사이를 누비며 푸른 바다를 헤치고 나간다. 희망과, 실망과, 추억과, 온갖 인생을 싣고 바다 저편으로 나간다.

(『民主朝鮮』 29, 1949)

3. 리은직 「대마도 기행」(1961)

리은직(李殷直, 1917-?)은 전라북도 출신으로 16세에 도일하여 1939년에 장편소설 「세월(ながれ)」을 발표하여 김사량과 함께 아쿠타가와상 후보에 오르기도 했던 소설가. 니혼대학 예술과를 졸업했고, 해방 초기 허남기, 김달수 등과 함께 재일조선인문학운동의 중심적 역할을 담당했다. 한편 김달수와는 달리 허남기와 리은직은 조선어 창작 활동도 지속적으로 수행했다. 1960년부터는 조선장학회 이사를 지내면서 동포들을 위한 교육사업에 기여했다. 그는 1961년에 쓰시마를 방문하고 재일본조선인총련합회의 기관지인 『조선신보』에 8회에 걸쳐 기행문을 연재한다. 해방 후 조련 해산, 조선학교 폐쇄, 한국전쟁을 거친 후 총련이 결성되어 재일조선인들을 조선민주주의인민공화국의 공민으로 재조직해 가면서 교육사업과 조국귀국사업이 활발히 추진되던 시기에 쓰시마 동포들의 생활실태를 살피는 데에 목적이 있었다. 이 글에서는 기존에 다루어졌던 제탄업 종사 동포들과 그들의 자녀들뿐만 아니라 수산업에 종사하는 동포, 특히 해녀들에 대해서도 자세히 다루고 있어 당시 쓰시마 재류 조선인들의 실태를 망라해서 전하는 자료라고 할 수 있다. 특히 동포의 다섯 명 중 한 명꼴로 북한으로 귀국한 쓰시마에서의 귀국사업 실태를 전하고 있는 점에서도 자료적 가치가 높다. 리은직은 총련의 일본어판 기관지인 『조선시보』 190호(1961.12.9.)에도 「쓰시마 기행(対馬紀行)」이라는 제목으로 축약판을 싣고 있다.

대마도(對馬島) 기행(紀行)

리은직

1

대마도는 옛날부터 우리 조선과는 깊은 인연을 갖고 있는 곳이다. 지리적으로 우리나라와는 아주 가까운 곳이였으며 고대부터 교통의 요로이기도 했다.

먼 옛날 우리 조국이 삼국 시기였을 때 이 대마도는 백제(百濟)의 통치하에 있었다고 한다.

옛날 일본의 문화는 이 대마도를 거쳐 온 조선사람의 가르침을 받아서 발전했다고도 한다.

중세기 일본에 무사(武士) 계급이 발흥하여 소위 '다이라 가(平家)'의 일당이 대마도를 점령하면서부터 이 대마도는 우리나라 남해안 일대를 침습하는 해적-왜구(倭寇)의 근거지가 되여 대마도는 자주 우리나라 력사에 기록되게 된다.

고려(高麗) 말기 우리나라에서는 수차에 걸쳐 사신(使臣)을 일본에 보내여 왜구의 단속을 요구했으나 결국 1389년에는 박위(朴葳)란 장군의 함대가 대마도를 습격하여 왜구의 선박 300척을 격파했고 1396년(리조 太祖 5년)에는 우리 해군이 대마도와 이키(壱岐)의 왜구를 토벌했다.

대마도의 령주 소(宗) 가는 우리나라에 굴복했으나 왜구의 침입이 근절되지 않으므로 1419년 6월에는 리종무(李從茂)란 장군이 200여 척의 함선과 2만여 명의 해군을 거느리고 대마도를 토벌하여 대마도 령

142

주(領主)는 영원히 우리나라에 복종할 것을 맹세했다.

그 후 력사는 변천되어 지금 이 대마도는 조선과 일본과의 관계에서 새로운 주목을 받는 곳으로 전변되었다. 그리고 면적 약 702평방킬로메터가 되는 이 섬은 약 7만 되는 인구 중에 아직 우리 동포가 2,000명 가까이 거주하고 있다.

현해탄(玄海灘)의 파도를 건너서 도쿄(東京)에서 급행차로 24시간, 그리고 려숙에서 밤을 새우고 하카타(博多)항 부두에서 아침 8시 반 대마도 가는 련락선에 몸을 실었다. 옛날 고향에 갈 때 타던 관부련락선이 회상된다.

파도 센 현해탄은 조금만 바람이 불어도 격랑이 심하여 600톤에 불과한 련락선을 함부로 뒤흔든다. 몸이 저절로 이쪽저쪽으로 딩굴고 멀미 난 사람들이 중병 환자처럼 신음을 한다. 필자 역시 멀미가 나서 꼼짝 못 하고 선창에 누어 있었다. 도중 이키(壱岐)에 들린 련락선은 8시간이 훨신 지난 후 비로소 대마도의 중심지인 이즈하라(厳原)에 도착했다.

부두에 올라섰을 때에도 아직 머리가 흔들리고 기분은 좋지 못했지만 맑고 청명한 하늘빛이 도쿄(東京)에서 바라보는 빛갈과는 영 다르다. 아니 일본 땅에선 볼 수 없는 푸른 하늘이다.

아! 이건 바로 우리 조선의 하늘과 같은 색'갈이 아닌가?

어쩐지 고국 땅을 밟은 것 같은 기분이 우러나며 한컨 머나먼 벽지에 왔다는 감도 든다.

부두의 대합실(待合室)에서 총련 회관을 물으니까 큰길을 바로 가면 된다고 가르켜 준다.

아마 우리 총련 회관은 이곳의 대표적 기관의 하나인 모양이다.

그다지 넓지 않은 개천의 량 언덕에 버드나무가 늘어선 길을 한참 걸으니 아니나 다를까 우리 공화국 기'발이 휘날리는 큰 간판이 붙은 총련 회관이 눈에 띈다.

즉 총련 본부는 이 대마도의 중심 도시인 이즈하라의 중심 거리에 자리 잡고 있다.

금년 2월에 새로 꾸려진 만큼 사무실이나 비품이 새로왔고 해방 후 처음으로 이즈하라에 우리 사무소가 마련되어 대내 대외적으로 우리 조직의 위신이 급격히 제고되었다고 한다.

딴 상임들은 출장 중이고 위원장과 조직부장이 반가이 맞아 주었다. 『조선신보』의 기사를 읽고 오는 것을 기다리고 있었다는 것이다. 대마도 동포들의 실태 개략과 대마도 조직의 발전 모습에 대한 박지환 위원장의 이야기와 조직부장의 담화는 아주 재미있었고 구체적이었다.

(『조선신보』 1961.12.20)

2

동포들의 동태

대마도는 남북 약 72키로메터, 동서 16키로메터쯤 되는 길죽한 섬으로 되어 있다. 넓은 평지라곤 거의 없고 90% 이상이 모두 산림 지대다. 리조 시대부터 이 대마도는 조선에서 쌀을 얻어다 먹었다 하는데 주민의 대부분이 반농반어(半農半漁)에 종사하고 있다 하며, 재류 동포의 과반수가 산에서 숯을 굽고 있다.

동포의 인구 동태는 다음과 같다.

동포의 인구 동태

일제 시기	약 5,000명
해방 직후	약 반수가 귀국
1951년 5.20 현재	2,473명
1955년 6.1 현재	2,384명
1961년 1.30 현재	2,148명
1961년 9.30	1,944명

또 직업별 동태는 다음과 같다.

직업별 인구 동태

동포 총인구수 2,384명

제탄(製炭)	441	세탁(洗濯)	2	수산(水産)	164
목수(大工)	2	해녀(海女)	30	정미(精米)	2
고철(古鐵)	5	사무(事務)	2	고물(古物)	3
선원(船員)	34	잡화(雜貨)	13	양돈(養豚)	1
의류(衣類)	1	단추	18	려관 음식(旅館飮食)	5
해운 운반(海運運搬)	3	유기(遊妓)	3	토복(土木)	3
양복(洋服)	1	농업(農業)	2	자유 로동(日雇勞動)	13
기타 직업(其他職業)	6	무직 성인 남자 (無職 男)	58	무직 성인 녀자 (無職 女)	399
고교생(高等學生)	16	중학교생(中學校學生)	134	소학생(小學生)	334
어린이(취학 전 아동)	689				

나가사키 현 이즈하라 지청 총무계 통계

1961년 9월 30일 현재 동포 수와 귀국자 수

지역명	동포 등록 수			귀국자 수 78선까지	비고
	조선	한국	합계		
이즈하라정 (嚴原町)	227	230	457	16	과거 미조직 지대
미쓰시마정 (美津島町)	195	17	212	60	조련 초기부터 조직 중심지
도요타마촌 (豊玉村)	280	22	302	105	
미네촌 (峯村)	175	16	191	12	새로 조직되고 있는 곳
가미아가타정 (上県町)	142	18	160	6	
가미쓰시마정 (上対馬町)	511	111	622	125	조직이 제일 강한 곳
계(計)	1,530	414	1,944	324[12]	

이 통계가 명시하는 바와 같이 대마도의 동포의 특수성은 재일동포 일반과는 달리 무직자는 비교적 적고 유직자의 대다수가 제탄(製炭)을 하고 또한 수산업에 종사하고 있다는 점이다.

공장이나 상점을 경영하고 있는 동포도 극소수며 소위 재산을 가진 동포는 거의 없고 동포들의 생활 수준은 전체적으로 빈곤하다는 대마 도 주민 속에서도 최하층에 처해 있다.

해방 후 소위 밀항과 밀무역의 거점처럼 선전된 이곳이지만, 동포 수는 해마다 줄어 간다. 귀국하는 동포 외에 일본 본토로 이사 가는

---

12) 결성 당시부터 총련 대마도 본부에 몸담고 오랫동안 위원장을 지낸 신정수(辛 正寿) 씨에 따르면 대마도에서 북한 귀국사업을 통해 귀국한 동포는 500명 정 도라고 한다. 辛正寿·鄭栄桓·宮本正明, 「証言 解放前後の対馬における朝 鮮人の生活と運動: 辛正寿氏に聞く」, 『大原社会問題研究所雑誌』 706, 2017, 96쪽.

사람들이 많고 특히 중학교를 졸업한 청소년들은 대부분이 오사카(大阪)나 기타 일본 본토의 대도시에 가 버린다는 것이다.

조국 땅이 보이는 곳에서

산과 바다밖에 없는 이곳은 교통이 말할 수 없이 불편하다. 본부에서 열리는 총련 기관 회합에 참가하려면 이틀, 사흘 걸리지 않으면 올 수 없는 동포들이 많다고 한다.

안내해 주는 본부 조직부장과 같이 나는 우선 북 지부의 동포들을 찾아가기로 했다.

아침 여덟 시 이즈하라를 출발한 버스는 한 시간쯤 해변'가의 산'길을 달리고서 게치란 곳에 다달았다.

해방 직후엔 이곳에 동포가 많이 거주했고 조련 시절부터 본부 사무소가 있었으며 조직 운동이 매우 활발했다는데, 중간에 본토로 이사한 사람이 많았고 또한 집단적으로 귀국하고 해서 현재는 불과 5~6호밖에 살지 않는다고 한다.

다루가하마(樽ヶ浜)란 곳에서 조그마한 나무'배에 갈라 탔다. 량안(兩岸)의 산엔 수풀이 욱어지고 맑은 하늘과 대조하여 푸른 바다'물이 또한 아름답기 한량 없다. 다케시키(竹敷)란 곳은 대(竹)의 명산지라 하여 남반부에서 대를 실으러 온 배가 한 척 머물고 있었다.

약 한 시간 반쯤 배는 어느 곳은 넓고 어느 곳은 좁은 반도와 섬들의 굴절이 심한 사이의 수로를 거쳐 종점인 니이(仁位)에 도착했다.

다시 대기하고 있던 뻐스에 갈라 탔다. 뻐스엔 우편물을 잡화 같이 싣는다. 차는 곧 높은 산비탈을 달리기 시작했다.

하루'밤 사이에 친근한 벗처럼 허물이 없어진 젊은 조직부장과 나는 무슨 원족이나 가는 것 같은 들뜬 기분으로 쉴 새 없이 담화를 계속하며 경치 좋은 창밖을 내다보고 있었다.

"아! 저기 숯을 굽는 동포 집이 있습니다."

조직부장이 가리키는 산모퉁이에 오두막집이 한 채 외로히 보이는데 차마 사람이 사는 집이라곤 상상할 수 없는 험악한 판자 집이다.

숯 굽는 동포들은 대개 이와 같이 적막한 산속에서 외로히 살고 있다 한다. 가까운 이웃집이 5리, 10리 떨어져 있는 건 례사라 한다.

계곡(溪谷)의 좁은 시내가 흐르는 곳에 적은 평지가 있고 논이 보인다. 농촌은 비교적 유족한지 모두가 기와'집이다. 혹간 길'가에서 풀을 뜯어 먹고 있는 소가 보인다. 소들은 순전한 우리 조선의 황소들이다.

소뿐 아니고 이곳엔 조선과 똑같은 동식물(動植物)이 많고 일용 기구도 많다고 한다.

등에 지는 지게도 조선 지게요, 나는 꿩도 조선 꿩이며 박도 조선 박이다. 그뿐인가 이 섬에 상륙한 후 만나는 사람마다 대개 조선 사람 같은 얼굴로 보여 이상한 감을 느낀다. 대마도 사람 자체가 대개 조선 사람들의 후손이 아닌가 하는 생각까지 우러난다.

웬 차를 그렇게 갈라 타야 하는지 뻐스는 한 시간쯤 달리면 바꿔 타기를 재촉한다. 미네(三根)란 곳에서 그리고 니타(仁田)란 곳에서, 그래 종점인 히타카쓰(比田勝)란 곳에 도착했을 때는 몹씨 피곤도 하고 배도 고팠다.

(『조선신보』 1961.12.21)

3

이곳엔 총련 지부가 있으며 이 관내에 동포 거주 수도 제일 많다고 한다. 우리 조선이 가까와서 그럴지도 모르나 일제 시대엔 이 히타카쓰 근처에 있는 사람들은 영화 구경도 부산에 가서 했으며 병자가 생겨도 부산 병원에 입원시켰고 모든 상품을 부산에 가서 구입해 왔다고 한다.

가미쓰시마정(上対馬町)에서 우리 조선 땅까지 최단거리는 불과 28해리(海里). 보통 배로써 두세 시간이면 갈 수 있고 풍파가 없는 날은 나무'배를 타고도 능히 왕래할 수 있다 한다.

북단(北端)인 와니우라(鰐浦)의 포대 진지였다는 산 우에 올라서 보니 부산의 앞 절영도의 산과 거제도가 훤하게 보인다.

아! 바로 저게 우리 조국이 아닌가! 해방 전부터 벌써 20년 동안 한 번도 고향 땅을 밟지 못한 이 몸은 들끓는 심정으로 그리운 조선의 산을 바라보지 않을 수 없었다.

도쿄(東京)에서 멀리 여까지 올 수 있는데 어찌 눈에 바로 보이는 저 고향 산천에 가지 못하는가!

치솟는 울분을 느끼지 않고선 바라볼 수 없는 고국 산이고 고국 하늘이었다.

철천지 원쑤인 미제의 침략이 없었더라면 우리 조국은 해방된 그때 바로 통일된 독립 국가를 형성할 수 있었을 것이며 조국 북반부처럼 남반부에도 찬란한 경제 건설을 할 수 있었을 것이다. 그리고 모든 민족이 서로 같이 행복을 나눌 수 있고 재일 동포들도 거의 다 조국에 돌아갔고 더 많이 또 남은 사람들도 행복한 조국에 마음 놓고 갔다 왔다 할 수 있게 되었을 것이 아닌가!

숯 굽는 동포들을 찾아

도요(豊), 모기(茂木), 미네(峰)의 각 산속들과 이즈하라 아가미(安神)

란 곳의 산속을 찾아다니며 나는 숯 굽는 많은 동포를 만났다. 나를 안내하기 위하여 본부 부위원장이 몸소 나서준 일도 있고 지부 총무부장이 발'가락에서 피가 나도록 같이 수십 리 산'길을 걸어주기도 하였다. 특히 본부 조직부장은 종시 행동을 같이 해 주었으며 이 총련 간부들의 동지적인 우정과 배려의 덕택으로 나는 어디에 가나 극진한 대접을 받았다.

나는 수일 동안의 활동 속에서 대마도에 온 지 50년이 넘는다는 천룡이(千龍伊) 령감을 비롯하여 칠순(7旬)이 넘는 동포 세 분과 대마도에서 잔뼈가 굵어지고 주름'살이 잡히도록 고생을 한 여러 동포들을 찾아 온갖 담화를 했다. 그리하여 이곳의 숯 굽는 동포들의 실정의 개략을 포착할 수 있었다.

대마도는 일제 시대 매년 80만 표(俵)의 목탄을 산출했고 그 일엔 전부 우리 동포가 종사했다고 볼 수 있다.

그 시절도 일본에 건너오기 위해서는 '도항 증명(渡航證明)'이 필요했는데 대마도에 건너와서 숯을 굽는 동포들은 대개 모두 '증명'이 없이 '밀항'해 온 사람들이라고 한다. 그리고 그 출신 고향은 대개가 경상남, 북도며 부산이나 거제도에서 밀선비를 내면 일본에 데려다준다는 말만 믿고 건너온 사람들이다.

일제 때 '증명' 없이 밀항해온 동포들은 일본 내무성(內務省)이 사정없이 단속하여 강제 송환(强制送還)시켰는데 웬일인지 이 대마도에서는 밀항해 온 동포들을 구속하지도 않고 모두 산에서 숯 굽는 일을 시켰다고 한다.

1924~5년경에는 상당한 동포들이 산'일을 하게 되었다고 한다. 그 시절 숯 한 표의 가격은 25전 정도였으며 한 달의 임금도 불과 12~13원 정도였고 대개는 일본인 산림 소유자(山林地主)나 목탄 도매업자(木

炭 卸問屋)의 고용인으로서 품팔이 생활을 하였다고 한다.

이와 같이 밀항해온 동포들은 또한 그 대부분이 문맹자(文盲者)들이었다. 소위 우두머리(親方)인 일본인들은 무식한 동포 로동자들의 틈을 타서 식량이네 일용품이네 하는 것을 외상으로 주어 놓고 2배 3배의 값을 청구했으며 임금을 자꾸 속여 먹으면서 온갖 방법을 다하여 착취를 했다고 한다.

(『조선신보』 1961.12.23)

4

1930년대에는 다소 형편이 달라져 재간 있는 동포들은 산림 소유자한테서 산 하나 단위로 생목을 사서 자영적(自營的)으로 숯을 구울 수도 있게 되었다 한다.

그러나 이때에도 역시 그 실권은 도매업자인 일본인 우두머리에 있고 그네들한테서 빚을 내어 쓰고 고리(高利)를 물어 심한 중간착취를 당했다. 일본인 우두머리들은 일본 말깨나 하고 장부라도 기입할 수 있는 정도의 조선사람을 '반토(番頭)'로서 채용하여 심복(心腹)을 삼고 있었는데 이 자들은 대개 경찰의 앞잡이인 소위 협화회(協和會)의 보도원(補導員) 노릇을 겸했으며 착취당하는 동포들의 리익을 위해서 일하는 것이 아니라 왜놈들의 주구 노릇을 하고 더욱더 동포들을 억압하고 중간착취를 맹렬히 해 먹었다는 것이다.

제2차 세계 대전 시기엔 이 대마도 목탄이 또한 중요한 군수품(軍需品)의 역할을 했으며 일제는 채찍질을 해 가면서 동포 로동자들을 부려 먹었다 한다.

숯 굽는 동포 수는 매년 증가되어 해방 직전에는 재류 동포 수가 5천 명을 릉가했고 목탄 년간 생산액도 100만 표에 달하였으나 해방

되자 이곳 역시 대다수의 동포가 귀국하고 숯 굽는 동포 수는 극도로 줄어들어 생산량도 년간 40만 표로 감소되었다 한다.

해방 직후 이 지역에도 강력한 조련 조직이 결성되었으며 동포들은 이 조직의 혜택으로 전과 같은 혹독한 중간착취는 면할 수 있었다 한다.

그러나 워낙 가난한 동포들인 만큼 지금도 우두머리들한테서 각종 부채를 걸머지고 총련의 지도와 자기들의 투쟁으로 산의 나무를 직접 사서 자기 손으로 숯을 구워 제 손으로 팔고 싶은 곳에다 팔 수는 있는 자영(自營)의 권리를 확보하고 있다. 여전히 도매업자(卸商人)들의 중간착취는 심하다.

이즈하라 상점에서도 숯 한 표가 420~430원 정도이며 하카타(博多)에 가면 500원이 넘는 숯이 이곳에서는 불과 350원 정도로써 동포 생산자들 손으로부터 도매업자에 넘겨주고 있다.

한 집에서 한 달에 굽는 숯은 평균 대략 100표 정도며 물품의 등급 차는 있으나 평균 한 표 350원 정도의 숯이면 원목(原木) 대금, 표(俵) 대금, 포장비(包裝費), 검사료(檢査料) 등 합쳐 150원 내지 180원을 제외하고 표당 170원 내지 200원의 리득금을 얻을 수 있다. 그리하여 한 가족이 한 달 동안에 매우 과격하고 위험한 중로동을 해서 약 1만, 약 2만 원 내외의 수입을 얻을 수 있다. 그러니 겨우 밥을 먹는 정도다.

모기(茂木) 산중에 사는 한 동포의 가정에서 들은 말이지만, 주인은 38세, 부인은 26세이고 기타 장남(소학교 2년) 이하 네 아이 합쳐 여섯 식구의 생활은 대략 다음과 같다고 하였다.

우선 집은 1만 원을 들여서 지었다고 한다.

땅 한 평 5만 원, 10만 원씩 하는 도시에 사는 사람으로서는 도저히 상상도 할 수도 없는 일이겠지만, 아무리 물가가 헐한 고장이라 하더라도 집 한 채 1만 원 들었다는 그 집이 어느 정도일까는 짐작할 수가 있을 것이다.

(『조선신보』 1961.12.25)

5

한 달의 생활비를 물으니 1만5천 원 정도라고 한다. 여섯 식구가 1만5천 원 가지고 먹고 산다는 게 기적이기도 하지만 그 이상 여유가 없다는 것이다. 그러니만큼 가족들의 차리고 있는 모습은 차마 볼 수 없는 형편이었다.

그나마 아직 젊은 이 주인이 어려서부터 얼마나 지독한 로동을 했던지 골병이 들어 좀처럼 낫지 않는다는 것이다. 병원에 다닐 여가가 있을 리 만무하여 그저 빌기만 하면 낫는다는 일본인 도매상의 말을 곧이듣고 '창가학회(創價學會)'를 신앙한다 하며 마루'방에 조그마한 제단(祭壇)을 모셔 놓고 있었다.

이 주인의 부인 역시 젊었을 때 가족을 거느리고 대마도에 건너와 일생 숯을 굽다가 골병이 들어 현재 '하카타'의 병원에 민생 보호로 입원중이라 한다.

보편적으로 숯 굽는 동포들이 전등'불도 없이 산에서 흐르는 시내'물을 마시고 하늘을 바라보며 대소변을 보는 아주 원시적인 생활을 하면서도 현재의 생활을 곧 청산하려고 하지 않는 것은 고향 땅에서 보리밥 콩죽도 못 먹던 옛 생각을 하기 때문이다.

아무리 구차하다 할지언정 그때보다는 낫고 자기가 부지런히 숯만 구으면 남한테 창피를 받지 않고 먹고 살 수는 있기 때문이라고 한다.

그러나 이게 도대처 사람의 생활이라고 할 수 있을까?

한 동포 집에 가니까 마침 가마 속에서 구은 숯을 끄집어내는 일을 한참 하는 판이었다. 이때는 전 가족이 가마에 달라붙어야 함으로 중학교에 다니고 있는 아들까지 학교를 쉬게 하여 일을 돕게 하고 있었다.

이러한 환경에서 자라나는 아이들이 어찌 부모가 하는 일을 이어갈 생각이 날 리 있겠는가?

그러니까 이곳에서 자라난 청소년들은 남녀를 불문하고 중학교만 마치면 오사카(大阪) 등지에 달아난다고 한다. 또한 부모들도 자식들에게 숯을 굽게 할 생각은 없고 일본 본토 도시에 가는 것을 매우 좋아한다고 한다.

산곬에서 사람 얼굴 못 보며 사는 아동들

부모들이 깊은 산속에서 나무 베고 숯을 굽는 사이에 어린아이들은 집에서 자연을 상대로 놀고 있다.

자기 동기간 외에는 동무라고 사귀어 보지 못한 아이들이다. 그러니까 캄캄하고 어두운 험악한 산'길을 혼자서 걷는 건 조금도 두려워하지 않는데 사람이 많이 모이는 학교에 입학을 시킨다 치면 도리어 사람 무서워서 고함을 치고 울기 때문에 도무지 교육이 되지 않는다고 한다. 나는 그 실례를 일본 교원의 한 사람한테서 들었다.

그렇듯 사회생활이 락후되어 있는 만큼 아이들의 학력도 락후되고 평균적으로 보아 락후생이 되고 만다는 것이다.

그런데 한 가지 특징은 대마도 숯산에서 자라나는 우리 어린이들이나 청년들이 모두 우리 국어를 잘하고 온순하다는 것이다. 그러나 이것 역시 일반 사회와 멀어져 가족끼리만 고적한 생활을 하기 때문에 필연적으로 그렇게 된 것임에 지나지 않는다.

대부분의 숯산 동포들은 조국 고향 땅에서 지키고 있었던 조선의 농촌 풍습을 그대로 지키고 있다. 우리 소박한 농민들이 가지고 있는 높은 도덕적인 풍습 즉 손 위를 존경하고 이웃끼리 우애하며 정조 관념이 굳세고 정조를 지킨다는 좋은 면이 이곳에는 그대로 살아있다. 그러나 그 반면에 봉건적인 풍습도 그대로 남아 있어 조혼(早婚)은 례사요(열세 살에 장가간 총각도 있다), 20세, 30세의 년령 차가 있는 부부도 많다. 진학률은 전반적으로 좋치 못하지만 특히 녀식애들은 소학교조차 졸업 못 한 처녀가 상당히 많다.

(『조선신보』 1961.12.26)

6

　동포의 한 아주머니는 우리 총련 본부 위원장한테 자기 신세 한탄을 하며 "대마도에 와서 세 번 울고 석 짐이 남았다"고 말했다고 한다.

　세 번 울었다는 건 맨 처음 시집왔을 때 너무나 험악한 산중에 끌고 들어가기 때문에 무서워서 울었고, 다음엔 산에 올라가 나무를 베어내는 일이 고되어 괴로워서 울었고 고적한 자기 신세가 너무나 가련해서 슬퍼 울었다는 것이다.

　석 짐이란 대마도의 수십 년 숯산 생활 속에서 생긴 짐인데, 그 짐은 빚(負債) 짐, 골병(骨病) 짐, 두드러기(身病 또는 弊物) 짐뿐이란 것이다.

　그런 만큼 이곳에는 여러 가지 비극적인 이야기도 많다. 모두가 이러한 험악한 생활 속에서 우러난 것이며 듣기에도 가슴이 아프고 뼈가 저린다.

　이것 역시 제국주의자들한테 억압과 착취를 당하기 때문에 필연적으로 발생한 것이라고 지적하지 않을 수 없다.

공화국을 바라고 전진하는 동포들

그러나 조선로동당과 공화국의 직접적인 두터운 배려를 받게 된 우리 동포들은 이제야 옛날의 탈을 벗은 동포들이다.

귀국의 길이 열린 후 이곳 숯산 동포들은 모두가 한결같이 공화국에 눈초리를 돌리기 시작했다.

본시 자기 몸을 아끼지 않고 부지런히 일해온 동포들이다. 대마도에서 동포가 숯을 굽기 시작한 직접 원인도 동포가 재래의 일본 로동자에 비하여 배 이상의 능률을 올리기 때문에 놈들은 헐한 임금을 주고 착취해 먹을려고 일을 시킨 것이요, 밀항을 해 와도 대마도 안에서는 필요한 로동력이기 때문에 놈들이 그대로 방치했던 것이 아닌가.

놈들을 배 불려 주기 위하여 골병들도록 일한 것이 분해 죽겠다는 원망을 품고 있는 우리 동포들이 어찌 근로자들의 락원인 우리 공화국을 그리워하지 않을 것인가.

숯산의 동포들은 모이기만 하면 귀국에 관한 이야기를 하며 이미 귀국한 동포들의 이야기에 열중한다.

대마도에서 귀국한 동포는 절대다수가 숯을 굽던 동포들이다. 아직 남아 있는 동포들도 거반 다 귀국 희망을 가지고 있다.

내가 만난 동포 중에서도 반수 이상이 래년 봄에는 귀국한다고 말했고 모두가 다 자기의 장래와 자제들의 장래를 우리 공화국에 의탁하고 있었다.

그러니만큼 동포들의 모든 생활면에 있어서 온갖 변혁이 일어나고 있다.

전에는 늘 술을 좋아하고 놀음이나 하는 데 자기의 뜻을 붙이며 서로 이름을 부를 때는 별명으로 '개병쟁이 복상', '동가리 복상', '꼬치가리 복상', '관솔 복상' 또는 '단도리 긴상', '시로 긴상', '구로 긴상'하던 사람들이 지금은 점잖하게 박룡이 씨, 김순이 씨, 반영도 씨 하고 부르며 함부로 술'주정을 하거나 놀음을 한다는 버릇이 없어졌다고 한다.

그리고 국어를 해독하는 집은 열심히 『조선신보』를 읽고 있다.

외로운 산 중 생활인 만큼 숯산 동포들은 조직 활동가가 찾아가는 것을 몹시 기뻐하긴 하지만 만나는 동포마다 필자에게도 공화국에 귀국하여 자식들의 공부도 잘 시키고 부지런히 일해서 조국 건설에 도움이 되고 싶다는 희망을 말하는 것이었다.

수십 길 되는 바다 속에

대마도엔 수산업(水産業)에 종사하고 있는 동포가 많다는 것도 특징이다. 대마도 둘레는 옛날부터 풍부한 어장이기도 하지만, 특히 동포가 많이 잡는 것은 전복, 소라, 미역 등이다. 그리고 대마도 해안 일대는 오징어의 명산지(名産地)이므로 오징어를 잡기도 한다.

그러나 일본 땅에 이와 같이 동포 수산업자가 집중하고 있는 곳은 없다.

나는 이즈미(泉), 후루사토(古里), 긴(琴), 사카(佐賀) 등의 동포들을 방문하여 담화를 하고 특히 사카(佐賀)항에서는 배를 타고 바다 속에 들어가서 일을 하고 있는 현장을 견학하였다.

해산물은 계절에 따라서 생산되기 때문에 일제 시대는 대개 일본인 수산업자들이 초봄이면(2~3월경) 미역을 뜯기 위하여, 여름철은(4~9월) 전복과 소라 등을 잡기 위하여, 겨울철엔(12~1월) 오징어를 잡기 위하여 각각 적임자를 모집하러 제주도에 가서 데려왔다고 한다.

(『조선신보』 1961.12.27)

그러므로 동포들은 한 계절 벌이를 하고 일이 끝나면 고향에 돌아
가곤 했다고도 한다.

그러나 해방 후 자유스런 왕래를 못 하게 되어 수산업에 종사하는
동포들이 이곳에 정착(定着)되기 시작했다.

제주 해녀(海女)는 그 능률에 있어서 옛날부터 유명했고 일본 해녀
들은 도저히 그에 따라가지 못했기 때문에 언제나 환영을 받았다고
한다. 그래 일본 각지에서 작업했으며 사카(佐賀)에서 만난 한 동포도
일제 시대에는 이즈(伊豆)의 이나토리(稲取), 홋카이도(北海道) 해안까
지 일을 하러 다녔다고 한다.

해방 후 일본에 정착하게 되었지만 우리 동포들은 심각한 민족 차
별을 당하여 불리한 립장에 서게 되었다.

즉 외국인이라 하여 선박 소유권을 박탈당했기 때문에 자기 어선을
가지고 있으면서도 일본인의 명의를 빌려 명의료(名義料)를 내지 않으
면 안 되고 일본인 어부들과 같이 어촌에 거주하고 세금을 납부하면
서도 어업 조합원의 권리를 주지 않으므로 고기를 잡으려면 막대한
돈을 주고 해상권을 사지 않으면 안 되게 되었다.

이와 같이 이중 삼중의 착취와 차별을 당하면서도 부지런한 동포들
은 생활 토대를 닦아 왔으며 일을 많이 하기 위하여 대담하게 새로운
방식을 도입하기 시작했다고 한다.

7~8년 전까지도 잠수(潜水)하는 사람들은 '담푸'란 보통 잠수방식을
취하고 있었으므로 아무리 깊이 들어간다 해도 7~8길(尋)이었고 잠수
하는 시간도 그다지 길지 못했는데 8년 전에 '콤푸렛사'라고 하는 새
로운 잠수기구가 생겨 이것을 대담하게 활용하여 지금 우리 동포로써
잠수하는 사람은 모두가 이 '콤푸렛사'를 사용하고 있다고 한다.

이 '콤푸렛사'는 '가스 마스크' 같이 된 것이어서 배 속에 장치한 환기(換氣) 기계를 통하여 공기(空氣)를 통해 주면 몇 시간이고 수중에서 작업을 할 수 있다.

이 '콤푸렛사'를 사용하자 잠수하는 해녀들은 20길(尋)까지 깊이 들어가며 한 번 물속에 들어가 두 시간, 세 시간 정도는 일을 계속하게 되었다.

필연적으로 시초에는 막대한 물건을 잡아내게 되었다. 우리 동포 해녀의 비약적인 생산 능률 앞에 종래 대마도에서 이름 높았던 '마가리(曲) 아마(海女)'는 도저히 대항을 못하고 물러서고 말았다. 대마도에서 년간 100만 관(貫)이 생산되는 해초(海草)와 10만 관의 전복, 소라는 그 대부분을 동포 잠수업자가 걷어 올리고 있다 한다.

이 동포 해녀가 잡아내는 전복과 소라를 통조림(缶詰)으로 만드는 동포 기업자도 생겼고 일본 시장에 판매되는 소라의 통조림의 80%는 대마도의 우리 업자가 생산한 것이라 한다.

그러나 이러한 기업이 자연 발생적인 경쟁을 했기 때문에 서로 입찰(入札)을 해서 막대한 금액으로 해상권을 사게 되니 자연 잠수하는 해녀들에게 로동 강화(勞動强化)를 요구하게 되고 란획(亂獲)의 결과로써 물건은 자꾸 줄어지기 시작했다고 한다.

한편 동포 잠수업자에 대항 못 하여 생활수단을 잃은 '마가리 아마'들은 '프렛사'를 사용해도 일본 해녀는 우리 동포의 5분지 1의 능률도 내지 못한다고 한다. 나가사키(長崎)현 당국에 항의하여 조선 잠수업자의 '란획(亂獲)' 금지와 제한을 요구하게 되고 그 결과 '콤푸렛사' 잠수선은 '허가제(許可制)'의 제한을 받게 되었다고 한다.

그래 현에서는 신규 허가를 잘 내지 않게 되어 동포 기업자는 시설만 갖춰 놓고 사업을 확대 못 하여 곤궁에 빠지고 있다고 한다.

한편 잠수하는 해녀들은 일은 고된데 물건은 적어지고 물건값은 싸기 때문에 소득이 감소되어 모두가 불만을 토로하게 되었다.

그리고 깊은 물 속에서 가혹한 로동을 하는 필연적인 결과로서 해녀들은 무서운 랭증(潛水病)에 걸리게 되었다.

7~8길(尋) 정도까지의 물속은 그다지 힘들지 않지만 그 이상의 깊이는 수압(水壓) 때문에 피부가 마비되는 감을 느낀다고 한다.

20길 이상의 깊이는 위험한 줄 알면서도 요새는 이 위험성 이상의 깊이에 들어가지 않으면 물건이 없다고 한다.

2~3년 전에 랭증으로 한두 사람이 죽었다 하여 현재 일하고 있는 70명 정도의 동포 해녀들 중 랭증 때문에 신음하는 분이 상당히 많고 병이 없는 사람은 하나도 없을 것이라고 한다.

일어서는 잠수 해녀들

70명의 해녀들 중 약 20명은 계절에만 오사카(大阪)에서 벌이를 하러 온다고 한다.

이분들의 말을 들으면 대개 소녀 시절 고향에서 바다에 들어가 잠수질을 자연히 배웠다고 한다.

해방 후 일본에 정착하게 된 후 일체 조국에서 젊은 해녀가 못 오게 되니 현재 일본에 있는 분은 모두 30세 이상이라 한다. 보통 해녀의 명맥은 4~5년 동안이라 하는데 건강한 사람은 50세가 되어도 바다에 들어가고 있다가 후비대(後備隊)가 없어서 일본에서 자라나는 처녀들은 전연 바다에 들어가려고 하지 않는다는 것이다. 년년 해녀는 줄어만 지고 있다 한다. 그런데 기업자들의 경쟁으로 배는 불어가 지금 동포 잠수업자가 가지고 있는 배는 약 70척이나 되어 매년 계절이 되면

맹렬한 해녀 쟁탈이 버러진다고 한다.

해녀들은 '4·6제'(즉 잡는 해녀가 생산품의 가격의 40%를 차지하고 선주가 60%를 차지한다)로 일을 하고 있는데 과격한 로동에 비하여 소득이 적으므로 부당한 중간착취를 제거하며 생활권을 확보하기 위하여 지금 해녀조합(海女組合)의 조직을 꾸리고 있다.

이 해녀들의 자발적인 행동은 각 방면에 큰 환영을 받고 있으며 이 해녀들의 단결력이 동포 기업자들의 무의미한 경쟁을 중지시키는 기운이 되며 기업자와 선주들과 해녀들이 일체가 되어 합리적인 경영 방법을 꾸리고 상호 간의 리익을 확보하는데 크게 기여할 것이라고 한다.

그러나 해녀들은 이곳에 자기의 장래의 행복을 보장할 만한 것은 아무것도 없다는 것을 명확히 알고 있다. 숯산에서 일하는 아주머니들보다는 사회적으로 눈이 밝은 이분들은 우리 조국 정세도 잘 알고 있으며 특히 공화국의 발전 모습에 대한 관심이 높다.

(『조선신보』 1961.12.28)

8

이미 귀국한 수산업 동포도 5세대(世帶)에 달하며 이 귀국한 동포들이 조국에서 환영을 받고 자기의 기능을 발휘하여 조국의 수산업 발전에 크게 기여하고 공로 메달까지 수여 받은 사람이 있다고 한다. 더우기나 공화국에서 잠수하는 로동자들에게는 특별한 대우를 하며 매년 수개월 동안 휴양소에 보내여 휴양시킨다는 말을 자랑스럽게 필자에게 설명해 주는 해녀 아주머니의 얼굴엔 공화국의 공민다운 긍지감이 완연히 빛나고 있었다.

우리 수산업자들은 자기들의 능숙한 잠수 기술을 자기 자신의 행복과 조국의 수산업 발전에 바치기 위하여 지금 많은 동포들이 귀국 준비를 갖추고 있다 한다.

동포들의 등대적 존재인 총련 기관

약 2주일에 걸친 시일을 통하여 나는 언제나 총련 대마도 본부 상임들과 같이 돌아다녔다. 특히 조직부장, 선전부장, 총무부장은 나를 친근히 대하며 온갖 일을 돌보아 주었다. 나는 간 곳마다에서 우리 총련 간부들의 활동이 얼마나 동포들의 신망을 얻고 있는가를 구체적으로 볼 수 있었다.

재정적으로 곤난한 환경 속에서 본부 상임들은 많은 고생을 하고 있다. 그리고 이 동지들은 문서 활동이나 회합을 통한 활동뿐만 아니라 대중 공작을 위하여 일일이 먼 곳에 있는 동포 가정을 방문한다.

그 방문은 일체 교통 기관이 없는 산중'길을 이십 리 삼십 리씩 걸어야 한 집을 찾아갈 수 있는 곤난하고 험한 활동이다.

그러나 이 동지들은 그 혁명적 락관성을 발휘하여 언제나 동포 대중 앞에 앞날의 희망을 전달하며 명랑한 기분을 갖게 한다.

멀리 떨어진 고적한 섬 안에서 아무 희망도 없이 원시적인 생활을 하고 있을 것이라고 상상하는 사람이 있다면 실지 대마도 동포들을 대면할 때 의아한 감을 면치 못할 것이다.

대마도의 우리 동포들은 옳바르게 정세를 파악하고 있으며 공화국의 공민으로서의 자기 앞길을 확신 있게 말해준다. 물론 소박한 감정으로서 솔직하게 토론하는 동포들의 담화 속에는 많은 눈물과 한숨이 섞여 있다. 그러나 그 암담한 남반부에서 밀무역선을 타고온 동포들까지가 확신 있게 자기 눈초리를 공화국에 돌리고 인생의 주인답게 자기 앞날을 개척하려는 용기를 갖게 한 것은 다시 말할 것 없이 공화국의 륭성 발전과 이 곤난한 지역에서 온몸을 바치고 꾸준한 노력을 계속하고 있는 우리 총련과 그 일'군들의 활동의 성과며 우리 조직 운동의 덕택이라고 볼 수 있다.

나는 이 활동을 통하여 다시금 우리 공화국의 두터운 배려와 우리 총련 조직의 위대한 힘을 느꼈고 우리 활동 간부들에 대한 존경심과 신뢰감을 다시 했다.

이 고적한 섬 안에서 우리 총련 간부들 그리고 우리 총련 조직은 진실로 동포 대중의 등대적 역할을 하고 있다는 것을 나는 확신했다.

민단 조직이 있고 민단 맹원인 동포도 있긴 하지만, 그 민단 동포와의 담화를 통해서 나는 더욱 그 감을 깊이 느꼈다. 왜냐하면, 민단 동포들도 역시 자기 운명의 앞길에 대해서는 우리 총련 활동가의 가리키는 반미구국 투쟁과 민족 단합의 방향을 자기 것으로 생각하고 있기 때문이다.

아마 오늘도 우리 대마도 간부들은 깊은 산'길을 건너서 사랑하는 우리 동포들 집을 찾아가고 있을 것이다.

(『조선신보』 1961.12.29)

4. 신기수 「쓰시마에서 일하는 조선인 해녀」(1978)

신기수(辛基秀, 1931-2002)은 교토(京都) 출신 재일조선인 2세로 고베대학(神戸大学) 경영학부를 졸업했다. 조선통신사 연구의 선구자로 알려진 그는 통신사나 조선인 해녀에 관한 자료 수집을 위해 쓰시마를 여러 차례 방문하며 제2의 고향으로 여겼다고 한다. 그는 기록영화 〈에도시대의 조선통신사〉 등도 남겼는데, 1966년부터 2년 동안 제주도 출신으로 오사카에 재류하면서 3월부터 10월까지는 쓰시마에서 출가물질을 하던 해녀 양의헌(1916년생)을 촬영했다. 하지만 당시 완성을 보지 못하고 오랫동안 미공개로 남아 있던 영상에 하라무라 마사키(原村政樹) 감독이 2000년부터 3년간의 촬영을 추가해 2004년에 〈해녀 양씨(海女のリャンさん)〉라는 제목으로 공개했다. 이 글에서 오사카에서 쓰시마로 손녀를 데리고 물질하러 다녔던 '김 어머니'는 양의헌으로 보이며, 그 외에 70년대 쓰시마의 조선인 해녀의 생활실태도 자세히 전하고 있다.

쓰시마에서 일하는 조선인 해녀

신기수

쓰시마에는 1930년대 무렵부터 많은 조선인이 살기 시작하여 물질이나 숯 굽기에 종사했다. 지금은 15세대가 해녀로 생계를 이어나가고 있을 뿐이고, 김 어머니처럼 오사카에서 손녀딸을 데리고 물질하러 오는 해녀도 있다.

재일조선인 부인 노동자의 실태는 자세히 조사된 일이 없지만, 해방 후 생산점에서 쫓겨나 유민화된 조선인의 생활을 지탱한 것은 이 부인 노동자들의 힘이었다. 제주도 출신자가 많은 오사카에서는 해녀 경험자가 다시 잠수하게 되었다. 금속 붐 시절에는 아지가와(安治川)의 거무칙칙한 바다에서 철을 주워 올리기도 했다. 그리고 멀리 쓰시마, 시코쿠(四国)의 무로토(室戸)까지 물질을 나갔다. 와카야마(和歌山)와 오사카의 현 경계 지역의 해변도 그녀들의 작업장이다. 쓰루하시(鶴橋)나 이카이노(猪飼野) 조선인 시장의 초미니 점포, 사과상자 몇 개 늘어놓고 위에 얹은 해산물은 그녀들이 난카이(南海) 전차의 출발지에서 따온 것이다. 십여 년 전에는 3월 하순만 되면 오사카 역에서 등에 짐을 한가득 짊어진 해녀 집단이 보였다. 그러나 지난 몇 년간 완전히 줄어들어 오늘날에는 소수에 지나지 않는다.

오사카 조선 부인이 물질하러 가는 지역의 하나는 가미쓰시마(上対馬)의 긴(琴)이다. 쓰시마 북단 히타카쓰(比田勝)에서 차로 30분 정도 걸리는 긴은 옛날에는 가네우라(金浦)라 불리기도 했고 커다란 은행나무로 유명한 마을. 조선통신사 일행도 반드시 정박한 항구로, 배후에는 밀림이 있어 전후에는 숯 굽는 조선인이 많았다고 한다. 지금이야 쓰시마 전역의 조선인은 200명, 해녀 노동자도 15세대에 지나지 않지만, 1937년 무렵에는 긴만 해도 20여 세대의 조선인 어업노동자가 살았고, 전후의 어느 시기에는 이 좁은 마을에 90세대 258명의 조선인이 바다나 산에서 일했다.

제주도에서는 해녀는 잠녀라 불렸고, 7, 8세경부터 바다에 익숙해져 15세가 되면 훌륭한 해녀로서 일가의 대들보가 된다. 양반으로부터 보자기13)라며 무시당해도 눈 내리는 3월부터 바다에 들어가 묵묵히 초인적인 노동을 견뎌 왔다.

> 어린 우리 아이를 버려두고
> 늙은 부모를 버려두고
> 돈 때문에 돈 때문에
> 희망을 거는 건 돈뿐

당시 해녀의 노래가 전하듯이 화폐경제화의 격렬한 파도에 휩쓸린 1930년대의 제주도 어촌은 농업 공황의 영향을 정면으로 받아 생활은 곤궁했다. 어민의 소득은 가난한 농민의 소득보다도 더 낮았다.

제주도 해녀의 출가물질은 1920년 무렵부터 시작되어, 울산, 부산, 동래, 목포의 서해안, 원산, 청진의 동해안, 일본의 쓰시마, 야마구치현(山口県) 연안, 시즈오카(静岡), 가고시마(鹿児島) 등 광범위했다. 출가 집단의 인솔자는 해산물 중매인인 선장. 해녀들은 정미한 보리, 조 등 먹을 것을 지참하고 오로지 돈을 번다. 그러나 이국의 거센 파도가 소용돌이치는 바다에서 이룬 노동의 성과는 8개월간으로 100엔도 되지

---

13) 바닷속에 들어가서 조개, 미역 따위의 해산물을 따는 일을 하는 사람을 의미하며, 물건을 싸는 네모난 천을 가리키는 '보자기'와는 동음이의어.

166

않았다고 한다. 쓰시마의 여러 마을 고로들은 젊은 그녀들의 검소한 생활을 기억하고 있다. 해산물은 어업조합의 출장기관에 싸게 팔렸고 조합비는 강제적으로 징수당했고 일본에서의 출가물질에 필요한 '출가증' '감찰표'의 작성에는 수수료를 떼었고 그녀들의 무지함을 이용하는 일본의 경찰관, 서기들은 터무니없는 사례를 요구했다. 일본으로 건너가도 선장의 유흥비까지 해녀들의 부담이었다.

산이 많은 쓰시마의 긴촌에는 4세대의 조선인 해녀가 산다. 강 근처 폐가에 가까운 집을 빌린 김 어머니는 오사카에서 손녀딸을 데리고 물질하러 왔다. 김 어머니는 젊은 시절 선장인 아버지를 따라 이 긴촌으로 왔다. 그녀는 동네 사람들과 완전히 친하다. 그 김 어머니도 나이 육십이 넘었다. 노동의 내용도 근대적인 콤프렛서 어법으로 바뀌었다. 검은 고무 잠수구의 허리에 무거운 납을 감아 달고 길이 50미터의 공기 호스를 의지하여 수심 10~30미터의 해저에서 소라, 전복을 딴다.

아침 7시에 긴을 출발한 배 세 척은 모기(茂木) 앞바다를 지나 국경의 섬 쓰시마의 '명물' 오메가국[14]이 보이는 고네오(五根緒) 앞바다까지 달린다. 8시에 그녀는 바다에 뛰어든다. 칠흑 같은 바다에는 하얀 공기 호스만이 흔들거릴 뿐이며 심해의 노동은 짐작할 수도 없다. 이따금 테왁의 신호로 소라가 든 망사리가 올라올 뿐이다. 오전 중의 수확은 소라 100kg에 전복 10kg. 바닷속의 4시간 노동 후에 선상에 올라온 김 어머니의 손은 불어 있고 5월 선상의 바람이 그녀를 떨게 한다. 배는 서둘러 해안에 다다랐다. 배 밑에서 땔감을 꺼내어 불을 지필 준

---

14) 오메가항법을 위한 송신국으로 1975년에 설치된 쓰시마 오메가국 송신용 철탑을 말한다. 철탑은 일본이 건설하고 송신장치는 미국이 무상으로 대여한 것으로 GPS의 이용이 진전되면서 1997년에 폐기되었고 2000년에 해체가 완료되었다. 2010년에 도쿄 스카이트리가 세워질 때까지 일본에서 가장 높은 건조물로 알려졌다.

비로 분투. 낮의 짧은 휴식 후 다시 다음 어장을 찾아 달려간다. 저녁까지 계속 잠수.

산이 험하면 바다도 험하다. 심해의 중노동에는 잠수병이 따라다닌다. 쓰시마의 산에서 숯을 굽고 있던 조선인 부부가 일이 없어져서 서둘러 해녀가 되었지만, 익숙하지 않아서 무모하게 해저를 헤매다가 공기 호스가 스크루에 절단되는 뼈아픈 사고도 있었다.

위험한 바닷일의 보수는 지금도 전근대적인 배분제로, 수확물의 4분의 1에 지나지 않는다. 어업권을 가진 어업조합이 50%를 취하고 나머지는 선장과 5.5대4.5로 나눈다. 실제로 일할 수 있는 것은 1개월 평균 8일간이다. 긴의 어업조합한테 이 조선인 노동자의 '수입'에 의한 연간 수입은 크다. 하지만 다른 어촌에서는 조선인이 너무 일하니까 일이 없어졌다고 배척하여 그중에는 맥주병으로 조선인 해녀를 내려치는 사건도 있었다. 조선인 해녀는 점차 쫓겨났다.

와니우라에서도 상자모양 물안경으로 수중을 들여다보면서 따는 독살어업에 한정할 것이라고 해서 조선인을 쫓아냈는데, 예기치 않은 복병으로 일 년 동안 키운 전복을 모조리 빼앗겼다. 이즈하라에 가까운 마가리(曲)에서 고속선을 몰고 온 어민이 산소 봄베로 잠수해 고가의 전복만을 노렸다. 와니우라의 어민은 자위를 위해 순시선을 구입하여 쫓아가도, 작살로 맞서는 몸을 사리지 않는 해적 전법에는 두 손을 들 수밖에 없었다. 이 처참한 싸움은 쓰시마 어촌의 황폐함에 기인한다. 쓰시마의 각 어장은 본토에서 온 대자본이 송두리째 약탈하는 어법으로 황폐해져 연안어업이 모조리 주저앉았다.

1962년에 쓰시마 전도의 조선인 해녀들이 권리 옹호를 위해 조선인 해녀 협동조합을 결성했다는 이야기를 들었을 때 1931년에 제주도 2만 명의 해녀가 제주도 성산포에서 우뭇가사리의 웃돈을 떼고 부정하게 판매하는 데 분노하여 '해녀회'의 결성으로 나아간 투쟁의 기억이 선명하게 되살아났다. 조선 여성 해방 운동사상 획기적인 투쟁이었던 이 권리투쟁의 역사가 쓰시마에도 숨 쉬고 있는 것을 실감했다. 그러나 쓰시마의 조선인 해녀조합[15]은 한일관계가 새로운 국면에 들어가자 한국인과 조선인 해녀조합으로 분열되어 지금은 소멸해 버렸다.

지금 쓰시마에서 일하는 조선인 해녀의 노동 보장이 일본인 해녀보다 훨씬 양질이면서 값이 싸다는 경제적 이유에 기인하는 것이라면 육체적으로 마모되는 조선인 해녀의 몇 년 뒤의 보장은 무엇 하나 없다.

(『季刊三千里』 15, 1978)

---

15) 쓰시마 조선인 해녀조합은 1962년 2월 10일에 결성되었다. 총 60명을 넘는 해녀들이 조합에 가입했고, 그 후 10여 명은 북한으로 귀국했다. 1965년 한일국교 정상화 이후 한국 국적 취득자들이 생기면서 분열되어 갔다. 「서로 힘을 합쳐 공화국 녀성답게 꿋꿋이 산다: 対馬조선인해녀조합의 동포녀성들」, 『朝鮮新報』 1967.10.16. 참조.

제**4**장

대마도에 가면 고향이 보인다

1. 허남기 「대마도 기행」(1958)

　허남기(許南麒, 1918-1988)는 경상남도 구포 출신으로 1939년에 도일하여 주오(中央)대학 법학부를 졸업했다. 해방 후 조련 결성, 『민주 조선』 발간, 재일조선문학자협회 결성 등에 참여했고, 재일본조선문학예술가동맹 위원장, 총련 부위원장 등을 역임했다. 민족 저항을 담은 장편 서사시 「화승총의 노래(火縄銃のうた)」(1951) 등으로 유명하며, 1950년대 후반부터는 우리말로 창작을 이어갔고 북한에서 발표된 작품도 다수 존재한다.

　1958년에 허남기는 총련의 일원으로 대마도를 방문하고 이 시를 『조선민보』에 발표한다. 당시 재일조선인들은 98% 이상이 남한 출신이었지만, 남북 분단으로 인해 한국적을 취득하지 않으면 북한 추종자로 여겨져 고향을 방문할 수 없었다. 이로 인해 북한을 선택하거나, 분단국가를 인정하지 않고 민족의 입장에서 국적 선택을 거부하는 사람들 중에는 고향을 육안으로 보기 위해 쓰시마를 방문하는 사람들이 생겨났다. 허남기의 작품은 쓰시마를 망향의 섬으로 그린 초기의 예라고 할 수 있다. 『조선민보』는 총련의 기관지로 1961년부터 『조선신보』로 개명되어 지금까지 이어지고 있다.

대마도 기행

허남기

東京^{도쿄}에서 시모노세끼^{시모노세키}까지 하루
시모노세끼^{시모노세키}에서 다시 이틀을 묵고서야 탈 수 있는
정기선으로 열 시간만에
내 이 산마루에 오를 수 있었다

여기는 히다까쓰^{히타카쓰}
여기는 대마도의 북녘도 북녘

여기선 내 땅 내 고향이
저렇게도 뚜렷하게 보이구

―저것이 거제도고
―입짝것이 오륙도고

내가 나고 내가 자란
동래 땅도 뻗디디면
곧장 보일 것만 같건만

바다여 너는 어이
차디찬 얼음짱 되여
내 앞길을 막느냐

정녕 바다 접쪽
저 수평선에 가로 놓인

저 산과 저 땅만이
내 땅이건만
안개여 너는 어이
검은 나래를 펼쳐
내 눈 앞을 가리느냐

내 고향 떠난지 어언 스무해
조국이 해방될 땐
남 먼저 가랴던 것이
아직도 이 땅에 남아
조국을 지척에 두고
이렇게만 대하는구나

여기서 저 땅은
이렇게도 가까운데
아 내 땅 내 조국의 남녘땅을
강점하고 있는 어둠의 무리 있어
고향아 너는 이 지구 우에서
너무도 먼 곳으로만 되여야 하느냐

무심한 갈매기는
날라 가고 날라 오는데
부산아 거제도야
보고도 못가는 너를 찾아
내 수 천리 길을 이제
왔다 돌아 가노라

너를 찾는 길—
조국 통일의 성스런 싸움의 전렬에
다시 서기 위해서

(『조선민보』 1958.8.16.)

*위첨자는 주기

2. 정귀문 「고국을 바라보러 떠나는 여행」(1973, 한국어역)

정귀문(鄭貴文, 1916-1986)은 경상북도 출신으로 1925년에 가족과 함께 도일하여 공장 등에서 일하다가 전쟁 중에는 징용되기도했다. 전후 재일조선인운동에 참여했고 1963년에는 조선인 문예지『조양(朝陽)』을 주재했다. 소설집으로『고국 조국(故国祖国)』(1983)등이 있다. 1969년에는 동생인 정조문(鄭詔文)과 함께 '조선문화사'를 설립하고 계간지『일본 속의 조선문화(日本のなかの朝鮮文化)』를 창간하여 편집을 담당하며 50호까지 발간했다. 정귀문은 정조문, 김달수, 이진희, 우에다 마사아키 등과 함께 쓰시마 답사를 기획하여 1973년 8월 23일부터 3박 4일 동안 쓰시마를 방문하고 기행문을『일본 속의 조선문화』에 게재한다. 같은 호에는 좌담회도 실린다. 당시의 답사를 제재로 하여 김달수는 소설을 발표한다. 표면적인 방문 취지 이면에 흐르는 고국에 대한 그리움을 다루었고 쓰시마는 그 망향의 정을 극대화하는 장소임을 드러낸다.

고국을 바라보러 떠나는 여행

정귀문

쓰시마를 조선인은 '대마도'라 부른다. 하지만 '대마도에서는' 무슨 일이 있었다는 식의 거기에 사는 동포의 소식을 듣는 일은 거의 없다. 조선인은 살지 않을지도 모른다고 쓰시마에 대해서는 그 정도의 관심 밖에 없었다.

지도를 보면 조선에서는 가장 가까운 일본으로, 부산과의 거리는 쓰시마 북단에서 50여 km밖에 되지 않는다. 북단에 가라사키(韓崎)라는 곳이 있는데, 전쟁 전 2, 30년간 몇백 몇천 배의 관부연락선은 조선인을 싣고 줄곧 시모노세키로 날아갔다. 쓰시마의 코앞을 스치면서 항해할 뿐이고, 맑은 날에는 부산에서 전망할 수 있는 가장 가까운 일본인 쓰시마를 그들은 쳐다보지도 않았을지도 모른다.

4, 5년 전이었을까. 어떤 신문의 뉴스 그래프에 쓰시마 항구의 풍경 사진이 몇 장 소개되었던 것이 기억난다. 특히 눈을 끈 것은 그중 한 장이었다. 2, 3톤 정도의 작은 배 한 척이 해안가에 있고 선장으로 보이는 사람이 배 안에서 무슨 작업을 하는 스냅사진이다. 아무런 특별할 것도 없는 해안 풍경에 지나지 않지만 사진 설명이 의표를 찔렀다. 부산 연안에서 온 배로, 잡은 생선을 팔러 왔다는 것이다. 즉 한국의 배이고 조선인 선장이라고 한다. 항구 쪽 사람은 찍히지는 않았지만, 렌즈 바깥에는 매수자인 쓰시마 사람이 있을 것이다. 장사는 무슨 말로 이루어졌을까 하고 나는 생각했다. 가만히 있어도 장사를 할 수 있는 특수한 방법이라도 있을까.

이웃 해안에서 온 배를 어떠한 주저도 없이 맞이하는 듯한 항구의 풍경인데, 50km 폭의 바다의 국경선을 조금도 느끼게 하지 않는 무언가가 있었다.

그러한 점들을 사진 설명은 의식적인지 생략하고 있었다. 그러나 어민들의 삶의 지혜가 스며 나오는 것 같아서 법이나 국경이라는 고도의 지혜는 거기에는 끼어들 수 없을지도 모르고 또한 그럴 필요도 없을 것이다.

옛 시대의 왜관 같은 어수선한 그런 것과는 달리 그들의 이러한 삶의 지혜가 끊어지는 일은 없었을 것이다. 그것은 또한 쓰시마의 경제나 문화가 형성되는 저변의 첫 모습이었음에 틀림없다.

쓰시마로 떠날 때까지의 희미한 감상이었다.

그림 4-1 아소만

센뵤마키산의 구름

　8월 하순에 교토 대학의 우에다 마사아키(上田正昭) 교수,[1] 작가인 김달수(金達壽) 씨 등과 함께 우리는 쓰시마로 떠났다. 현지에서 향토 사가인 나가토메 히사에(永留久惠) 씨,[2] 아비루 요시히로(阿比留嘉博) 씨,[3] 규슈 대학의 오카자키 다카시(岡崎敬) 교수[4]도 참가하실 예정이 었다(오카자키 교수는 사정으로 불참).

　이즈하라에 도착한 것은 밤 8시쯤이었을까. 1박한 다음 날 아침 9시 반에는 일행은 이미 센뵤마키산 꼭대기에 있었다. 쓰시마의 거의 남단 에서 단숨에 북단으로 날아간 데다가 표고 300m의 산까지 열심히 올 라갔다. 그러나 이 센뵤마키산에 조사나 취재를 할 대상이 있어서는 아니었다.

---

1) 1927-2016. 일본 고대사학자로 교토대학 교양부 교수를 지냈다.『帰化人: 古代 国家の成立をめぐって』(中公新書, 1965)에서 고대에 일본으로 이주한 사람들 을 '귀화인'이 아니라 '도래인(渡來人)'이라 명명해야 한다고 제창했고, 이로 인 해 우익으로부터 협박을 받기도 했다.
2) 1920-2015. 쓰시마 출신으로, 교직에 있으면서 향토사가로 전근대 조일(朝日) 관계에 대한 연구를 진행했고 1978년부터는 현립 쓰시마 역사민속자료관의 연 구원을 역임했다. 그 한편으로, 한일 친선 교류에도 진력하여 1990년에는 에도 시대에 조선과의 선린우호를 강조한 유학자 아메노모리 호슈(雨森芳洲, 1668-17 55)를 기리는 '호슈 모임(芳洲会)'을 결성하기도 했다.
3) 아비루 요시히로(阿比留嘉博)는 이즈하라소학교에서 교편을 잡으며 향토사가로 활동했다. 쓰시마의 역사, 문화뿐만 아니라 자연환경 조사에도 진력했다.
4) 1923-1990. 아시아 고고학자로, 규슈대학 문학부 교수를 역임했다. 중국 고고학 을 비롯하여 실크로드의 동서 교섭까지 광범위한 영역에 걸친 연구를 남겼다.

그림 4-2 센보마키산 등산로 입구

걸어 올라간 일행은 구름만 보이는 북서쪽 바다를 그저 바라볼 뿐이었다. 수풀에 무릎을 안고 앉아 있는 사람도, 바위에 앉아 있는 사람도 움직이려 하지 않고 그렇게 1시간 남짓을 보냈다. 맑은 아침이면 이 산꼭대기에서 조선의 산들이 보인다는 그것에 끌려서 다급히 행동했던 것이다.

이날 아침 5시에 일어났다. 그리고 전날 밤에 빌려둔 3대의 차를 각각 운전해서 섬을 종단했지만, 그 보람도 없이 수평선에는 구름이 끼어 있었다.

이상해 보일 수도 있는 우리의 모습은 전날 이키(壱岐)에 도착했을 무렵부터 조짐을 보이기 시작했다. 여자 섬(女島)이라 일컬어지는 이키는 평평한 능선과 논뿐이고 시야가 미치는 한 푸르름이 이어지는 가운데 옅은 선홍색의 무궁화 꽃이 점점이 피어 있는 것이 차 안에서 보였을 때 누군가가 "무궁화다!" 하고 외쳤다. 무궁화는 본토에서도 보이는 꽃이지만, 그러나 이키에는 확실히 많다. "무궁화다!"라고 말

180

한 그의 상념에는 무궁화야말로 조선의 꽃이며 따라서 '조선에 가까워졌다'는 속내가 있었을 것이다.

이즈하라정의 가키타니(柿谷)라는 여관에 도착하고 얼마 안 있어 나가토메 히사에 씨가 오셨다. 3박 4일의 일정을 나가토메 씨가 안내해 주시기로 되어 있었다. 저녁 식사를 앞에 두고 다음 날 코스 등을 의논하고 있었다. 그때 "우선 조선이 보이는 장소로"라는 '요구'가 나왔던 것이다. 무엇보다 먼저 우선은 고국을 보고 싶다는 것이다.

그때까지 활기찬 공기가 흐르고 있었는데 이때 한구석이 축축해지기 시작했다. 한 사람이 목이 메였기 때문이다. 이어서 두 사람 세 사람이 숨죽이며 훌쩍거리기 시작했다. 오랫동안 만나지 못했던 고향의 어머니라도 만나는 듯한 전날 밤의 흥분이었다.

일행은 40대, 50대뿐이라, 그들은(나를 포함해서) 고국을 뒤로 한 채로 다시 돌아가지 못하고 몇십 년을 지낸 사람들뿐이다. 다음날 조선해협을 건너가는 게 아니고 그저 조망할 뿐인데, 그것만으로도 흥분을 억누를 수 없었던 것 같다. 그뿐이었기에 오히려 어찌할 수 없는 망향의 염이 가슴속을 잔혹하게 가득 메웠던 것이다.

한여름의 바다는 어중간하게 맑은 하늘로 습기를 증발시켜 나가토메 씨가 가리키는 부산 주변을 계속해서 덮는다. 그것이 거칠 기미는 없는데도 '맑아질지도 모른다'고 희망을 이어가는 것은 우에다 교수다.

"이제 산을 내려가지요."

"네."

라고 답하는 우에다 씨의 표정은 어두웠다.

조금 떨어진 장소에서 둘은 우두커니 섰다. 우에다 씨도 날씨가 갤 거라는 생각은 하지 않았을 것이다. 작년에 우에다 씨는 한국으로 학술조사를 간 적이 있다. 귀국 후 우리는 우에다 씨를 통해 고국을 접할 수 있었다. 갈 수 없는 우리에게 우에다 씨는 진심으로 미안한 마음이 들어, (그것만은 아닌 것 같지만) 개지 않는 수평선도 자기 탓인 듯이 불쌍할 정도로 신경을 쓰고 계셨다. 하지만 맨눈으로 고국을 접한다는 것은 아무래도 '신화'였던 것 같다.

소 씨(宗氏)의 '수교'

우에다 씨의 저서 『일본 신화(日本神話)』(岩波書店, 1970)에도 자세히 나오는데, 쓰시마의 신들의 세계는 화려해서 엔기시키(延喜式)[5] 신명장(神名帳)에 기록된 신사만 해도 29사나 된다.

나가토메 씨의 저서 『쓰시마의 고적(対馬の古跡)』(対馬郷土研究会, 1965), 또한 쓰시마 향토연구소가 발행하고 있는 『쓰시마 풍토기(対馬風土記)』(7·8·9호)에 실린 나가토메 씨의 논문에도 자세하다.

『아사히 저널』에 야마다 무네무쓰(山田宗睦) 씨의 「역신의 계보(歷神ノ譜)」가 연재되고 있는데, 9월 28일호에서는 쓰시마와 이키의 신들이 논구되어 있다. 야마다 씨는 우리보다 이틀 늦게 쓰시마에 가신 모양으로 "잘 됐으면 쓰시마에서 우에다 마사아키와 만났을 텐데"라고 쓰여 있다.

센뵤마키산을 내려온 후의 일정은 그러한 신들이 상륙한 금 감실이나 신리(神籬), 부처의 행각을 좇는 것이어서 이윽고 차는 하나하나 정차하며 나아가게 되었다. 오후 4시에는 북단으로 끝까지 간 후 동해안을 내려와 사카(佐賀) 포구에 도착했다. 사카에는 엔쓰사(圓通寺)가 있다.

경내로 들어가는 모퉁이 집에 오징어가 널려 있었다. 도중에 보았던 어촌도 그랬는데 흉어인지 오징어 너는 장대는 몹시 한산하다.

---

5) 927년에 편찬된 일본의 법전으로, 종래의 율령의 시행세칙을 취사선택하여 집대성한 것이다.

그림 4-3 엔쓰사 앞 거리

엔쓰사는 소 씨의 보리사(菩提寺)가 된 곳으로 소 사다모리(宗貞盛) 와 그 일족의 묘가 절 뒷산에 있다. 무덤 앞의 표지에 "소 사다시게(宗 貞茂)와 사다모리는 조선과의 수교에 힘썼다"[6]라고 되어 있다. 말할 필요도 없이 대마도주인 소 사다모리는 쓰시마에서 왜구를 몰아낸 인 물이다. 왜구가 역사에 나타나는 것은 14세기 중기 무렵부터인데, 수 십 년에 걸쳐 조선의 여기저기를 황폐화시켰던 것 같다.

쓰시마는 쌀을 비롯해 곡물이 적은 곳이다. 예나 지금이나 수용의

---

6) 소 사다시게(宗貞茂, ?-1418)는 사카를 본거지로 정하여 왜구 통제에 진력했으 며, 그 실적으로 조선으로부터 대일무역의 정식 창구로서의 지위를 인정받았다. 그의 사후 왜구 세력이 억제되지 않아 1419년에 이종무의 대마도 정벌이 이루 어진다. 아들인 사다모리(宗貞盛, ?-1452)는 이후 쓰시마의 지배권을 되찾고 조 선과의 관계도 수복하여 1438년에 조선으로 가는 데 필요한 문인(文引=도항증 명서)을 독점적으로 발급하는 지위를 얻는다. 또한 1443년에 조선과 계해약조 를 체결하여 50척의 세견선을 파견할 권리도 획득했다.

그림 4-4 엔쓰사 뒷산 소 씨의 묘

3분의 2를 섬 바깥에서 받아오지 않으면 안 된다. 실제로 엔쓰사까지 170km 정도를 달렸지만, 골짜기와 바다의 포구만이 눈에 띄었다. 산은 토필(土筆)처럼 떼 지어 솟아 있고 그와 길항해서 바다가 무수히 밀고 들어온다. 도로는 일차선에서 넓어질 여지는 없고 골짜기와 만을 누비고 있었다. 그래도 이따금 약간의 논이 보였으나 상당히 정성이 들어간 논으로 보인다.

차 안에서 누군가가 '꿈같은 곳'이라고 탄성을 올렸지만, 외래자가 쌀 걱정을 할 필요는 없다. 지금은 섬사람들도 그것을 걱정할 리도 없지만, 확실히 '꿈같은 곳'이라는 말에 어울리는 독특한 남자 섬의 풍정이 있다.

봉우리들이 솟아 있기는 하지만 200~300m급이 대부분이고 그것이 수목에 덮여 있어 울창하기 때문에 험준함을 느끼게 하지 않는다. 수도 없이 많은 만에는 대여섯 척의 배가 정박되어 있어 잠든 듯한 어촌뿐이었다.

백제가 멸망한 후 신라와 일본의 공식 국교가 단절된 시기가 있었지만, 그 사이에도 예를 들면 그 신문 뉴스 그래프와 같은 사무역은 이어지고 있었고, 혹은 그보다 훨씬 이전부터도 쓰시마와 조선은 그러

184

한 사적인 인연이 깊었음에 틀림없다. 그것이 점차 해적화하여 왜구라 일컬어지게 된 것은 쓰시마의 의지는 아니었을 것이다. 마쓰우라(松浦)나 고토열도(五島列島)의 직업적 약탈집단이 쓰시마를 최전선 기지로 한 것은 지리적으로 보아도 당연했다.

원구(元寇)가 침입했을 때 막부와 다자이후(大宰府)[7]는 대책이 없었지만, 수군을 이끈 마쓰우라당(松浦黨)[8]이 크게 활약했다. 쓰시마 도민에게 '고려에 앙갚음을 하고 싶지 않은가' 하고 마쓰우라당은 선동했을지도 모른다.

그것이 선동이든 압력이든 왜구 초기에 스스로 만든 명분이었을 것이다. 원구의 침입으로부터 7, 80년 지났을 뿐만 아니라 원구의 주역은 원이지만, 쓰시마의 입장에서 보면 강대한 수군을 이끈 마쓰우라당의 편이 되지 않을 수 없었다. 또한 빈곤에 기인한 욕망도 섞여 있었을 것이다. 사무역은 약탈행위가 되고 상습화되어 이윽고 쓰시마 전도는 왜구의 기지로 변해 갔다.

하나의 피크는 1380년으로, 500척의 왜구가 조선 남부를 약탈한 것을 끝으로 절멸을 맞이했던 것이다. 이성계 46세 때이다. 그는 육군을 지휘하여 이것을 전멸시켰다.[9]

그러나 한때 종적을 감추고 있던 왜구는 이조가 된 후에도 이어졌다. 지호지간에 보이는 적의 근거지를 치는 것은 전략 전술의 초보지만, 조선은 그것을 한 적이 없었다. 침입자는 물리쳐도 국외로 나가서

---

7) 고대 율령제에서 규슈와 이키, 쓰시마를 관할하며 외교와 국방 등을 맡았던 관청으로 중세 이후에는 실제 기능을 상실했다.
8) 일본 중세기 규슈의 마쓰우라(松浦)에서 할거하던 무사단 연합조직으로 무장하여 무역이나 어업에 종사했고, 왜구나 수군으로 활약하기도 했다.
9) 고려 말기인 우왕(禑王) 6년(1380년)의 왜구 침략에 맞서 나세, 최무선 등의 고려 수군이 진포해전에서 승리하고 이성계가 황산에서 격파한 황산대첩을 가리킨다.

치는 수단은 그것을 떳떳하게 보지 않았던 것 같다. 혹은 '쓰시마는 경상도의 속도'라는 관념이 있어서 국내 문제로 생각했을지도 모른다. 하지만 '왜구의 소굴 대마도를 토벌해야 한다'는 결정이 내려졌다. 1419년 220여 척의 군선에 1만8천의 군사를 싣고 쓰시마 '왜구'의 근거지를 토벌했다. 그리고 사신을 파견했다.

항복하고 군신 관계를 회복해야 한다는 조선 측의 제시는 오히려 온건한 내용이라고 소 사다모리는 받아들였을지도 모르지만, 그렇다 해도 영주인 그 자신은 일본인이다. 그래서 고충이 있었을 것이다.

소 씨의 에도시대가 된 후의 녹봉은 십만 석이다. 그러나 에도시대가 되든 그 이전이든 쓰시마에서 십만 석의 미곡이 생산될 리는 없고 '십만 석'은 이른바 '격(格)'이고 쓰시마에서 나는 쌀은 불과 천 석 정도에 지나지 않는다.

> 대마도는 토지가 척박하고 생활이 곤란하오니, 바라옵건대, 섬사람들을 가라산(加羅山) 등 섬에 보내어 주둔하게 하여, 밖에서 귀국(貴國)을 호위하며, 백성에게는 섬에 들어가서 안심하고 농업에 종사하게 하고, 그 땅에서 세금을 받아서 우리에게 나누어 주어 쓰게 하옵소서. 나는 일가 사람들이 수호하는 자리를 빼앗으려고 엿보는 것이 두려워 나갈 수가 없사오니, 만일 우리 섬으로 하여금 귀국 영토 안의 주군(州郡)의 예에 의하여 주(州)의 명칭을 정하여 주고 인신(印信)을 주신다면, 마땅히 신하의 도리를 지키어 시키시는 대로 따르겠습니다.(呼子丈太郎, 『倭寇史考』)[10]

소 사다모리는 이렇게 말하고 사신을 조선에 보냈다. 후에 소 씨는

---

10) 세종실록 7권, 세종 2년 윤1월 10일 기묘 기사. 대마도의 도도웅와(都都熊瓦)가 귀속하기를 청하는 내용. '도도웅와'는 일본의 기록에는 '쓰쓰쿠마마루(都都熊丸)'로 사다모리의 아명.

조선으로부터 2백 석을 취하게 되는데, 이 경우에도 2백 석은 외관상의 격이었을 것이다. 이 수교에 의해 조선과의 무역권을 소 씨가 한 손에 쥐는 체제가 굳어졌기 때문에 소 씨가 거머쥔 실익은 명실공히 십만 석에 상당해졌을 것이다.

이즈하라의 소 씨 거성 터에 쓰시마 향토관이 있었다. 진열된 것의 대부분은 조선 관계의 것들이었는데, 그중에서도 조선국으로부터 수여받은 '고신(告身)'이라는 것은 수교 이후 소 씨 5백 년의 시대를 상징하는 것으로 보인다.

兵曹奉11)
教皮古而羅為承義副尉虎賁衛
司猛者
弘治十六年三月 日 参議臣洪
行判書臣姜 参判臣韓
参議臣李

'皮古而羅'는 쓰시마의 총대장 소다 히코지로(早田彦次郎)를 말하는데, 그에게 위와 같은 관직명을 부여하는 한편으로 미곡을 지급했다. 아울러 '병조'는 군 관계의 관청, 서명자인 '행판서'는 상급 관료, '참의'는 중급 관료인 것 같다.

요컨대 '보증서'인데, 그 대부분은 소실되어 몇 통이 이렇게 남아 있다고 한다.

엔쓰사의 본존이 고려불이라는 것도 극히 자연스럽고 종루의 이조

---

11) 1503년 연산군 9년에 수여된 고신(관직수여장)으로, 병조가 받들어 교하여, 소다 히코지로(早田彦次郎)를 정8품 무신에 해당하는 승의부위(承義副尉)의 호분 위사맹(虎賁衛司猛)으로 임명한다는 내용.

초기 종과 함께 사카 마을 사람들에게 친숙해졌을 것이다.

쓰시마의 고충

그날은 미네촌에서 묵게 되었는데 여관 바로 앞은 바다였다. 소년이 혼자 해질녘에 서서 방파 콘크리트 벽 너머로 낚싯대를 드리우고 있었다. 차를 내린 우리는 그곳을 엿보았다. 거기에는 통통한 꽁치 정도 되는 생선이 가득 차 있었다. 무리를 이루고 유유히 헤엄치고 있었기 때문에 무심결에 낚지 말고 망으로 퍼올리는 게 빠를 거라고 소년에게 제안했다. 그러자 소년은 "지금 낚고 있는 게 아니야"라고 하며 쏘아보았다. 왜 그런지 물으니, 뭐라 하는 그 물고기는 맛이 없어서 낚을 가치가 없고 그가 노리고 있는 것은 가끔 섞여 있는 고급 생선이라고 한다.

저녁 밥상에는 신선한 회가 잔뜩 나왔다. '맛이 없는 생선'은 역시 나오지 않았다. 그러나 맛이 없다는 것은 먹을 수 있다는 의미이기도 하다. 해안을 채워도 눈길도 받지 못하는 생선에 아쉬움이 남는 것은 내가 배가 고팠던 탓이었을지도 모르지만, 그보다도 지금의 쓰시마는 풍요로운 것이리라.

맥주를 따거나 하면서 자리는 무르익었다. 거기에 쓰시마의 민속학자인 아비루 요시히로 씨가 찾아오셨다. 나가토메 씨도 아비루 씨도 본업은 모두 중학교 교장이지만, 흥미로운 화제를 계속 제공해 주어 자리는 숨이 막힐 정도로 무르익었다.

"글쎄요. 예를 들면 디딤판(ふみ板)과 국자(柄杓)를 조선어로는 뭐라고 하나요?"

그렇게 물은 것은 아비루 씨였다. 조선의 국자는 박꽃의 큰 열매를

188

이등분해서 속을 빼내고 말려서 물을 뜨는 용으로 사용하여 '바가지'라고 한다. 디딤판은 '발판'이다. 그것이 그대로 쓰시마어가 되어 있다며 아비루 씨는 약간 놀란 우리에게

"여기(쓰시마)를 어디라고 생각하십니까?"라고 말하며 활짝 웃었다. 대단히 유머가 있는 교장 선생님으로, 덩달아 우리도 활짝 웃었다.

그런데 나중에 생각해보니 그 정도로 단순한 것은 아닌 듯하다. "여기를 어디라고 생각하십니까"라는 것은 그만큼 조선과는 가깝다는 것으로, 따라서 역사적으로 문화적으로 깊이 연관되어 있다고 이해했다. 그러나 그뿐만이 아닌 듯하다.

쓰시마 사람이 '여기'를 조선과 인접해 있다고 강조할 때 일본 본토에서 멀리 격리되어 있다는 것을 강조하는 것과 표리를 이루어 무언가를 원망하는 의미가 담겨 있는 듯한 느낌이 든 것은 나의 지나친 생각일까.

쓰시마의 민요 중에 이런 가사가 있다고 한다. "쓰시마 명물 솔개에 까마귀, 다른 명물 돌 지붕"이다. 곡은 들어보지 못해서 어떤 선율인지는 알 수 없으나, 우리 향토를 노래하는데 이토록 초라하게 장식을 무시한 가사를 사용한 것은 드문 예라고 생각한다. 가난한 농어민의 속삭임에 언제랄 것도 없이 붙여진 곡이 아니었을까. 나의 가난함을 내 손으로 헐뜯는 듯한 것인데, 이윽고 그것은 '윗사람'을 향한 원망의 노래가 되었을지도 모른다.

메이지 이후 바다의 군사기지로 이용되었고 또한 그로 인해 은혜도 입었겠지만, 쓸모가 다가면 버려진다는 서러움도 당했다.

그리고 현재 자위대가 주둔하고 있다고 한다. 낮에 북쪽의 고라이산(高麗山) 기슭을 통과할 때 어떤 산꼭대기에 자위대의 감시소가 있다는 말을 들었다. 잘은 모르지만 강력한 망원경 같은 게 설치되어 "부

산 근처의 민가에서 키우는 닭이 보인다고 합니다"라고 한다. 등골이 오싹한 느낌이었다.

어쨌든 이도(離島)의 숙명적인 고충은 본토로, 중앙으로 향하는 지향적 정신을 낳는다. 하지만 본토에서는 무시, 편견, 차별이 돌아온다.

이 원고를 쓰고 있을 때 잡지 『유동(流動)』 10월호를 만났다. '국경의 마을 국경의 섬' 시리즈로 이시다 이쿠오(石田郁夫) 씨가 '쓰시마'를 다루었는데 믿기지 않을 에피소드가 소개되어 있다. 일부를 인용하면, "더욱이 전쟁 전에 이즈하라 경찰서의 한 순사부장한테 혼슈의 친구가 보낸 편지의 수취인란에 '조선 경상남도 쓰시마 이즈하라 경찰서'라고 쓰여 있"었다고 한다. 이러한 무지, 무인식의 예는 이에 머물지 않은 듯, "지금까지도 규슈에 사는 사람들조차도 쓰시마 정촌(町村)의 교육장들이 교원을 찾으러 가면 '쓰시마에는 내지인이 얼마나 살고 뭘 먹고 생활하느냐'는 등의 기괴한 질문을 엄청나게 받은 적이 있다"고 한다. 쓰시마로 떠날 때까지 나는 쓰시마에도 조선인이 살고 있을까 하고 생각한 것과 어딘가 닮은 듯한, 혹은 완전히 반대 인식이 여기에는 보이는 듯하다.

지리적으로 혹은 역사적, 문화적으로 이어진 조선에 대한 기피감은 있을 것이다. 그것은 또한 순진무구할 정도의 붙임성과 공존하기도 하겠지만, 한편으로 본토 지향성도 강하다. 그러한 파도에 부대끼는 쓰시마 사람의 마음은 상당히 깊을 것이다.

이날 밤은 그러한 마음의 벽과 만나는 밤이었다. 거리낌 없는 대화는 때로는 격앙되어 '논쟁'을 섞어가면서 계속되어 '여기'는 하룻밤의 '조선'이 되었다.

아소만에서

다음날은 배를 타고 아소만으로 나가게 되었는데, 도중에 미네촌 서해안의 가이진(海神)신사[12]에 들렀다. '국폐(國幣) 중사(中社) 가이진신사'라고 돌기둥에 전쟁 전의 신격(神格)이 그대로 남

그림 4-5 가이진신사의 신라불

아 있는 것도 너무나 한가해서 쓰시마답다. 넓은 경내의 석단을 다 오르자, 훌륭한 사전(社殿)이 서해를 내려다보고 있다.

안내하러 나온 궁사(宮司. 사제자)는 다른 한 명과 신전 안에서 도구를 사용해서 계속 탕탕 치고 계셨는데, 이윽고 성문이라도 열리는 듯한 소리가 났다. 아무래도 이전에 도난이 있었기 때문에 신보(神寶)가 들어 있는 곳을 그렇게 해서 엄중히 단속하고 있다고 한다. 일부러 그것을 열어서 신보를 보여준 것이다. 불상(신라제)이 나와 사진도 찍게 해주었다. 예상도 하지 못한 것은 신전에서 고려자기가 계속 나온 것이다.

---

12) 진구황후(神功皇后)가 삼한 정벌 후 귀국길에 신라를 정벌한 증거로 깃발 8자루를 미네정(峰町)에 봉납한 것에서 유래했다고 한다. 깃발은 이후에 기사카산(木板山)으로 옮겨져 기사카하치만궁(木坂八幡宮)이라 불렸다. 또한, 기사카산에서 일어난 상서로운 바람이 일본을 공격한 이국의 군함을 침몰시켰다는 전승도 존재한다. 1870년에 와타쓰미(和多都美)신사로 개칭했다가 이듬해인 1871년 현재의 가이진신사로 개칭되어 오늘에 이른다.

미쓰시마정의 다루가하마에서 배는 떠났다. 숙소도 이 배도 도중에 들른 식당도 모두 나가토메 씨와 아비루 씨가 준비해 준 것이다.

배에서 바라본 만 내부의 풍경은 숨을 삼킬 듯했다. 독립된 작은 섬들도 많지만, 가미쓰시마와 시모쓰시마의 접점은 서로 들쑥날쑥하게 엉성한 빗처럼 맞물려 있어서 후미진 곳이 끝없이 펼쳐져 가경 그 자체이다. 신라에 파견되는 사신의 배가 정박했다는 후미를 나가토메 씨가 손으로 가리켰다.

> 다케시키 해변의 단풍이여, 갔다가 돌아올 때까지 결코 지면 안되거늘(『萬葉集』 권15, 3702)
>
> 다케시키의 말을 나부끼게 하며 당신이 노젓고 계시는 배를 언제 돌아올 줄 알고 기다리면 좋을까요(『萬葉集』 권15, 3705)

『만엽집(萬葉集)』의 신라에 파견된 사신의 노래[13]인데, 당시에도 지금도 풍경은 조금도 변함이 없지 않을까.

배는 서쪽으로 크게 굽이치며 나아간다.

"이제 저기가 조선해협이에요."

누군가가 말했다. 센뇨마키산에서 볼 수 없었다는 집념은 아직 사라지지 않았다. 시속 30km의 이 배라면 2시간도 못 미쳐서 저편 기슭인 부산에 다다를 것이다. 그런 생각을 했는지 어쨌는지 일행은 모두 가만히 있었다. 왼쪽으로 우회하여 가늘고 긴 바다의 지름길을 계속 달

---

13) 일본에서 현존하는 최고의 가집인 『萬葉集』 제15권에 736년(天平8年)에 일본에서 신라로 파견된 견신라사(遣新羅使)와 관련된 와카(和歌)가 145수 실려 있다. 대개는 가족을 그리워하는 노래나 힘든 여로를 읊은 노래들이다. 내용을 통해 이들이 나니와(難波)를 출발한 후 세토(瀬戸)내해, 규슈의 노코노시마(能古島), 쓰시마를 경유하여 신라로 향했던 것을 알 수 있다.

려 스모(洲藻) 포구 깊숙이 들어갔다. 거의 수직의 산기슭에 뱃머리를 대자, 작은 사다리가 내려와 일행은 자갈 위에 내려섰다.

조선식 산성인 가네다성(金田城)[14] 터로 올라가기 위해서인데, 나는 자신이 없어서 배에 남았다. 담배를 피우고 있으니 선장과 기관사가 조타실에서 나왔다. 배는 전세를 낸 것으로 다른 손님은 없었다. 이 주변의 바다에서는 뭐가 잡히는지 물으니, 전복, 소라, 오징어 같은 거라고 답하고 선장은 산기슭의 바위를 가리켰다. 표고버섯 같은 것이 군집해 있는 것이 보인다. 쓰시마 돌굴인데 지금은 철이 아니지만 맛있다고 한다.

일흔 정도 되는 선장은 건장한 삭발 머리를 하고 말을 잘했다.

"옛날에는 전복에서 천연 진주가 나왔는데 그걸 저쪽(조선)에 가져가서 쌀하고 바꿨는데, 계속 그렇게 해서 ……."

선장이 말하는 '옛날'은 언제를 가리키는지 알 수 없지만, 당연히 저쪽에서도 쌀 같은 것을 가지고 왔을 것이다. 천연 진주로 그것이 가능했던 시대는 중세 이전 무렵이 아닐까. 그러나 선장의 말 사이사이에는 현대와 이어진 것이 느껴졌다. 소 사다모리 이후의 사무역의 실태는 현대의 어민에게 친근한 것으로 남아 있을 것이다.

처음에 언급한 신문의 뉴스 그래프인데, 지금도 그러한 일이 있는지 물었다. "글쎄요"라고 선장은 거기에는 부정도 긍정도 하지 않고 다른 이야기를 꺼냈다.

"저쪽 해협(조선해협)에서는 배들끼리 연장을 빌리거나 빌려주기도 하고 약간의 물물교환 정도는 …… 그런 습관은 옛날부터 있었어요."

또한 거친 파도를 만나면 섬의 배에 섞여 저쪽 배도 만의 후미로

---

14) 663년에 백제를 구원하기 위해 출병한 일본군이 백촌강 전투에서 패배한 후 나당연합군의 침공에 대비하여 667년에 대마도에 축조한 백제식 산성.

피난하는 일도 있다고 한다.

해협의 고기잡이를 둘러싼 연안 어민의 표정은 복잡한 것 같다. 쓰시마의 동쪽과 서쪽에서는 지리적인 차이에서인지 한국의 어선에 대한 반응이 각양각색인 것 같다. 한편은 일본의 전관수역을 침범해 오는 저쪽 배에 분노를 표출하며 젊은이들 사이에서는 화염병이라도 던지며 한국의 배를 물리치고 싶다는 강경론도 있다고 한다. 그렇게 함으로써 여론을 일으켜 정부에 전관수역 규제를 엄격히 하게 하는 수법이다.

반대편 어민은 그러한 '선 긋기'의 문제보다 자유로운 고기잡이를 바라며 물고기의 보고인 조선 쪽 수역 안으로 출입하고 싶어 한다고 한다.

동쪽도 서쪽도 그런 말을 하는 층은 영세 연안 어민인데, 대개 그들은 이승만의 '이 라인' 시대를 그리워한다고 한다. 이 라인은 일본 대기업에 의한 선단에는 규제를 가했지만, 쓰시마의 어선은 자유로운 고기잡이가 가능했다.

전쟁 전에는 상당한 조선인이 이 섬에 살고 있었다고 선장은 말했다. 그들의 대부분은 산에서 살면서 거기에서 숯을 구웠다. 파고들 여지가 없었던 그들에게는 산이 있었다. 지금은 그러나 북이나 남으로 귀국하여 실체는 알 수 없지만, 소수의 사람들이 계속 살고 있다고 한다.

귀국이라고 하면 쓰시마에서 북의 공화국으로 귀국한 사람 중에 김광화(金廣和)라는 소년이 있었다. 김 소년은 1971년 초여름에 일가와 함께 귀국했는데, 고고학계에 하나의 선물을 남기고 돌아갔다.

전날 우리가 히타카쓰에 도착한 것은 정오쯤이었다. 후루사토(古里)라는 마을은 햇빛을 받으며 정적에 쌓여 있었는데, 나가토메 씨가 길

194

가를 가리켰다. 높이가 몇 미터 정도 되는 언덕에 오르자, 쪽빛 돌로 둘러친 석관이 있었다. 1971년에 조사되어 동검이나 토기 등이 다수 출토되었다. 그것들은 야요이 시대의 것이라고 하는데, 석관을 포함해서 모두 조선식 유물이었다.[15]

히타카쓰 소학교 5학년이었던 김 소년은 후루사토를 다니면서 토기 조각들을 모았다. 지상의 유물에서 땅속의 유물로 호기심이 깊어졌을 것이다. 어린 탐구심이 이윽고 본격적인 학술조사의 계기가 되어 석관의 수수께끼는 2천 년 만에 풀렸던 것이다. 오래된 조선의 유물이 묻혀 있던 유적을 김광화라는 조선 소년이 발견했다는 것은, 우연이기는 하지만 조선과 쓰시마의 인연 같은 것을 느끼지 않을 수 없다.

선대부터 오래 살아온 쓰시마와 헤어지기 직전에 발견하여 조사 당시에도 도움을 주고 공화국으로 떠났다고 하는 것도 극적이어서 우리의 마음을 울리는 바가 있었다.

팔색조

오후에 이즈하라로 나와 점심을 먹고 마지막 코스인 시모아가타군 남단을 돌기로 했다. 도중에 몇 곳을 방문하면서 쓰쓰(豆酘) 구네하마(久根浜)의 다이코사(大興寺)에 도착한 것은 5시쯤이었다. 수가 줄었다고 하는 쓰시마 말 몇 필이 올벼 다발이나 잡초를 등에 싣고 천천히 걷는 것이 보였다. 이 주변 농가가 다이코사의 단가(檀家)일 것이다.

---

15) 도노쿠비(塔の首) 유적을 말한다. 후루사토 마을 안에 있으며, 구릉의 능선에 있는 상자식 석관군으로 이루어져 있다. 1971년에 발굴조사가 이루어져 4기의 석관이 발견되었다. 이 유적은 한반도 계열의 특색을 가진 토기와 기타큐슈 계열 유물이 혼재되어 있어 일본과 한반도 사이의 교류의 문호로서의 쓰시마의 위치를 생각할 때 빼놓을 수 없는 것이 되었다.

작은 만물상에서 나온 아이들이 과자를 먹으면서 지나간다. 처마 끝의
돌절구나 항아리는 지금도 현역인 듯하다. 땅에 발을 딛는 삶의 민낯
이라고 할까. 여유롭다.

그림 4-6 구네하마의 마을

다이코사에 들어서자 아이들이 당내에서 놀고 있었는데 이십 대로
보이는 젊은 승려가 아이들을 마당으로 내려가게 했다. 이 절도 본존
을 비롯한 세 구의 협시(夾侍)는 고려 불상이며, 그중에서도 16cm 정
도의 탄생불이 일행의 인기를 한몸에 받았다. 탄생불이라서 나체인데,
'천상천하 유아독존'의 그 포즈로 미니스커트를 입고 있었다.

차가 있는 곳까지 가는 도중에 동행인 중 한 명이 "뭐야, 부처는 조
선이 만들고 공덕은 일본이야?"라고 혼잣말을 했다. 묘하게 분리하고
있다고 생각했으나, 이야기를 듣고 보니 공덕은 무엇인지 생각하게 만
든다. 또한 부처든 신이든 그것은 무엇일까 하는 생각도 든다.

이즈하라로 돌아가기 직전에 산을 또 하나 올라갔다. 북서쪽 저녁
하늘이 어쩌면 개어 있을지도 모른다는 한 줄기 희망에서였다. 설령

뚜렷이 보였다 해도 50km 앞의 저쪽에 무엇이 보일까. 하지만 화석이 되어 가는 고향은 모두를 쉽게 포기하게 만들지 않는다.

몇십 년 동안 고국을 나와서 일본에 살고 있지만, 그렇게 고국을 뒤로 한 것도, 또한 돌아갈 수 없는 사정도 내 책임이 아니다. 그러한 입장에 놓인 나라는 존재는 무엇일까 하는 생각을 한 것은 나뿐만은 아닌 듯하다.

동생이 부산에 있다는 사람도 일행 중에 있었다. 쓰시마로 출발하기 이틀 전에 일부러 부산으로 국제전화를 걸어 며칠 몇 시경에 부산 어딘가의 산에 오르라고 말해 두었다는 것이다. 서로 하늘을 바라보며 하다못해 그리움이라도 이어지도록 하려는 것이리라.

팔십이 넘은 아버지가 고향에서 건재하다는 사람도 있었다. 어느 날 전화를 걸어와서 "너는 결국 안 돌아오느냐" 하고 물어 왔는데, 그 한 마디를 끝으로 아버지와 아들은 더는 말을 잇지 못했다고 한다.

하늘에 뻗어 있는 구름은 짙고 거기로 해가 떨어져서 잿빛을 띤 역광이 발밑의 산맥을 덮기 시작했다.

쓰시마에는 팔색조가 조금 서식한다고 한다. 『쓰시마 풍토기』 6호에서 사이토 히로유키(斎藤弘征)가 탐조 경과를 보고하고 있다. 이 새는 좀체 모습을 드러내지 않는 새인 듯하다. 그래서 미리 울음소리를 녹음해 두었다가 그것을 나무 사이에 스위치를 켜서 놓아두었다. 그러자 어디선가 팔색조가 몇 미터 나뭇가지 위까지 날아와서 그리운 듯이 기계 소리에 맞춰 지저귀면서 좀체 날아가려 하지 않았다고 한다.

이것을 읽은 나는 우리의 행동이 이 팔색조와 어딘가 닮지 않았나 생각했다. 고국의 거기에는 내가 태어난 '녹음'이 있고 각각의 목소리로 지저귐이 남아 있다. 또한 그 땅이나 동족의 지저귐도 여기에서는 보다 친근하게 전해질 것이라는 생각에 이끌렸다.

그러고 보니 이번 쓰시마 행도 천년 이천년의 이 섬의 문화의 '지저귐'에 이끌린 것이었다. 질적으로도 양적으로도 압도적인 지저귐을 만날 수 있었는데, 하지만 그런 풍경은 과시나 위압적인 곳이 없다. 소박하고 밝고 해방적이고 사람들의 마음에 자연스럽게 스며오는 것이 있었다. 어디까지나 이어지는 오솔길과 후미, 손짓하며 부를 정도로 가까운 조선 남단, 거기에 꽃 핀 문화는 점차 규슈지방으로 전해지는데, 그 소박한 모습에는 일종의 애환을 동반한 강인한 생명력을 느꼈다.

(『日本のなかの朝鮮文化』 20, 1973)

3. 김달수 「쓰시마까지」(1975, 한국어역)

앞글의 저자인 정귀문과 김달수는 함께 쓰시마를 방문하였고, 김달수가 이 체험을 소설화한 것이 이 작품이다. 앞의 정귀문의 방문기에서 일행은 흐린 날씨 탓에 결국 쓰시마에서 고향을 바라보려 했던 소망을 이루지 못했다. 이에 1974년 10월 하순에 김달수는 이진희, 정조문 등과 함께 다시 쓰시마를 방문하여 다시 한 번 고향을 바라보려는 소망을 이루려 한다. 해방이 되었음에도 고향에 가지 못하고 쓰시마까지밖에 갈 수 없는 이들의 이야기를 통해 해방, 민족, 국가의 의미를 되묻는 작품이다. 김달수(金達壽, 1920-1997)는 경상남도 창원 출신으로 10세에 도일하여 고학으로 니혼대학 예술과에서 수학했다. 『가나가와신문(神奈川新聞)』의 사원을 거쳐 해방 후에는 조련 결성에 참여했고 1946년에는 『민주조선』을 창간했다. 『현해탄』(1954) 등의 소설을 다수 발표하여 재일조선인 문학을 개척한 작가로 일본문학계에 주목받았다. 1958년에 발표된 『조선』(岩波新書)이 총련에 비판을 받으면서 조직활동과 거리를 두게 되었고, 이후 고대 한일관계사에 관심을 갖고 역사 저술을 이어갔다. 1981년에 이진희, 강재언 등과 함께 방한하여 파문을 일으켰다.

쓰시마까지*

김달수

전날 밤에는 이신기(李申紀)¹⁶⁾와 함께 교토(京都)에 사는 정정문(丁正文)¹⁷⁾의 집에 머물다 다음 날 아침에 정정문도 함께 오사카(大阪)공항으로 향했다. 비행기 표도 미리 준비되어 있었기 때문에 오사카에서 후쿠오카(福岡), 후쿠오카에서 이키(壱岐)로, 그건 내친걸음에 갈 만한 곳이었다.

둘 다 합쳐도 소요시간은 1시간 반 정도였고, 특히 후쿠오카에서 이키까지는 어이없을 정도였다. 비행기가 이륙했나 싶더니 벌써 이키공항이었다.

이키는 지도에서 볼 땐 현해탄에 떠 있는 작은 섬이었는데, 거기에 발을 딛고 보니 그런 먼 곳에 있는 작은 섬 같은 느낌은 조금도 들지 않는다. 낮고 완만한 청록의 산지가 맑게 갠 가을 햇살 아래 시야 한가득 펼쳐져 있다.

그것은 1년쯤 전에 처음으로 이 섬을 통과했을 때와도 같았다. 딱히 달라진 건 없다.

우리는 그 청록의 산지 사이로 구불구불한 하얀 도로를 택시를 타

---

　* ©Kanagawa Bungaku Shinkokai 2024

16) 조선고대사학자인 이진희(李進熙, 1929-2012)로 추정되는 인물.
17) 정조문(鄭詔文, 1918-1989)으로 추정되는 인물. 경상북도 출신. 사업을 하면서 조선 미술품을 수집했으며, 1969년에는 잡지 『일본 속의 조선문화(日本のなかの朝鮮文化)』를 형인 정귀문과 함께 창간한다. 1988년에는 교토에 고려미술관을 개관했다.

고 고노우라(鄉ノ浦)에 이르렀다. 쓰시마까지는 아직 비행기가 개통되지 않아서 거기에서 배를 타야 했기 때문이다.

비행기가 이키에 도착한 것은 오후 4시, 쓰시마에서 오는 후쿠오카행과 엇갈려서 이쪽 후쿠오카를 출발해서 기항한 쓰시마행 선박이 출발하는 것은 5시 30분이었다. 그때까지 아직 한 시간 넘게 남았다. 그 또한 1년쯤 전에 처음 왔을 때와 같았다. 그러나 그때는 우리 셋 외에 동행인이 대여섯 명이나 있었으니 함께 떠들어대는 사이에 어느새 시간이 지나가곤 했다.

하지만 이번에는 셋뿐이었기 때문에 생각하는 거나 느끼는 게 왠지 모르게 울적해져서 우리는 그 시간을 주체하지 못했다. 그렇다고 어디론가 가보려 해도 그만한 시간으로는 어중간했다.

우리는 저마다 대기실 벤치에 앉거나 거기에 있는 기념품 가게들을 둘러보거나 했지만 결국 다시 셋이 함께 모여 작은 항구의 그 근처를 어슬렁거리곤 했다. 아무도 말을 잘 하지 않고 잠자코 있기 일쑤였다. 그리고 우리는 그 시간을 견디고 있었다.

셋 중 누군가가 잘못해서, 혹은 제대로 무슨 말을 한다면 우리의 이번 여행은 일거에 그 뿌리가 무너져 버리지 않을 거라곤 장담할 수 없었다. 예를 들어 누군가가, "이제 바보 같아졌어. 먼저 도착하는 후쿠오카행 쪽을 타고 난 돌아갈 거야"라고 말을 꺼낸다면, 그것으로 끝장이 날지도 모른다.

우선 후쿠오카공항에서 쓸데없는 질문을 한 게 안 좋았다. 우리는 후쿠오카공항에서 이키행 비행기를 갈아탔는데, 그 사이 30분 정도 시간이 있었다.

그래서 우리는 후쿠오카공항 대기실에서 담배를 사거나 하면서 잠깐 어슬렁거렸다. 그러다가 흘끗 보니 지난번에는 몰랐는데 빨간 제복을 입은 젊은 여자 안내원이 앉아 있는 등 뒤에 각국이나 각지로 날아 가는 비행기의 시간을 알리는 전광판이 있었고 거기에 부산행 대한항 공이라는 게 있었다. '부산이구나' 하면서 나는 거기로 다가가 여자 안 내원한테 이렇게 물어보았다.

"부산까지 얼마나 걸려요?"

"40분입니다"라고, 빨간 제복을 입은 여자가 바로 대답했다.

"그렇군요. 그럼 요금은 ……"

"9천5백 엔입니다." 여자는 이것도 곧바로 대답했다.

"9천5백 엔에 40분이군."

나는 거기 서 있는 정정문과 이신기를 향해 말했다. 그리고 나는 그걸 끝으로 입을 다물어 버렸던 것이다.

우리도 그 사실을 까맣게 몰랐던 것은 아니었다. 후쿠오카뿐만 아니 라 도쿄나 오사카에서도 그곳 공항을 '아침에 나서면 조선에서 점심을 먹는다'는 것은 우리도 오래전부터 알고 있었다.

그럼에도 불구하고, 생각해보면 정말 바보 같은 일이고 화나는 일이 기도 했다. 대체로 세 사람 중에서 가장 젊었던 건 역사가 이신기였는 데, 그런 그마저도 이미 사십을 절반 지났고, 나와 정정문은 모두 오십 중반의 초로가 된 남자들이었다. 누구나 그렇겠지만 이 정도 나이를 먹은 남자라면 사회적으로도 여러 가지 일이 있고 각자 일도 바쁘다.

문필을 업으로 하는 나와 이신기만 해도 그렇지만, 특히 사업가 정 정문은 다망한 몸이었다. 정정문은 그러면서도 『일본의 조선문화(日本 の朝鮮文化)』[18]라는 잡지도 발행하고 있었으니 더욱 그렇다.

그러나 그럼에도 불구하고 달리 이렇다 할 목적도 없이 멀기도 먼 이키까지 와서 거기다 또 왜 쓰시마의 끝까지 가려고 하는가. 설령 그

---

18) 1969년에 창간된 『일본 속의 조선문화(日本のなかの朝鮮文化)』를 가리킨다.

게 우리에게는 절실한 것이었다 하더라도, 생각해보면 이보다 바보 같은 짓은 없었고, 보기에 따라서는 우스꽝스럽기까지 했다.

그 바보 같은 짓의 발단은 1년쯤 전의 쓰시마 행이었다. 아니 그게 아니라 그 이전부터 우리는 저마다 한 번쯤 쓰시마까지 가보고 싶어 했던 것이다. 쓰시마까지 가면 어떨까 하고 이신기나 정정문도 이 일은 하나의 등불처럼 생각했던 것 같았지만, 거기에 기름을 부은 것은 나였던 모양이다.

꽤 오래전부터 정정문이 5, 6년 전에 교토에서 『일본의 조선문화』를 발행하기 전부터 쓰시마까지 가면 조선이 보인다는 것을 나는 어디선가 들었다. 그러나 반신반의하는 마음으로 그럴 수도 있겠다는 생각을 하고 있었는데, 2, 3년 전의 일이었다.

나는 한 신문사가 도쿄의 백화점에서 개최한 「야요이 시대전(弥生時代展)」이라는 전시를 보러 갔다가 거기에서 잠시 발을 뗄 수 없었다. 야요이 시대의 도기나 그 시대의 인골과 같은 전시품이 드문 것이어서 그랬던 건 아니다.

그보다도 들러리로 벽에 걸려 있는 한 장의 패널 사진에 나는 눈을 빼앗겼던 것이다. 파노라마풍으로 솟아 있는 섬을 중심에 놓은 바다의 항공사진이었는데, 그 설명을 보니 “쓰시마에서 조선(부산)을 바라보다”라고 되어 있다.

이른바 야요이 문화의 도래 경로를 나타낸 것이었지만, 물론 나는 그 ‘바라보는’ 쪽을 보았다. 그러자 바로 앞쪽의 쓰시마만큼 선명하지는 않지만, 거기에도 파노라마풍으로 솟아 있는 육지의 산들이 보이지 않는가.

‘아, 부산이구나’라고 생각하면서 나는 가슴이 뜨거워져서, 그 한 장의 패널 사진 앞에서 언제까지나 서 있었던 것이다. 그 부산에서 내 고향은 거의 근처였다.

생각해보면 이것도 바보 같은 소리였지만, 나는 그 이야기를 정정문이나 이신기에게도 했던 것이다. 그 뒤로는 세 사람 사이에 조선 이야기가 나오면, 언젠가 쓰시마까지 가보고 싶다며, 누군가가 말하곤 했다.

그러던 것이 지난해, 1년쯤 전에 급속히 실현된 것은 잡지 『일본의 조선문화』에 실린 나라국립박물관 문부기관(文部技官) 기쿠타케 준이치(菊竹淳一)의 논문 「쓰시마의 조선계 불상과 조각(対馬の朝鮮系仏像と彫刻)」19)때문이었다. 이 논문에서 다룬 것은 나중에 「신라 불상과 조선왕조 사령(辭令) 쓰시마에서 발견, 조만간 중요문화재 지정을 자문」이라는 신문기사로도 된 것으로, 그 기사를 보면 이렇다.

나가사키현 쓰시마에 지금으로부터 약 1200년 전에 조선반도에서 만들어진 것으로 보이는 불상과 왜구의 역사를 말해주는 고신(告身=사령) 3통이 있는 것으로 밝혀져 문화청이 도쿄로 가지고 와서 조사했는데, 나가사키현 문화과로 이번에 "모두 국가의 중요문화재로 지정할 가치가 있다. 문화재 보호 심의회에 자문하겠다"는 연락이 왔다. 이 심의회는 3월 18일부터 열려 22일에 문부대신에게 결과가 답신된다.

불상은 미네촌(峰村) 기사카(木坂)의 가이진신사(海神神社)에 안치되어 있던 여래입상(높이 38.3cm, 청동제)이다. 통일신라시대(668~935) 초기에 만들어진 신라 불상으로 머리 부분이 크고 나발(螺髮, 무수한 소용돌이 모양의 두발)의 알갱이가 일본 불상에 비해 작은 것이 특징이다. 최근에 나가사키현의 의뢰로 쓰시마 전도의 문화재 조사를 한 나라국립박물관 기쿠타케 준이치 기장은 보고서에서 "신라 불상은 조선반도를 비롯해 일본이나 구미에도 있지만, 높이가 30cm를 넘는 대형은 극히

---

19) 菊竹淳一, 「対馬の朝鮮系仏像と彫刻」, 『日本のなかの朝鮮文化』 18, 1973.

드물다. 또한, 이목구비가 뚜렷하고 법의 조각이 훌륭해 조선반도에도 이와 견줄 만한 것은 없을 것"이라고 말했다. 쓰시마에 어떻게 도래했는지 자세한 것은 알 수 없으나, 당시에는 무역선 왕래가 잦아 선원들이 바다의 수호신인 이 신사에 봉납했다는 설이 강하다.

신문기사는 계속 이어진다. 좀 길지만 쓰시마가 어떤 곳이었는지, 지금은 어떤지 뿐만 아니라 앞으로의 일에도 여러 가지 관련이 있기 때문에 그것을 좀 더 살펴보고자 한다.

'고신'은 조선의 이왕가(李王家)[20]가 왜구 세력을 진정시키기 위해 쓰시마의 호족들에게 벼슬을 주고 생활을 돌볼 때 건네준 사령서이다. 3통 모두 미쓰시마정(美津島町) 오사키(尾崎) 143, 니이(仁位)중학교장 소다 히데오(早田英夫) 씨(52)의 집에 오래전부터 있었던 것으로, 그중 하나는 조선 연호로 '성화(成化) 18년(1482) 3월'이라고 쓰여 있다. 모두 이왕가의 금인(金印)으로 보이는 도장이 찍혀 있다. 일본에서는 지금까지 발견된 적이 없고 조선반도에서도 거의 남아 있지 않은 것으로 알려진 필적이다.

쓰시마는 지난 1972년 11월부터 페리로 후쿠오카와 연결되었다. 이를 계기로 규슈 각 현을 시작으로 도쿄, 오사카 등지에서 오는 관광객이 급증하여, 작년 1년간 약 12만 명이 다녀가 취항 전의 약 1.7배나 증가했다. 동시에 구택에 전해지는 민구(民具)와 불상 등을 사들이는 브로커가 늘었다. 그로 인해 쓰시마의 자연과 문화를 지키는 모임(고토 미쓰루(古藤滿) 회장, 8개 단체 100명)이 중심이 되어 문화재 보호 운동이 고조되었고, 지난해 8월에 나가사키현이 문화청의 협력으로 처음으로 본격적인 조사를 실시하여 이 유산들이 발굴되었다.

---

20) 이왕가(李王家)는 1910년 한일 병합 조약 이후 대한제국 황실을 격하하여 부른 명칭이었다. 하지만 패전 이후에도 일본에서 여전히 쓰였던 것을 알 수 있다.

우리는 이 신문기사보다 앞의 기쿠타케의 논문을 보았을 때부터 이미 하나의 생각을 굳히고 있었다. 우리도 쓰시마에 가서 현장에서 그것들을 조사하고 이를 토대로 좌담회를 하자는 것으로, 좌담회는 물론 『일본의 조선문화』지를 위한 것이었다.

대체로 정정문이 사재를 털어 발행하고 있는 『일본의 조선문화』라는 것은 이상에서 살펴본 쓰시마뿐만 아니라 야마토(大和)[21]의 나라(奈良)를 비롯하여 일본 어디서나 볼 수 있는 고대 조선에서 건너온 문화유적에 새로운 조명을 비추는 것이 그 목적이었다. 그리고 지금까지 왜곡된 조선과 일본의 관계사를 바로잡는 데 기여하기 위해 창간호부터 이어져온 일본 역사가나 고고학자, 작가 등을 중심으로 한 좌담회가 하나의 인기기사 같은 것이어서, 이는 지금까지 두 권의 책으로 정리되어 다른 출판사에서 간행되기도 했다.[22]

이처럼 『일본의 조선문화』에는 일본인 측의 직접적인 협력자도 적지 않았다. 예를 들어, 나와 이신기가 조선인 측 관계자라면, 교토에 거주하는 저명한 역사가 우에다 마사유키(植田正行)[23]나 작가 시다 다로(志田太郎)[24]는 일본인 측을 대표하는 협력 고문 같은 위치였다.

우리는 그 협력자인 우에다나 시다한테도 타진하여 「쓰시마와 고대

---

21) 원래 나라(奈良)분지를 가리키는 명칭이었던 야마토가 왕권의 본거지가 되었고 세력이 확대되면서 야마토가 가리키는 범위도 확대되어 도호쿠(東北)지역 남부에서 규슈까지를 통치하는 율령국가의 명칭이 되었다.
22) 司馬遼太郎・上田正昭・金達寿 編, 『日本の朝鮮文化: 座談会』, 中央公論社, 1972; 司馬遼太郎・上田正昭・金達寿 編, 『古代日本と朝鮮: 座談会』, 中央公論社, 1974.
23) 일본고대사학자인 우에다 마사아키(上田正昭)로 추정되는 인물.
24) 일본의 소설가 시바 료타로(司馬遼太郎, 1923-1996)를 가리킨다. 역사소설이나 수필, 기행문 작가로 유명하며, 1971년부터 1996년까지 43권을 집필한 『가도를 가다(街道をゆく)』(朝日新聞社) 시리즈는 대표작이다. 특히 제13권은 '이키, 쓰시마의 길(壱岐・対馬の道)'로, 1978년에 『주간 아사히(週刊朝日)』에 연재된 후, 1981년에 『街道をゆく 13: 壱岐・対馬の道』(朝日新聞社)로 간행되었다.

조선문화』라는 좌담회를 갖기로 하고 즉시 쓰시마로 가기로 했다.[25]
바로 떠나자고 하기는 했지만, 그때까지는 여러 가지 준비도 필요하고
게다가 쓰시마까지 가자면 아무래도 2, 3박 이상의 시일이 필요하기
때문에 결국 여름도 끝나가는 8월 23일부터로 정해졌다.

여러 가지로 필요한 준비 중에는 『쓰시마의 고대문화』의 저자이자
현지에 거주하는 향토사가인 나가노 히사유키(長野久敬)[26] 같은 사람
에게도 협력을 구하는 일 등이 있었지만, 그래도 이번만큼은 나는 그
런 말을 들어도 거의 건성이었다. 쓰시마에 있는 그런 조선문화 유적
을 조사하고 답사하는 것에도 흥미와 관심이 없지는 않았다. 그러나
그보다 나에게는 또 다른 목적이 하나 있었던 것이다.

나는 그 또 다른 목적 쪽으로 관심이 대부분 향해 있었는데, 그건
이신기나 정정문만 해도 마찬가지였다. 그래서 당시의 쓰시마행에는
좌담회 출석 멤버뿐만 아니라, 도쿄나 간사이(関西)에 있는 친구 몇 명
에게도 함께 가자고 권유한 탓에, 출발하려고 보니 총인원이 7, 8명이
되었다.

오사카공항에서 합류한 인원수를 보고 우에다는 무슨 일인가 하고
놀란 듯, "이번에는 꽤 많군요"라고 하면서 모두를 둘러보았다.

"네, 많습니다." 나는 그렇게 대답하고 웃으며 말했다.

"그들도 모두 쓰시마에서는 꼭 보고 싶은 게 있다고 하네요."

---

25) 실제로 우에다 마사아키(上田正昭), 오카자키 다카시(岡崎敬), 김달수, 기쿠타케
준이치(菊竹淳一), 나가토메 히사에(永留久恵), 이진희가 참가한 좌담회가 이루
어져 「좌담회 쓰시마와 조선을 둘러싸고(座談会 対馬と朝鮮をめぐって)」라는 제
목으로 『日本のなかの朝鮮文化』 20호(1973)에 게재되었다.
26) 나가토메 히사에(永留久恵)로 추정되는 인물로, 그가 썼다는 『쓰시마의 고대문
화』는 『쓰시마의 고적(対馬の古跡)』(対馬郷土研究会, 1965)을 가리키는 것으로
보인다.

그러나 밤에 쓰시마의 여관에 도착하고 얼마 안 있어 우에다도 그들이 무슨 일로 거기까지 왔는지 금방 알았던 것 같다. 우에다는 분단된 남북조선과 우리의 관계가 어떤 것인지에 대해서도 잘 알고 있었기 때문이다.

배가 쓰시마의 이즈하라(嚴原)에 도착한 것은 저녁 8시가 넘어서였기 때문에 우리 일행은 그 길로 곧장 여관으로 들어갔다. 여관은 쓰시마의 어느 중학교 교장이기도 했던 향토사가 나가노 히사유키가 마련해 준 것으로 식사 때가 되자 나가노도 함께 어울려 약간의 연회처럼 되었다.

"저, 나가노 선생님."

도쿄에서 함께 온 서삼순(徐三淳)[27]이 맥주로 붉어진 얼굴을 돌리며 물었다.

"여기 쓰시마에서는 조선이 보인다는데 사실입니까?"

"네, 그렇습니다. 맑은 날은 잘 보입니다."

정말로 온후함 그 자체 같이 느껴지는 나가노는 고요하고 가느다란 목소리였지만, 그러나 분명하게 그렇게 말했다.

"아, 그런가요."

서삼순은 갑자기 움츠러든 우리 쪽을 황급히 돌아보며 다시 질문을 이었다.

"그건 어디서, 어디로 가면 가장 잘 보이나요?"

"글쎄요. 이 근처에서는 가미자카(上見坂) 전망대에서도 볼 수 있고, 내일 우리가 가기로 한 미네촌 기사카의 가이진신사에서도 보이지만,

---

27) 미상. 재일조선인 실업가 서채원(徐彩源, 1922-?)으로 추정되는 인물. 서채원은 1975년에 김달수 등이 창간한 계간지 『삼천리(三千里)』의 사주였고, 1981년 3월에 김달수, 이진희, 강재언이 재일조선인 정치범 구명을 명목으로 방한했을 때 동행한 인물.

역시 가장 잘 보이는 건 센뵤마키산(千俵蒔山)일 거에요."

"센뵤마키산 ……이라면 그건 어디쯤인가요?"

이번에는 잠자코 듣고 있던 이신기가 몸을 내밀 듯이 물었다. 그리고 그는 뭔가 생각난 듯 뒤에 놓여 있는 자신의 여행 가방을 열기 시작했다. 쓰시마 지도를 꺼내는 듯했다.

"거기는 훨씬 북쪽인데요."

나가노는 답한 후, 이신기가 지도를 꺼내는 동안 말을 더 이어갔다.

"그래서 이런 얘기까지 있어요. 북쪽 외곽에 고라이산(高麗山)이라는 게 있는데 이건 지금 자위대 기지가 되었지만, 이 자위대에 있는 최신식 망원경으로 보면 부산 근처 농가 마당에서 먹이를 쪼는 닭의 발까지 보인다고 하더라고요."

"야, 그건 잘됐네요!"

"그렇군요."

나가노가 언급한 건, 자위대는 그런 최신식 망원경을 갖추고 항상 남조선 한국의 부산항을 감시하고 있다는 것이기도 했는데, 그래도 우리는 그런 것 따위는 조금도 아랑곳하지 않고 어린애처럼 떠들어대며 기뻐했다. 물론 나도 그중 한 명이었다.

'부산이 보인다'고 그렇게 들었을 뿐인데도 나는 복잡한 생각에 가슴이 막히는 것을 억누를 수 없었다. 그래서 더욱 그런 걸 감추려고 큰소리를 지르곤 했는데, 정신을 차리고 보니 서삼순과 오사카에서 온 김태영(金太永)[28]은 어렴풋이 눈에 눈물이 맺혀 있었다.

정정문도 그런 얼굴을 하고 있었다. 이렇게 된 이상, 내일부터 있을 유적 조사고 뭐고 아무 상관도 없어졌다. 그것보다는, 아니 무엇보다도 먼저 그 센뵤마키산이라는 곳에 가봐야 한다.

---

28) 미상. 재일조선인 작가 김태생(金泰生, 1924-1986)으로 추정되는 인물.

"나가노 씨." 그때 숙이고 있던 얼굴을 들면서 우에다가 말했다. "어쩌면 모르실지도 모르지만, 북쪽의 공화국도 그런데, 이 사람들은 모두 남쪽의 한국에 갔다 온다거나 가본다거나 할 수 없는 사람들이 거든요."

"아아, 그래요?"

그때까지 싱글벙글하던 나가노는 표정이 바뀌었다. 그는 처음 알게 된 것 같았다.

"이 사람들이 그렇게 된 건, 우리 일본인의 책임이기도 하다고 생각하거든요. 그런 까닭에 내일은 우선 그 센뇨마키산부터 안내해 주시지 않겠습니까?"

"네, 알겠습니다. 그렇다면 아침 일찍 나서는 게 좋겠어요. 맑다고 해도 이런 계절이면 금방 구름이 끼니까요."

나가노는 아직 어리둥절한 표정이었지만 우에다의 말에 따라 그렇게 응대해 주었다. 우리는 우에다나 나가노 같은 사람들에게 그런 '일본인의 책임'을 추궁할 마음 따위는 조금도 없었다. 그러나 우에다의 그 말에는 모종의 진실이 담겨 있었다.

얼마 전 야마토 아스카(飛鳥)에서 다카마쓰즈카(高松塚) 벽화고분이 발견되면서[29] 일본의 역사가나 고고학자들 사이에 비로소 조선에 대한 관심이 높아져서 상당수의 역사가와 고고학자들이 남조선 한국을 방문했다. 우에다도 그것을 기회로 다녀온 사람이었다.

그래서 우리는 한국에서 돌아온 우에다를 둘러싸고 하룻밤 이야기

---

[29] 1970년에 나라현 아스카촌(明日香村) 농부가 땅을 파다가 우연히 발견하여 다카마쓰즈카 고분 발굴조사가 1972년 3월부터 개시되었고, 극채색의 벽화가 발견되어 이목을 집중시켰다. 고분의 피장자가 한반도계 왕족이라는 주장도 제기되어 남북한 학계에서도 주목되었는데, 특히 같은 해 10월에 열린 학술조사에는 김석형을 단장으로 하는 북한의 조사단도 참가했다.

를 듣게 되었다. 그러자 우에다는 먼저 우리에게 이런 말을 하고 고개를 숙였다.

"여러분, 정말 죄송합니다. 일본인인 나는 다녀올 수 있어서 ……"

우리는 여전히 왁자지껄 떠들어대며 이신기가 꺼낸 쓰시마 지도에서 센뵤마키산을 확인했다. 우리가 있던 이즈하라에서 보면 그곳은 최북단에 가까운 서쪽 곶이라고 되어 있다.

따라서 거기까지는 상당한 거리였기 때문에 아침 일찍 도착하려면 꽤 일찍 일어나야 했다. 나처럼 밤이 늦은 대신 아침도 늦은 생활자에게는 엄청난 일이었지만, 그러나 그런 것쯤 무슨 대수겠나. 우리는 여관에 아침 식사는 주먹밥으로 부탁하고 그것을 먹는 건 센뵤마키산으로 하여, 5시에는 모두 일어나서 나가기로 했다.

"맑으면 좋겠는데요."

"그러게요."

나가노와 우에다는 얼굴을 마주보고 있었는데, 그때 서삼순이 익살을 떨며 재미있는 말을 했다.

"내일 일기예보는 어떨까. 아니야, 모르는 게 나아. 요즘 일기예보는 잘 맞을 때가 있어서 곤란해."

각자 고향은 경상북도나 남도지만, 서삼순도 이신기와 마찬가지로 1945년 8·15, 즉 전쟁이 끝나기 직전에 거의 동시에 일본에 온 유학생들이었다. 도쿄에 있는 삼촌을 의지하여 왔을 때의 서삼순은 열여섯 살이었는데, 지금은 그도 벌써 마흔이 넘어 버렸다.

서삼순은 대학에서는 일본문학을 전공하면서 한편으로 아르바이트로 '총련(재일본조선인총련합회)' 산하 조선인상공련합회 기관지[30] 편집을 맡았다. 이 때문에 그는 '빨갱이'로 여겨져 고향의 경찰 명단에도

---

30) 『조선상공신문』을 가리킨다.

이름이 등록되어, 남아 있는 가족들까지 그와는 소식을 끊어야 했다.

우리는 다음 날 이른 아침 예정대로 이즈하라의 여관을 나섰다. 그리고 여관을 통해서 빌린 두 대의 승용차를 정정문과 서삼순이 운전해서 가미아가타(上県)에 있다고 하는 5, 60km 떨어진 센뵤마키산으로 향했다. 날씨는 다행히 약간의 구름은 보였지만 맑은 날이라고 해서 안심했다.

쓰시마에 도착한 건 전날 밤 8시가 넘어서였기 때문에, 환한 햇빛 아래서 쓰시마를 보는 것은 이번이 처음이었다.

> 처음으로 한 바다를 건너 천여 리, 대해국(對海國)에 이르렀다. 대관(大官)은 비구(卑狗)라 하고 부관은 비노모리(卑奴母離)라고 한다. 절도(絶島)에 사는데 사방이 사백여 리라 한다. 땅은 험준하고 심림(深林)이 많으며 도로는 짐승이 다니는 길이나 마찬가지이다.

3세기 말엽에 쓰인 이른바 「위지왜인전(魏志倭人傳)」의 쓰시마에 관한 구절이다. "땅은 험준하고 심림이 많"다는 것은 지금도 변하지 않은 듯, 중첩된 청록색 산들이 어디까지나 이어져 있었다.

하지만 그렇다고 해서 내가 그런 경치 같은 걸 잘 봤다고 할 수는 없다. 이신기 등도 마찬가지였을 텐데, 나는 그저 센뵤마키산 쪽으로 마음이 쏠려 견딜 수 없었다. 만약 시간이 늦어 조선 땅이 보인다는 수평선 쪽에 구름이 끼어버리면 어쩌나 하고 생각하면 가슴이 철렁했던 것이다.

하지만 역시랄까 뭐랄까, 여기서 결과를 미리 말하면, 이때 우리는 결국 마지막까지 그 조선 땅을 볼 수 없었다. 그리고 다음 날 저녁 어느 고개에 다다랐을 때 모두는 "저건 섬 같은데, 거제도다!"라며 떠들어댔지만, 나는 도저히 그렇게 보이지 않았다.

이날 우리가 센뵤마키산 정상에 오른 것은 오전 8시가 조금 넘어서였다. 승용차를 내달려서 갔지만, 도중에는 아직도 "도로는 짐승이 다니는 길이나 마찬가지"인 곳도 있었고, 또 산꼭대기까지는 걸어서 올라가야 했다.

그래서 늦어진 탓인지 조선의 부산이 보일 터인 수평선은 완전히 두터운 구름으로 뒤덮여 있었다. '아아' 하고 생각했지만, 우리는 소리도 없이 억새 같은 띠만 무성한 센뵤마키산에서 각자 뿔뿔이 흩어져 앉은 채 그저 두터운 구름만 바라볼 수밖에 없었다.

하지만 그럼에도 불구하고 나는 눈에서 눈물이 쏟아져 견딜 수가 없었다. 나는 다른 사람들한테 그걸 보이고 싶지 않아서 참고 있었는데, 가슴에 막힌 것이 치밀어올라 어쩔 수도 없었다. 억누르려 하자 이번엔 콜록거리듯 흐느끼게 되었다.

나이도 지긋하면서 어린애 같은 행동을 했지만 물론 거기에는 여러 가지 생각이 담겨 있었다. 요컨대 나는 그런 내 자신이 애처로워서 견딜 수 없었다. 문득 둘러보니, 혼자만 한참 떨어진 저쪽 바위 밑에 앉아 있던 이신기도 두터운 구름에 덮인 부산 쪽을 응시한 채 두 눈에 자꾸 손을 갖다 대고 있었다.

다른 것도 없었다. 우리는 단지 수평선에 뻗은 두터운 구름만 보고 있다가 센뵤마키산을 내려가지 않으면 안 되었다. 그래서 여관에서 가져온 주먹밥 보따리를 풀어 아침 식사를 했지만, 그사이에도 구름은 조금도 움직이지 않았다.

그리고 우리는 센뵤마키산에서 북동쪽 해안을 이루고 있는 이른바 야요이 시대의 청동 창 등이 출토된 히타카쓰(比田勝)의 가야식 고분을 비롯해 예정되어 있던 유적과 유물들을 나가노 히사유키의 안내로 둘러보았다. 가야란 가라라고 불리기도 한 고대 남부 조선의 소국 이

름으로, 그 고분이 가야식이라는 것은 그것이 조선의 가야에서 이동해
온 자의 분묘라는 뜻이다.

게다가 나지막한 산꼭대기에서 히타카쓰의 항구와 촌락을 내려다보
듯이 만들어진 그 고분을 발견한 것은 히타카쓰의 소학교에 다니던
김모라는 조선인 소년이라는 것이었다. 그런 것에서도 어떤 무언가가
느껴져서 재미있었고, "역사의 인연 같은 것이로군요"라고 우에다 마
사유키도 말했지만, 그러나 나는 그것에도 거의 관심이 없었다.

그렇다면 군이 쓰시마까지 일부러 오지 않아도 일본 본토에도 얼마
든지 있지 않나라는 생각도 들었다. 그건 마치 무언가에 대해 인연을
군이 만드는 것과 같았다.

그리고 나서 다시 우리는 길고 좁은 쓰시마의 중간쯤에 해당하는
미네촌에 도착해 기사카의 가이진신사를 방문했다. 대마국의 으뜸가
는 신사로 일컬어진 오래되고 커다란 신사인데, 우리는 거기에 있는
고대 조선의 신라 불상과 고려청자 등을 보려고 했다. 하지만 여기서
나는 또 조금 실망하지 않을 수 없었다.

그 신사에 있는 신라 불상이나 고려청자가 어땠다는 게 아니다. 그
것은 모두 훌륭했고, 특히 8세기경의 것으로 보이는 동조여래입상인
신라 불상 등은 지금까지 본 것 중에서는 가장 뛰어난 것 중 하나였다.

내친김에 이 신사에 예전에는 신라에서 가져온 범종도 있었는데, 나
가노 히사유키의 『쓰시마의 고대문화』[31]에 이렇게 적혀 있다.

『대주신사지(對州神社誌)』에 '하치만궁청(八幡宮廳) 앞에 종루가 있어
보종(寶鐘)이 걸려 있다'라고 되어 있고, 또한 종루의 양문(梁文)에 게
이초(慶長) 14년이라고 적혀 있다. 이 종은 대중(大中) 4년(당 선종의 연

---

31) 永留久恵의 『対馬の古跡』(対馬郷土研究会, 1965)을 가리킴.

호. 854년)이라는 명(銘)이 있어 신라에서 만들어진 것이다. 『쓰시마 기
사(津島紀事)』에 명문이 기록되어 있는데, 지금 이 종은 전해지지 않는
다. 메이지(明治) 초기 신불(神佛) 분리 당시에 종루를 부수고 범종을
깨서 버렸다고 한다. 만약 이것이 남아 있었다면 대단한 국보가 되었
을 터이다.

안타까운 일이었다고 생각하지만, 그러나 나는 거기에도 별로 흥미
가 없었다. 그보다 나는 미네촌의 기사카에 있는 가이진신사까지 가면
거기서도 조선이 보인다고 하니 이번에는 거기에 기대를 걸고 있었던
것이다.

하지만 저녁이 되어 거기까지 가 보니 수평선의 구름은 한층 두텁
게 끼어 있었고 쓰시마의 하늘까지 흐려지기 시작했다. 그래도 우리는
산허리에 있던 가이진신사의 돌계단 위에서나, 또 경내에서나 눈을 부
릅뜨고 쳐다보곤 했지만 보이는 것은 바다와 구름뿐이었다.

"어제는 잘 보였는데요."

신라 불상 등을 보여준 신사의 궁사도 바다 쪽을 힐끗 쳐다보았다.

"오늘은 저러니 어쩔 수 없군요."

"공교롭게도 정말 안타깝습니다. 내일은 어떨까요? 맑았으면 좋겠
습니다만."

나가노는 마치 자신의 책임이라도 되는 양 진심으로 안쓰러운 듯한
표정을 지으며 그렇게 말했다.

우리는 이날 미네촌 여관에 묵었는데 저녁 식사 때 술기운에 각자
좀 거칠어졌다. 서삼순은 술에 취해 밤이 되자 그곳까지 찾아와 준 나
가노의 친구인 향토사가에게까지 별일도 아닌 것으로 시비를 걸거나
했다.

이 향토사가는 다음날 아소만(浅茅灣)의 조선식 산성을 보기 위한

배를 알아봐 준 사람이었는데, 그런 일이 있어서인지 다음날에는 끝내 모습을 보이지 않았다. 뿐만 아니라 다음날 쓰시마는 아침부터 완전히 흐린 날씨가 되어 버렸다.

우리도 그 흐린 하늘 같은 우중충한 기분으로 아소만 바다 쪽이 아니면 잘 오를 수 없는 조선식 산성인 가네다성(金田城) 터 등을 둘러보았다. 맑은 날은 이 아소만에서도 조선이 보인다고 했지만 구름밖에는 아무것도 보이지 않았다.

그리고 나서 우리는 더 남쪽으로 내려가, 시모아가타(下県)에서도 최남단에 있는 쓰쓰(豆酘)의 다쿠즈다마신사(多久頭魂神社)[32]에서 '천도(天道)님'이라고 불리는 돌로 쌓은 산신당을 방문했다. 전날부터 쓰시마를 거의 종단한 셈이었는데, 여기에 와서 우리는 겨우 조금 밝아졌다.

'천도님'이라고 하는 돌로 쌓은 산신당이 조선 것과 똑같은 것이었기 때문만은 아니다. 이곳에서는 산길 옆에 있던 밤나무에서 송이 밤을 따서 다들 떠들어대면서 그걸 발로 재주껏 까서 열매를 빼 먹거나 했다.

밤송이는 아직 파랬지만 그 껍질을 발로 밟고 손톱을 사용해서 속에 든 열매에 붙은 껍질과 말랑말랑한 떫은 껍질을 벗기는 것은 어릴 때부터 익힌 기술 같은 것이 필요했다. 우리 중에 가장 잘한 것은 경상북도의 산촌에서 자란 서삼순이었다.

---

32) 쓰시마 특유의 신앙인 신도와 불교가 섞인 천도신을 모시는 신사로 관음당과 일체가 되어 승려가 제사를 지냈다. 천도신앙은 태양이 여성의 음부를 비추어 잉태하여 아들을 낳았다는 태양감정(感精)신화에 바탕을 둔 모자신 신앙, 태양 신앙, 산악 신앙 등이 습합된 것으로, 이 신사는 본래 신전이 없이 성산인 다테라산(竜良山)의 요배지였다. 메이지 시대의 신불 분리 이후에는 관음당을 사전(社殿)으로 했는데 1956년에 화재로 소실되었다.

요컨대 조선의 고향에 있을 때 모두 하던 일인데, 서삼순과 같은 북도의 산촌 출신이면서도 가장 서툴렀던 것은 정정문이었다. 어쨌든 그는 여섯 살 때부터 일본 교토에 와 있었기 때문에 고향에서는 그런 일도 별로 해본 적이 없었던 것이다.

우리가 구네하마(久根浜)의 다이코사(大興寺)까지 갔을 때는 이미 저녁이 되었기 때문에, 거기서 이즈하라로 돌아가려고 했다. 다이코사에서는 거기에도 있었던 조선과 고려 불상을 보았다. 날 때부터 '유아독존'을 선언하는 귀여운 동조(銅造) 석가탄생불이나 동조 석가여래좌상 등을 보았는데, 그곳을 나오면서 문득 정신을 차려 보니 하늘이 맑아져 있었다.

이즈하라까지는 그 배후에 해당하는 여러 산들을 넘어야 했기 때문에 혹시 어쩌면 보이지 않을까 하면서 우리는 얼굴을 마주 보곤 했다. 그리고 구네이나카(久根田舍)를 지나 어느 고개에 다다랐을 때의 일이었다.

서삼순이 운전해서 앞서가던 차에 탄 사람들이 모두 거기서 내려 바다 건너를 가리키기도 하며 시끄럽게 떠들고 있다. 어렴풋이 거제도가 보인다는 것이다.

"저건 섬입니다. 거제도인지 뭔지는 몰라도 저건 틀림없이 조선의 섬이에요." 하면서 우에다까지 약간 흥분한 기색으로 그곳을 가리키며 나에게 말했다.

당연히 나도 그곳을 쳐다보았다. 수평선 위에는 아직 구름이 남아 있었고, 그것이 저녁노을에 물들어 있었다. 자세히 보니 그 구름 아래에 새 발자국 같은 검은 점이 희미하게 보인다.

그러나 아무리 봐도 그뿐이었다. 나는 그것을 보고 기뻐하는 모두들에게 찬물을 끼얹고 싶지는 않아서 잠자코 있었지만, '뭐야?' 하고 생각하지 않을 수 없었다. 서삼순은 뛰어오를 듯 기뻐했지만, 그것도 그는 의식적으로 일부러 활력이나 기운을 북돋우기 위해 하는 것으로밖에 보이지 않았다.

"글쎄요. 저건 섬, 거제도일까요?" 나는 옆에 있던 나가노에게 그렇게 물었다. 만약 거제도라고 하면 그건 그것대로 나도 납득하고 싶어서였을 것이다.

"글쎄요. 그럴지도 모르지만 저런 건 아니에요. 더 명확하게, 부산 근처의 산들이 이어져 있는 게 훨씬 확실하게 잘 보입니다. 어떠세요. 괜찮으시면 가을에 다시 오시지 않겠습니까?"

"가을이라고 하면 ……"

"10월 말쯤이나 11월 초입니다. 지금은 아직 여름이라 흐리지만, 그때쯤이 되면 대륙에서 뻗어 나온 고기압으로 한국과 쓰시마 모두 맑은 날이 이어집니다."

나가노는 이제 완전히 위로가 담긴 얼굴이 되어 당황한 듯한 어조로 말했다. 그 분위기에 이끌려서였을지도 모른다.

"좋아요." 하고 나는 그때 바다 쪽을 향해 소리쳤다.

"나는 가을에 다시 올 거야! 이렇게 된 이상 나는 어떻게든 다시 와서 보고 말 테다."

생각해보면 어린애 같은 짓이었지만, 그래도 나는 진심으로 그런 말을 했던 것이다. 그래서 다음 날 아침 이즈하라를 떠나는 배 안에서도 나는 같은 말을, 또 정정문과 이신기 등에게도 건넸다.

그러나 묘한 일이었다. 그 후 도쿄로 돌아와서 날이 갈수록 어느새 쓰시마에서 그런 생각을 했던 것이 희미해져 갔다. 우선 매일같이 일에 쫓긴 탓도 있다 보니 금방 두 달 정도가 지나 나가노가 말한 가을이 되었다.

하지만, '흠, 가을이네. 쓰시마에 간다고 했었나'라고 생각했을 뿐, 눈 깜짝할 사이에 그 가을도 지나갔다. 겨울도 지났다.

그럭저럭 지내다가 정신을 차려 보니, 올해도 여름이 되고 가을이 되었다. 물론 이따금 어떤 계기로 쓰시마 생각이 날 때는 있었지만, 나는 이미 거의 그걸 잊어버린 것이나 다름없었다. 그런 나를 향해 어느 날 이신기가 말했다.

"어때요? 올해도 가을이 되어 버렸는데, 어떻게든 시간을 내서 쓰시마에 가 보지 않겠습니까? 난 이번에는 에도 막부(江戶幕府)에 온 조선의 통신사가 상륙해서 머물렀던 흔적도 좀 알아보고 싶기도 하고……."

"아아, 쓰시마. 가고 싶어. 하지만 간다면 아무래도 대엿새는 필요하지. 이번엔 그냥 돌아올 수 없으니까."

나는, 이번에 쓰시마에 가게 되면 충분히 시간을 내서 센뵤마키산 근처에 숙소를 잡고 낚시라도 하면서 시간을 보내야겠다고 한 말이다. 그때는 정말 그럴 생각이었던 것이다.

"하지만 벌써 가을도 10월이니까 지난번 같지는 않을 것 같아요. 게다가 조선에 다녀온다고 생각하면 대엿새 걸리는 건 어쩔 수 없죠."

조선에 다녀온다고 생각한다는 건 이상한 논리였다. 하지만 나는, "으음, 맞아요."라고 고개를 끄덕였다.

"좀 무리해서 결행, 단행해 볼까."

이렇게 되면 나는 또 금방 타오르는 편이었다. 그래서 즉시 교토의 정정문에게도 그렇게 말해 보았더니 그도 어떻게든 가겠다고 한다.

하지만 이번에는 너무 범위를 넓히지 말고 우리 서너 명만 가기로 했다. 가서 금방 하루 만에 목적이 달성된다면 좋겠지만, 만약 그렇지 않을 땐 다른 사람들한테 미안하고 우리도 곤란하다고 정정문은 말했다.

맞는 말이었다. 그래서 나는 근처에 살던 서삼순에게만 쓰시마행 이야기를 해보았다. 가까이 사는데 따돌림을 당했다고 생각할 수도 있었기 때문이었다. 그런데, 그는 "아니요, 저는 됐어요. 이제 그만두고 싶어요. 여러분끼리 다녀오세요"라고 그렇게 말하며 구겨진 얼굴을 손바닥으로 주르륵 쓸어내렸다. 그것은 당황했을 때 자주 하는 그의 버릇이었다.

그래서 이번에 쓰시마에 가게 된 것은 결국 우리 셋뿐이었다. 우리는 서로의 날짜를 조정하여 출발은 교토에서 10월 21일로 했다.

이렇게 나와 이신기, 정정문은 다시 이키의 작은 항구에서 쓰시마행 배를 기다리게 되었다. 그건 앞서 언급한 대로이지만, 이윽고 쓰시마에서 후쿠오카로 가는 배와 엇갈려서 들어온, 후쿠오카에서 대마도로 가는 배에 우리는 올라탔다. 나는 이번에는 좀 사치를 부려보자 해서 세 사람의 승차권을 특등으로 했다. 그 배에는 아직 일등, 특등 같은 게 있었기 때문인데, 막상 타보니 특등실이 있는 곳의 정면에는 또 특별실이라는 게 있었다. "에이 그럼 이걸로 해 달라"고 해서 우리는 그 특별실로 들어갔다.

TV 같은 것도 놓여 있는 넓은 특별실의 긴 의자나 소파에 각각 앉아 보니 저쪽에는 침대까지 두 개 놓여 있다. 배가 항구를 떠나자 흰옷을 입은 보이가 와서 그곳으로 옮긴 차액을 지불하고 팁을 챙겨주었다.

이렇게 된 이상, 이제 설령 누군가가 생각을 고쳐먹었다 해도 원래대로 돌아갈 수는 없었다. 우리는 그길로 쓰시마로 향하는 수밖에 없었다.

이신기가 일어서서 나갔기에 어디에 가나 싶었더니, 그는 매점에서 캔맥주를 잔뜩 안고 돌아왔다. 만사가 순조로웠다. 이제 두 시간쯤 지나면 쓰시마에 도착할 터이다.

"그렇긴 한데 뭔가 좀 ……." 정정문은 테이블의 캔맥주를 따서 마시며 말했다.

"이게 조선으로 가는 배였다면 말이지. 그 배 안에서, 아니 뭐랄까 조선으로 돌아가서 이렇게 마셔보고 싶어."

"음, 그러게. 그래도 그런 말 하면 안 돼."

"안길언(安吉彦)[33]이었는데요."라고 이신기가 말했다.

"그는 언젠가 함께 마시면서 이런 말을 했어요. 나는 만약 조선으로 돌아간다면 카바레든 클럽이든 그런 곳에는 초대받아도 가고 싶지 않아. 그보다 나는 서울이라면 종로 뒷골목 같은 좀 추레한 곳에서 막걸리나 한잔 하고 싶어. 그러면 그냥 거기서 죽어도 좋을 것 같아."

안길언은 오사카의 한 대학 강사로 있는 이신기와 같은 역사가였다. 그에 대해서는 나도 정정문도 잘 알고 있었다. 그러나 그런 말을 들은 것은 처음이다.

"그랬구나. 그에게도 말을 걸 걸 그랬어."

"아뇨, 아뇨" 하고 이신기는 고개를 저었다.

"그건 그만두는 게 좋아요. 지난번부터 그런 생각을 하지 않은 건 아니었지만 그에게는 말을 걸지 않는 게 좋습니다."

"아, 그렇군. 그럴 수도 있지."

나는 "이제 그만두고 싶어요."라며 구겨진 얼굴을 손바닥으로 쓸어내린 서삼순을 떠올렸다.

"그런데 그거 있잖아." 하고 정정문은 나를 쳐다보았다.

---

33) 재일조선인 역사학자 강재언(姜在彦, 1926-2017)으로 추정되는 인물.

"자넨 서울에서 신문기자를 했으니, 그런 곳에서 막걸리 마셔본 적도 있겠지."

"응, 마셔 봤어. 하지만 전쟁 중이라 아무것도 없었고 아직 스물셋, 넷이어서 그 맛도 잘은 몰랐어. 아니, 신문기자라고 해도 박봉으로 배가 고팠으니까 그렇게 술 마실 처지는 아니었어."

"그래도 자네는 조선으로 돌아간 적이 있으니 부러워. 나 같으면 어릴 때 부산에서 연락선에 실려 온 게 끝이야."

"돌아간 적이 있다 해도, 그 후로 벌써 30년이 넘었어."

"나는 50년이야."

"50년이구나."

나는 그것을 처음 들은 것은 아니었다. 정정문은 여섯 살 때 일본으로 건너왔고 그 후 단 한 번도 돌아간 적이 없었다는 것은 전부터 들었다. 하지만 지금 쓰시마행 배를 타고 있는 목적이 목적인 만큼 그 '50년'이라는 세월이 가슴에 와 닿았다.

"50년이 됐군."

나는 어두워지기 시작한 창밖 바다를 바라보며 다시 한번 그렇게 중얼거렸다. 그것은 말 그대로 '반세기'라는 의미였지만, 그 '50년'이라는 긴 세월 속에는 그저 오로지 살아가야 했던 재일조선인으로서의 정정문의 모든 역사가 담겨 있었다.

정정문은 지금이야 부동산회사 등을 둔 사업가이고, 그러면서도 그 여재로 『일본의 조선문화』라는 잡지를 발행하거나 조선의 고미술품 등을 모으는 이른바 문화인이기도 한데, 그는 중학교는 물론 소학교도 제대로 나오지 않았다. 부모와 함께 교토에 와서 살게 된 그는 열두세 살 때부터 니시진(西陣) 직물점의 도제가 되어 일해야 했고, 그 밖에도 여러 일을 하며 돈을 벌어야 했기 때문이다.

그것은 정정문의 입을 통해 일일이 들을 필요도 없었다. 그건 나 자신을 돌아봐도 잘 알 수 있다. 대체로 50대의 재일조선인이라면 모두 그 경력이 비슷비슷해서 한 사람을 보면 그것으로 충분하다.

예를 들어, 나는 지금 작가라는 말을 듣고 있는데, 그 전력은 정정문과 거의 같다. 나는 언젠가 내 작품이 어느 전집에 들어가게 되어 권말에 붙일 「연보」를 써야 했던 적이 있었다. 그것을 쓰면서 나는 새삼스럽게 생각해내곤 했는데, 나 또한 인쇄공장 도제부터 시작해서 여러 일을 해야 했던 것이다.

나보다 세 살 위인 프랑스 작가 피에르 가스카르(Pierre Gascar, 1916-1997)는 젊은 시절 생활을 위해 여러 직업을 전전했고, 그 수가 서른 개에 이른다는 것을 읽은 적이 있다. 나는 그 정도는 아니더라도 어렸을 때 했었던 낫토 장사 같은 것을 더하면 대략 열 개 이상은 될 것이다.

나중에는 신문기자라는 것도 되어 조선의 서울로 돌아간 일도 있었다. 그러나 또 '서울을 탈출하듯 일본으로 돌아오'게 된 것이다. 그리고 태평양전쟁이 끝나고 '전후' '해방'이 되었는데 「연보」에는 그 해의 일들이 이렇게 적혀 있다.

> 1945년 25세
> 6월, (일본으로 돌아와) 복귀한 K신문사, 공습으로 불에 타서 퇴사.
> 8월, 태평양전쟁이 끝나다. 즉시 민족단체 '조련(朝連, 재일본조선인연맹)' 결성에 참여한다. 활기가 넘친다.

당시 어떤 식으로 "활기가 넘"쳤는지는 차치하고, 그 후에도 여러 우여곡절이 있었지만 나는 어쨌든 내가 생각했던 방향으로 나아갔고, 그 이후로는 문예작가라는 것이 직업이 되었다.

하지만 그동안 하나의 나라로 독립할 줄 알았던 조선은 미·소라는 양대 세력에 의해 분단되어 그때까지는 예상도 못 한 국제정치의 소용돌이에 휘말렸다. 나와 정정문, 이신기는 물론이고 이른바 재일교포의 97% 이상의 고향이 있던 남조선의 한국은 당초에는 미국 세력에 힘입은 이승만 독재정권이었으나, 그것이 쓰러지자 이번에는 미국과 함께 부활한 일본의 구세력에 의해 뒷받침된 박정희 군사독재정권이 되었다.

나는 정치라는 것이 그렇게 움직일 수 있다는 것을 처음 알았지만, 그에 대해 우리는 싫어도 내 입장을 선택하지 않을 수 없었다. 입장이라고 하기는 해도 그것은 결국 빼앗긴 상태의 민족적 입장이나 다름없었다.

하지만, 그렇다 해도, 외래 세력에 뒷받침된 독재정권한테서는 튕겨져 나올 수밖에 없다. 정신을 차려 보니 나는 어느새 고향과 고국에서 쫓겨나서 배제되어 있었다.

그것은 태평양전쟁의 끝을 징용 동원된 곳의 비행장 건설공사장에서 맞이한 정정문도 마찬가지였다. 그리고 마찬가지로 "활기에 넘"쳤던 그는 그로부터 몇 년 후에 오늘날과 같은 사업가로서의 기초를 닦았지만, 한편으로는 나 같은 사람도 결성에 참여한 '조련'의 이후의 모습인 '총련' 산하 조선인상공회의 간부가 되어 자제들에게 민족교육을 시행하는 민족학교 건설을 위해 분주히 뛰어다녔다.

그 일은 그에게 자신이 그러한 학교 교육을 받지 못한 사람인 만큼 더욱 절실한 것이었다. 하지만 이 때문에 그도 고향과 고국에서 쫓겨나고 배제되었다.

우리 셋 중 한 터울 가까이 나이가 어렸던 이신기는 다른 길을 걸어왔지만, 그도 결국은 마찬가지였다. 앞에서도 조금 언급했듯이, 그는 부산의 중학교를 나와 태평양전쟁이 끝나기 직전에 일본으로 유학을 온 사람이었다.

그리고 '전후' '해방' 후에는 도쿄에 생긴 민족학교 교원이 되었고, 그 한편으로 한 대학을 대학원까지 다니며 역사와 고고학을 전공했다. 어지간한 노력이 아니면 할 수 없었을 일이다.

그는 그때까지의 일본의 역사학과 고고학이 간과해 온 조선과의 관계를 재조명한 연구로 일본 학계나 독서계로부터도 상당한 주목을 받았다. 그러나 그도 역시 '총련' 산하에 있는 민족학교 교원이었다는 점이 있어 배제되어 있는 것에는 변함이 없었다. 그런 그도 벌써 고향과 고국을 떠난 지 30년이 된다.

"허허, 하아. 정말 빠르군." 나는 맥주 캔을 하나 더 따르면서 소리내어 웃었다. "우리도 어지간히 나이를 먹은 셈이지. 그래서 어느덧 이제 노인이 되어가고 있는 거야."

"응, 그러게"라고 정정문은 웃음기도 없이 대답했다.

"그냥 억척스러웠던 거야. 전쟁 전부터 전쟁 중까지 20년, 전후에 30년, 그저 정신없이 달려서 고향 생각 같은 걸 할 틈도 없었던 거야."

"그거야 모두 다 똑같지. 나도 서울까지 가서 1년 정도나 있으면서도 고향에는 가보지 않았으니까 말이야. 그럴 상황이 아니었거든."

"그게 역시 나이 탓일까. 이런 말 하면 웃음을 살지 모르지만 TV에서 「추억의 가요곡집」 같은 걸 자주 하잖아. 거기 나오는 옛날에는 젊고 화려했던 가수들 얼굴의 주름 같은 걸 봐도 아아, 한두 시대가 지났구나 하는 생각이 들어."

"그리고 언젠가는 반드시 올 거야. 게다가 그게 가깝다는, 그거 말이야."

"그러게 말이야. 그래서 그런지 난 요즘 어린 시절 생각이 많이 나

거든. 그렇다 해도 여섯 살 때 고국을 떠났을 뿐이니 막연하지만 말이야. 그래도 잘 기억하는 것도 있는데, 하나는 동네를 흐르는 작은 강이야. 그곳에서 자주 첨벙첨벙하며 물놀이를 하곤 했는데, 이 강물을 따라가면 큰 강이 낙동강이 돼. 석양을 반짝반짝 반사하는 그 낙동강이 자꾸 떠올라서 그런지 지금은 엄청나게 또렷한 인상이야."

"낙동강일까. 그럴지도 모르지."

내가 태어난 고향은 낙동강 상류의 북도가 아니라 이신기와 같은 남도 마산 인근이었다. 부산에서 열차를 타면 삼랑진이라는 곳에서 지방선으로 갈아탄다. 그 삼랑진에서 바로 철교 하나를 넘어가는데, 그 철교 아래로 흐르는 것이 낙동강이었다.

그래서 그뿐이었기 때문에 나는 낙동강에 대해 잘 알지 못했다. 그러나 나는 정정문과는 달리 역시 낙동강 근처가 고향이었던 서삼순한테서도 그 낙동강에 대해 자주 들었다. 말하자면 그들에게 그것은 '어머니 같은 낙동강'임에 틀림없다.

"나도 낙동강 하류의 김해니까 거기서 헤엄을 많이 치곤 했어요."

그때 이신기가 입을 떼며 옆에서 끼어들었다. 그는 왠지 그때까지는 잠자코 두 사람의 이야기를 듣고만 있었다.

"아, 그렇구나. 그랬지."

나는 태백산맥이 소백산맥이 되어 서남쪽으로 분기되는 곳에서 시작되는 그 낙동강이 경상남북도의 총칭인 영남을 세로로 흘러서 관통하는 큰 강이라는 것은 알고 있었다. 그러나 그것이 어디서부터 어디를 흐르는지는 까맣게 잊고 있었던 것이다.

"낙동강을 입에 올린 것만으로도 뭔가 이렇게 가슴에 와 닿는 게 있구나. 왠지 더는 견딜 수 없는 기분이야."

정정문은 그 기분을 억누르려는 듯 탁자 위의 맥주를 들고 마셨다.

그 캔맥주는 내가 마시던 것이었다. 나는 잠자코 그의 맥주를 가져와서 마셨다.

"현해탄이라는 건 어때요?" 이신기는 정정문의 말을 다른 데로 돌리듯이 말했다.

"제가 아는 사람인데요. 현해탄이라는 말을 들으면 알레르기 증상을 일으킬 듯한 얼굴을 하는 남자가 있어요."

"아아, 현해탄"이라고 이번에는 내가 말했다.

"그것도 이제 와서 보면 왠지 그리운 마음도 들지만, 역시 그 연락선을 생각하면 알레르기가 생길 수도 있겠지."

현해탄을 지금 일본에서는 현계탄(玄界灘)이라고 쓰기도 하지만, 그러나 우리 재일조선인에게는 현계탄이 아니라 그것은 어디까지나 현해탄이었다. 그리고 우리 재일조선인에게는 관부(關釜)연락선이라든가 박부(博釜)연락선의 기억과 함께 있는 것이라서 누구에게나 그것은 잊을 수 없는 이름이었다.

기분 탓인지 아니면 쓰시마 앞바다에 다다른 탓인지, 우리가 탄 배는 꽤 흔들리기 시작한 것 같았다. 그러나 현해탄을 건널 때의 연락선의 그 요동에 비하면 이런 흔들림은 아무것도 아니다.

"내가 건넜을 때는 아직 소년이었고, 게다가 몇 달 후면 전쟁이 끝났을 때라 그렇지도 않았는데 연락선에서는 다들 꽤 혼났다더군요."

"사상 조사겠지. 혼났건 어쨌건 생각하기조차 싫지만, 그래도 반면교사라는 게 있어서 눈을 뜨게 되었다는 경우도 많이 있었어. 나 같은 경우는 계속 일본에서 자란 탓인지 태평했는데, 그 전쟁 당시에도 여러 형태로 독립운동이나 혁명운동이 있다는 것, 있는 것 같다고 하는 편이 맞을까, 그렇게 가르쳐 준 것도 사상 조사를 하는 이동하는 형사였어."

"그래서 현해탄을 두세 번 왕복하면 그것만으로도 이제 자신이 조선인임을 눈뜨게 됐다, 싫어도 눈뜨지 않을 수 없었다고, 아까 말했던 알레르기가 있다는 친구도 그랬어요."

"맞아. 하여간 싫었어. 그 사상 조사에 대해서는 모두들한테서 들었기 때문에 걸릴 만한 건 아무것도 안 가지고 있다고 생각했는데, 나는 무심코 문고본 『안나 카레니나』를 들고 있었어."

"그게 문제가 됐나요?"

"그렇지. 작가 톨스토이는 러시아인, 즉 노농소련인이라는 거야."

"아, 그런가요. 역시 맞았나요? 역시라고 한 건 아까 그 알레르기 친구가 …"

"그때는 안 맞았는데, 다음에 탔을 때 눈빛이 반항적이라면서 때렸어. 갑작스러운 것이어서 코피가 터지고, 그게 형사의 옷에도 튀었어. 그래서 또 맞았어."

"엄청난 눈빛이었던 모양이네요."

그러면서 이신기는 웃었다. 이제 와서는 웃을 수밖에 없다.

"젊었으니까. 게다가 난 신문기자다, 라는 자부심 같은 것도 있었다구."

"그래도 뭐." 이번에는 마주 보고 있던 정정문이 말했다.

"아까도 말했듯이, 그래도 너는 돌아간 적이 있으니까 좋지."

"음, 그건 그렇지 …"

"나는 지금도 생각하는데" 정정문은 계속했다.

"1945년 8월 15일, 이른바 8·15말이야. 그래서 우리는 식민지에서 해방되었지. 그렇지?"

"그렇다고들 하지."

나는 정정문이 그러고 나서 무슨 말을 하려는지 알고 있었기 때문에 무심히 대답하고 고개를 돌렸다. 바람이 불었는지 배의 흔들림이 상당히 격렬해지고 있었다.

"그런데도 말이야." 정정문은 다시 말을 이어갔다.

"그 식민지 시절이야 어떻든 그렇게 맞으면서도 우리는 내 고향이나 고국으로 돌아가서 볼 수는 있었어. 그런데 그랬던 게, 지금은 어떻냐고. 도대체 어느 쪽이 나은 건데?"

이신기나 나나 대답할 수가 없었다. 또 정정문 자신조차도 그 답을 들으려고 한 말은 아니었다.

"게다가 그건 우리뿐만이 아니야. 남북으로 나뉜 본국 사람들도 마찬가지라고 할 수 있어."

이신기는 혼잣말처럼 하더니 배의 흔들림에 휘청거리며 일어섰다. 침대 쪽으로 걸어갔는데 얼굴이 파랗게 질린 걸 보니 구역질이 나는 것 같았다.

그걸 보니 나도 좀 속이 안 좋아져서 이신기가 사라진 긴 의자에 누웠다. 정정문은 어쩔 수 없다는 듯이 앉아 있었는데, 이윽고 그도 다리를 뻗고 그 소파에 벌렁 누웠다.

쓰시마에 도착한 것은 지난해와 마찬가지로 오후 8시가 넘어서였다. 우리는 모두 건강하게 배의 트랩을 내렸고, 또 지난해에 왔을 때와 같은 여관을 찾아 그곳에서 묵게 되었다.

그리고 다음 날 아침에도 지난해와 마찬가지로 여관을 통해서 빌린 승용차를 정정문이 몰고 나가게 되었다. 그러나 지난해와는 여러 가지 점에서 달라졌다. 우리는 이날 아침은 느긋하게 쉬다가 9시가 넘어서야 여관을 나왔을 뿐만 아니라 쓰시마의 하늘은 흐렸지만 그것에 대해서도 침착했다.

지난해에 왔을 때 신세를 진 향토사가 나가노 히사유키에게 전화할까 하고 이신기가 말했으나 그것도 그만두기로 했다. 또 이것저것 기분상으로도 부담을 주면 좋지 않을 뿐만 아니라, 그것이 이쪽에도 부담이 되기 때문이었다. 요컨대 우리는 이 쓰시마에서는 자유롭고 싶었던 것이다.

우리는 이날 저녁까지 센뵤마키산 근처의 사스나(佐須奈)까지 가면 그걸로 그만이었다. 센뵤마키산 근처에서 여관이 있는 곳이라면 사스나가 최단거리였을 뿐만 아니라 그곳은 또한 이신기가 지금 조사하고 있는 에도 막부로 가는 조선통신사가 상륙한 곳이기도 했다.

그래서 우리는 그 사스나의 여관에 머물면서 하루고 이틀이고 맑은 날을 기다리기만 하면 됐다. 그동안은 나도 정정문도 이신기와 함께 그곳에 상륙한 조선통신사에 관한 것을 알아봐도 되고 바다에 실을 매달아 고기를 낚아도 된다. 도중에 내팽개치고 온 일이 언뜻 생각나지 않는 것도 아니지만 그런 것은 이 쓰시마에서는 일체 생각하지 않기로 했다.

그런 기분으로 돌담의 담벼락 등이 조선을 연상케 하는 이즈하라 마을로 우리는 승용차를 몰기 시작했는데, 사스나까지만 가는 거라면 반나절은 충분히 시간이 남았다. 그래서 우리는 언제 누가 말을 꺼냈는지 이즈하라 서북쪽에 있는 가미자카(上見坂) 전망대로 향했다.

공원처럼 되어 있는 산 위에 있는 전망대의 철제로 된 망루 위에 올라가 보니 그곳에서 전망할 수 있는 여러 장소를 제시한 방향판이 있었고, 거기에는 '한국'이라고 표시된 화살표도 있었다. 그러나 흐려 있어서 오늘은 물론 보일 리가 없었다. 하지만 우리는 조금도 당황하지 않았다.

"아마 이즈하라가 아니었나 싶은데, 쓰시마 경비대가 있던 곳이 어던지 그걸 여쭤볼까요?" 이신기는 전망대를 내려가며 말했다.

"최익현?" 하고 나는 말했다. 왜냐하면, 나도 마침 같은 생각을 하고 있었기 때문이었다.

"네, 그렇습니다. 그 쓰시마 경비대가 있던 곳은 지금은 자위대의 기지가 됐을지도 모릅니다."

"최익현이 누구야?" 하며 정정문이 물었는데, 그가 모르는 것은 이상한 일은 아니었다. 나도 우연히 어떤 작품을 쓰려고 그 시대를 살펴볼 필요가 있어서 알게 되었는데, 최익현이란 조선왕조의 '마지막 충신'이라고 할 만한 인물이었다.

조선왕조는 1910년의 이른바 '한일병합'으로 멸망했다. 그러나 이 '한일병합'이란 그보다 5년 전인 1905년에 이루어진 '한일신협약'이라고 하기도 하는 이른바 '을사보호조약'에 의해 이미 레일이 깔려 있었다.

러일전쟁에서 승리한 신흥 제국주의 일본과 그 군대에 강요된 것이었지만, '을사보호조약'에 조인한 박제순(朴齊純), 이완용(李完用) 등 다섯 대신을 이후에 '오적'이라 했다. 이 '오적'은 현재 박정희 군사독재 정권 하에서도 여전히 살아있는 말이 되었는데, 그런 일본군과 '오적'에 대해 당시 조선에서는 곳곳에서 일제히 '의병항쟁'이 벌어졌다.

찬정(贊政. 조선왕조의 의정부 칙임관)을 역임했던 최익현도 그중 한 명으로, 그는 '을사보호조약'에 대해서는 먼저 '상소문'을 올려 강한 저항의 의사를 표시했다. 그 사실은 일본 측 기록에도 표시되어 있는데, 가령 아오야기 난메이(青柳南冥)의 『조선사화와 사적(朝鮮史話と史蹟)』[34]에 수록된 「한말 고고한 충신 최익현(韓末孤忠の臣崔益鉉)」에도 상당히 상세하게 기록되어 있다.

---

34) 青柳南冥, 『朝鮮史話と史蹟』, 朝鮮硏究會, 1926.

한일신협약 조인이 이루어지자 수도 전체의 사민(士民)들이 떠들썩해져서 다섯 대신을 노적(奴賊)이라 부르며 비분강개하여 대단히 불온한 상태가 되었다. 그리하여 의정(議政) 대신을 역임했던 조병세(趙秉世) 같은 자는 백관을 이끌고 임금께 아뢰어 오 대신의 죄를 바로잡도록 청하는 한편으로 각국 공사에게 서면을 보내 회동하여 담판하기를 청했지만 각국 공사 중에 답하는 자는 없었다.

주러공사였던 보국(輔國) 민영환(閔泳煥)은 분노를 억누를 길이 없음을 깨닫고 목을 자르고 조병세도 자살했으며, 참판 홍만식(洪萬植), 주영공사 이한응(李漢應) 등도 잇따라 자살했다.

이런 상황에서 최익현은 통렬한 상소문을 올렸는데, 아오야기 난메이에 따르면, 그것은 이런 것이었다.

최익현은 이보다 먼저 호서(湖西)의 정산(定山)으로 돌아가 시사를 우려하면서도 서생들을 모아 육영에 힘쓰고 있었는데, 신협약이 이루어지면서 한성의 정계가 혼란해진 것을 알고 분연히 오 대신 주벌(誅伐) 상소문을 기초하고 밀사를 시켜 이태왕(李太王)의 궁궐에 보냈다. 상소의 대략은 이렇다.

엎드려 생각건대 난신적자(亂臣賊子)가 어느 시대든 없겠습니까. 그러나 이번에 멋대로 외교 양여의 약속에 조인한 외부대신 박제순, 내부대신 이지용(李址鎔), 군부대신 이근택(李根澤), 학부대신 이완용, 농상공부대신 조중현(趙重顯)과 같은 자들이 있겠습니까. 그 조인 당초에 일본의 사신이 이미 신약 성립을 위해 온 자라면 우리 정부가 결코 이를 몰랐을 리가 없습니다. 이미 이를 알고 능히 일국에 통론하고 백성에게 반드시 죽을 각오를 나타내지 않고, 바로 회의 자리를 야밤중에 사람들이 모를 때 마련하는 그 조치를 보면 나라를 팔려는 의사가 이미 칠팔 부는 됩니다.

최익현의 '상소의 대략'은 계속 이어진다. 그걸 다 본다고 달라지는 것도 아니라 그만두지만, 그는 이때 이미 칠순이 넘었다. 그런데도 최익현은 여러 차례 이러한 '상소'를 올리거나 격문을 발하거나 하며 1906년 6월에 마침내 그도 태인(泰仁) 군수를 역임했던 임병찬(林炳瓚)과 도모하여 전라북도 태인에서 백수십 명으로 '의병'을 일으켰다.

'의병'이란 요즘 말로 게릴라인데, 이에 관해서는 당시 그 '의병'과 치열하게 싸웠던 조선 주둔군 사령부가 편찬한 『조선 폭도 토벌지(朝鮮暴徒討伐誌)』35)에 자세하다. 최익현에 관한 마지막 부분은 이렇게 되어 있다.

폭도들이 태인군에서 봉기하자, 전주의 경무고문지부(警務顧問支部)는 경찰관을 파견하여 수괴를 체포하게 했지만 오히려 폭도들에게 포위되고 마는 비통한 경지에 빠졌다. 이에 폭도들이 동복(同福)과 곡성(谷城) 방면에서 다시 순창으로 왔을 때를 이용하여 6월 11일 남원과 전주의 진위대를 시켜 전주, 남원, 광주의 세 방면에서 요로를 차단하고 순창을 포위하여 교전 반나절 만에 폭도는 결국 힘이 다하여 최익현과 임병찬 두 수괴 이하 전원 투항했다.

16일에 우리 군대가 최익현 등을 경성으로 압송하여 8월 4일에 최익현을 감금 3년에, 임병찬을 감금 2년에 처했고, 이하 각각 처벌했다. 최익현은 쓰시마에서 집행되어 (메이지) 40년 1월에 귀양지에서 병사했다.

"귀양지에서 병사했다"고 되어 있는데, 실은 병사가 아니었다. 일본령 쓰시마에 유배된 최익현은 이 쓰시마에서 또 다시 통렬한 '유소(遺

---

35) 朝鮮駐箚軍司令部編, 『朝鮮暴徒討伐誌』, 山本栄一, 1913.

疏)'를 보내서 그것이 남아 있다. 아오야기 난메이의 『조선사화와 유적』의 「한말 고고한 충신 최익현」에 따르면, 그것은 이러한 것이었다.

죽음을 앞두고 신하 최익현은 일본 쓰시마 경비대 안에 있습니다. 서쪽을 향해 두 번 절하고 말씀을 황제 폐하께 올립니다. 엎드려 돌이켜보면, 신이 의를 좇아 거병한 대략은 이미 올해 윤사월에 거사를 시작한 초두에 상소하여 자세히 언급했습니다. 원래의 상소가 올려졌는지 여부를 신은 아직 알 수 없습니다. 다만 신이 거사한 보람도 없이 결국 항복하여 포로가 되어 7월 초 8일에 압송되어 일본 쓰시마에 이르렀습니다. 현재 그 이른바 경비대에 갇혀 결국 죽어 생환할 희망이 없는 것은 분명합니다. 적의 정세를 아직 헤아릴 수는 없지만 반드시 이를 죽이고 물러나겠습니다.

또한 엎드려 다짐합니다. 신은 이 땅에 들어온 이후 밥 한 수저나 물 한 모금이라 할지라도 모두 적의 손에서 나오는 것이므로 설령 적을 죽이지 못하더라도 신은 다시 견디어 입과 배를 번거롭게 하지 않고 마침내 결의하여 음식을 거부하려 합니다.

신은 이제 74세가 됩니다. 죽음 따위는 아쉬워할 것도 못 됩니다. 다만 역적을 치지 못하고 왜구의 습격을 막지 못해 국권도 회복하지 못하여 강토로 아직 돌아가지 못한 채, 사천 년 화하(華夏)의 올바른 길은 더러운 흙에 윤리가 무너져도 이를 구하지 못하고, 삼천리 선왕의 적자(赤子)가 변하여 어육(魚肉)이 되는데도 이를 구하지 못하니, 이제 신이 죽는다 해도 눈을 감을 수 없습니다.

포로의 몸으로 죽음에 임하면서도 그야말로 비단을 찢을 듯한 기백이다. 즉 최익현은 이리 하여 "적의 손에서 나오는" 음식을 스스로 거부하고 단식을 하여 목숨을 끊었던 것이다.

"아주 먼 고대는 몰라도 가까운 시대가 되면 이 쓰시마의 땅도 원한

이 깊은 곳이구나" 하고 정정문은 차를 몰고 언덕을 내려가면서 말했다.

"우리 재일조선인이란 말하자면 그런 원한의 사생아 같은 존재군."

"그런 원한의 사생아라, 그렇구나"라고 나는 고개를 끄덕였지만, 갑자기 마음을 고쳐먹고 말했다.

"그런데 그 쓰시마 경비대 터를 방문하는 건 오늘은 그만두는 게 좋겠어."

"그렇군요. 가봐야 뭐 남아 있는 것도 아닐 테고, 그러니 그만둡시다"라고 이신기도 바로 동의하며 말했다.

"그러죠. 이번에는 어쨌든 우리도 느긋하게 지내지요"라고, 정정문도 이어서 말했다.

그래서 우리는 이즈하라 쪽으로 돌아가던 길을 가시네(樫根)로 돌려서 거기에 있는 호세이사(法淸寺)를 찾았다. 작년에 왔을 때는 시간이 없어서 가지 못했는데, 그곳에도 조선의 고려 불상이 있었기 때문이다.

그리고 우리는 산골짜기의 그런 작은 절에도 있었던 고려 불상을 보고 절 경내에 있던 감을 어린 시절에 했던 것처럼 대나무 장대를 사용해서 따 먹곤 했다. 외아들이 도쿄에 가 버리고 절을 이으러 돌아오지 않아서 곤란하다고 했던 아주머니는 그런 짓을 하고 있는 우리를 신기해하며 자신도 그 감을 따서 우리에게 주었다.

그런 일도 있어서 우리는 완전히 느긋한 기분이 되어 있었다. 그리고 이번에는 쓰시마에서도 그곳에 비행장이 만들어지기 시작하던 게치, 오후나코시를 지나 고후나코시(小船越)에 이르렀다. 벌써 저녁이 되어 있었다.

사스나로 가는 길이기도 했지만, 그 고후나코시라는 곳도 조선통신사가 상륙한 곳이었다. 통신사는 사스나뿐만 아니라 쓰시마에서도 여기저기에 상륙하여 숙박을 거듭하면서 겨우 이키로 향했기 때문이었는데, 여기에서 우리에게 그때까지 느긋했던 기분을 날려버리는 일이 일어났다.

그러니까 고후나코시에 통신사와도 관계가 있고 고려대장경을 가지고 있는 바이린사(梅林寺)라는 절이 있어서 그것을 둘러볼 기회를 얻은 것까지는 좋았는데, 이 절 옆에 새로 생긴 산뜻한 건물에 농협사무소가 있었다. 정정문은 그 산뜻한 건물에 끌린 것도 아닐 텐데, 거기로 들어가 전화를 빌려 교토의 집으로 자신의 거처를 알리는 연락을 했다.

함께 여행하다 보면 정정문은 자주 그랬기 때문에 별로 개의치 않았다. 그러나 그는 심각한 얼굴을 하고 그곳에서 나오더니 이신기와 나를 향해 말했다.

"오늘은 이제 배가 없으니까 어쩔 수 없지만, 나는 내일 교토로 돌아가야 해."

"무슨 일인데? 내일이라고 하면, 몇 시 배로 ……?"

쓰시마의 이즈하라에서 출발하는 후쿠오카행 배는 하루에 두 편밖에 없었다. 한 편은 오전 8시 30분이고, 다른 편은 오후 3시였다. 만약 오전 편으로 돌아간다고 한다면 정정문은 이제 거기서 이즈하라로 돌아가지 않으면 안 되었다.

"어느 쪽을 타든 교토에 도착하는 건 밤이니까 오후 것으로 괜찮을 것 같지만……."

"그렇구나. 그럼 잘됐네"라고 하며 나는 안심한 듯 말했다. 그렇다면 예정한 대로 오늘은 사스나에 묵어도 괜찮았기 때문이다.

"하지만 내일은 날씨가 맑을지 어떨지"라고 정정문은 아침부터 흐리기만 한 하늘을 올려다보았다.

"내일도 오늘처럼 이렇게 흐린 날씨라면, 두 사람은 남아서 보고 와

주지 않겠나?"

"흐음, 남는다 해도 말이야"라고 하면서 나와 이신기는 얼굴을 마주 보았다. 셋이 같이 왔으면서 그런 일은 잘 할 수 있는 게 아니다.

정정문은 사업상의 일로 내일 안으로는 어떻게든 돌아가야 한다고 한다. 어떤 곳에서 지급받던 어음이 부도어음이 되어서 그것을 빨리 어떻게든 처리하지 않으면 여러 가지 차질이 생긴다는 것이었다.

나나 이신기는 잘 모르는 일이었지만 어쨌든 그래서 우리는 갑자기 긴장이 되어 순식간에 내일 날씨가 걱정되기 시작했다. 내일도 만약 흐린 채로 있다면 어떻게 될까. 두 사람은 설령 남는다고 해도, 무엇보 다 뒷맛이 좋지 않을 것은 뻔하다.

요컨대, 내일은 아침 동안만이라도 좋으니 날씨가 개어 주면 그것으 로 모든 것이 잘 마무리된다. 그렇게만 되어 주면, 일을 도중에 내팽개 치고 온 나로서도 오히려 좋은 것이다.

우리는 고후나코시에서 곧장 사스나에 도착했는데, 도착해서도 걱 정되는 것은 날씨였다. 바다 건너를 보니 어렴풋이 노을이 보였는데, 그러나 그래서 어쨌다는 건가.

사스나는 가늘고 길쭉한 후미 같은 만을 가진 작은 항구도시라고 하는데, 과거에는 조선통신사의 첫 기항지로 번성했던 곳이었다고 한 다. 1719년에 도래한 통신사 일행 중 한 명이었던 신유한(申維翰)의 『해유록(海游錄)』36)에도 적혀 있는데, 이신기가 들고 온 판본을 보면

---

36) 신유한(申維翰, 1681-1752)은 조선 후기 문인 유학자로, 1719년에 제술관으로 통 신사 홍치중(洪致中)을 따라 일본에 다녀와서 견문록인 『해유록(海游錄)』을 남 겼다. 박지원의 『열하일기(熱河日記)』와 함께 조선시대 기행문학의 쌍벽으로 일 컬어지기도 한다. 전3권으로 이루어진 이 책에는 1719년 4월 한성을 출발해 쓰 시마를 거쳐 에도(江戸)성에 도착하여 제8대 쇼군 도쿠가와 요시무네(德川吉宗) 를 만난 후 이듬해 1월에 한성으로 돌아오기까지 10개월간의 일기가 수록되어 있다. 당시 쓰시마에서는 아메노모리 호슈가 접대관으로 500명에 가까운 통신

이렇게 되어 있다.

> 사스우라(佐須浦)는 일명 사사우라(沙々浦)라고도 한다. 대마도의
> 서북단에 있으며, 산봉우리가 사방에서 둘러싸 커다란 고리 모양을 하
> 고 있다. 그 높이는 백 길(仞)이나 될까. 거기에 소나무, 삼나무, 풍죽
> (風竹), 귤나무, 유자나무, 동백, 종려나무 등이 자라서 울창하다. 그 한
> 가운데에 바닷물이 들어와 둥근 고리 모양 연못을 이룬다. 정박하려는
> 한 무리의 배들은 모두 여기에 모인다. ⋯(중략)⋯
> 포구를 사이에 두고 민가가 삼십여 호 있는데 모두 띠를 쌓아 올
> 려 꼭대기를 높게 하여 그 모양이 마치 쟁반을 엎어 놓은 듯하다. 남
> 자는 머리를 자르고 관은 쓰지 않으며 옷은 소매가 넓고 바지를 착용
> 하지 않고 칼을 차고 무릎을 꿇고 앉는다. 여자는 높이 상투를 틀어
> 띠를 매고 있다. 배를 젓는 데 익숙하다. 땅은 척박하고 논은 없다.

지금으로 보면, 250여 년 전 사스나의 풍경이다. 하지만 우리는 그
럴 처지가 아니었다. 우리는 해변에 있는 여관에 들어가 저녁을 먹으
면서도 그저 내일 날씨가 걱정돼서 견딜 수가 없었다.

이즈하라 근처는 어떤지 모르지만, 사스나 근처에는 신문 석간도 없
었기 때문에 일기예보는 여관방에 있던 낡고 희뿌연 흑백텔레비전에

사 일행을 맞았고, 신유한과 교우를 쌓았다. 신유한은 화이사상에 기초해 일본
을 바라보고 있었으며, 특히 쓰시마의 민정에 대해 "민속은 사기와 경박함이 있
어 능히 사람을 속인다. 즉 조금이라도 이익이 있으면 독수리처럼 사지로 달려
간다"고 묘사하기도 했다. 또한, 쓰시마 번주에 대한 배례를 요청받자 이를 거
절하며 "이 섬은 조선의 일개 주현(州縣)에 불과하다"고 선언하여 호슈를 곤란
하게 하기도 했다. 본서는 18세기 전반 일본 사회를 엿볼 수 있는 중요한 사료
로 여겨져 강재언(姜在彦)의 역주로 일본에서 간행되기도 했다(申維翰, 姜在彦訳
注, 『海游録: 朝鮮通信使の日本紀行』, 平凡社東洋文庫, 1974). 1719년 통신사의 기
록으로는 이외에 정사인 홍치중이 남긴 『해사일록(海槎日録)』이 있다.

의지할 수밖에 없었다. 하지만 그 일기예보를 알리는 것은 도대체 몇 시일까.

　나는 평소에는 그런 일기예보를 거의 신경 쓰지 않았기 때문에, 그 것이 몇 시인지도 잘 몰랐다. 그 점은 옛날 사람들과 똑같아서, 항상 하늘을 잠깐 쳐다보다가 '내일은 날씨가 맑겠구나', '비가 올지도 모르겠구나'하고 생각할 뿐이었다.

　작년에 함께 왔던 서삼순에 따르면 "요즘 일기예보는 잘 맞는다"고 했지만 나는 그 일기예보를 거의 신용한 적은 없었다. 그래서 신문의 일기예보도 별로 본 적이 없었다. 하지만 텔레비전을 보고 있으면 싫어도 그것을 듣게 되고, 또 일본열도와 함께 조선반도 쪽도 그려져 있는 일기도를 보여주거나 하는 경우가 있다.

　그러나 나는 거기에 그려진 소용돌이 모양을 가리키며 몇 밀리바라는 말을 들어도 무슨 의미인지 전혀 알 수 없었다. 알려고 하지도 않았기 때문이지만, 그것을 비로소 조금 알게 된 것은 이 쓰시마에 와서였다.

　이윽고 겨우 10시경이 되어 여관 텔레비전에 비친 개황의 일기도를 보면서, 이신기가 그것을 가르쳐 주었기 때문이다. 그에 따르면 조선반도나 중국의 랴오둥반도 주변을 빙빙 돌며 펼쳐져 있는 소용돌이 모양은 대륙에서 뻗어 나온 고기압이라는 것으로, 그것이 일본열도에 가까우면 가까울수록 이곳은 맑아진다고 한다.

　"그러니까요"라고 이신기는 말했다.

　"이런 상태라고 한다면 말이에요. 내일은 맑을지도 모르겠어요."

　맑을지도 모른다는 것은 이 또한 불안하다는 이야기였지만, 계속해서 각지의 상황을 지켜보고 있자니, 내일 "나가사키현 지방은 맑았다 흐렸다 하며", "풍파가 강해서 어선은 주의를 요한다"는 것이었다. 그뿐이었고, 쓰시마에 대해서는 한마디도 하지 않는다. 일기예보는 그것으로 끝이었다.

물론 쓰시마도 나가사키현이긴 했다. 그러나 지도를 보면 알 수 있듯이 나가사키현이라 해도 규슈 본토에서는 멀리 떨어진 곳에 있는 섬이었다. 그러니까 괜찮을 거라고 말해도, 그건 이제 어쩔 수 없는 일이었다. 대체로 그동안 일기예보 같은 건 신용한 적도 없었는데, 이제 와서 그런 말을 한다는 것 자체가 말이 안 되었다.

"분명 괜찮을 거예요."라고 이신기는 자신한테도 힘을 북돋우듯이 말했다.

"조금 전 기상 개황에는 고기압이 계속 부산까지 뻗어 있었으니까 적어도 부산은 맑을 것입니다."

"부산은 맑구나."라고 정정문도 말했다.

"어느 쪽인가 하면 쓰시마는 나가사키보다 부산에 가까우니까, 그러면 괜찮을지도 몰라요."

하지만 나는 잠자리에 들고 나서도 여전히 그것이 신경 쓰여서 견딜 수가 없었다. 밤이 되어 바람이 거세진 듯, 아귀가 잘 맞지 않는 창문이 울리는 소리로 나는 잠을 깼다. 머리맡에 놓아둔 시계를 집어 보니 새벽 3시를 가리키고 있다.

나는 일어나서 커튼이 쳐진 창문을 열어 보았다. 찬바람만 들어왔고 주위는 온통 캄캄했다. 바람과 파도 소리는 들리지만 그 바다도 하늘도 보이지는 않는다. 다시 자세히 보니 캄캄한 하늘에 딱 하나 작은 별이 반짝반짝 빛나는 것이 보인다.

전날 밤 잘 때까지는 보이지 않았던 것이었기 때문에, '흐음'하고 나는 심호흡을 하고 생각했다. 그리고 나는 다시 잠들었는데, 다음에 눈을 뜬 것은 오전 6시가 조금 지나서였다.

240

헐레벌떡 일어나 나는 창문의 커튼을 걷어내고 그 창문을 열었다. '와!' 하고 나도 모르게 큰소리를 질러 버렸다. 하늘은 구름 한 점 없이 푸르게 개어 있지 않은가.

나의 그 목소리에 정정문도 이신기도 연달아 일어났다. 두 사람은 서로 몸을 부딪치듯 창가로 다가왔다.

"어때?" 하고 나는 그것이 마치 자신의 공이라도 되는 것처럼 밖을 가리켰다.

"응, 참 잘됐네. 절호의 날씨야!"

"어젯밤 바람이 구름을 모두 날려준 모양이네요."라고 이신기가 덧붙인다.

우리는 얼른 준비하고 나가기로 했다. 아침 식사 같은 건 아무래도 좋았다.

아직 여관 사람은 아무도 일어나지 않았기 때문에 우리는 잠자코 그대로 현관을 안에서 열고 나왔다. 세 사람이 도망친 줄로 알면 좀 곤란할 것 같았지만, 그것은 돌아오면 알 수 있는 일이었다.

그리고 우리는 밖에 놓여 있던 승용차를 몰고 근처 센뵤마키산으로 향했다. 근처라지만 산간의 구불구불한 길이었기 때문에 상당한 여정이었다. 동쪽으로 이어진 산 너머에서는 아름답고 고운 태양이 청명한 하늘을 붉게 물들이면서 떠오르기 시작했다.

승용차가 갈 수 있는 것은 산 중턱까지였다. 작년에 왔을 때와 마찬가지로 거기서부터는 2, 30분 정도 걸어서 올라가야 한다. 산 정상의 건너편은 바다에 면한 절벽으로 해발 270여 미터의 센뵤마키산은 억새 같은 띠만 무성한 쓰시마에서는 보기 드문 산 중 하나였다. 그러나 그곳에서 걸어 오르는 길은 그야말로 '짐승이 다니는 길' 같은 가파른 언덕이었다.

처음에는 셋이 함께 일렬로 올라갔지만 나는 어느새 두 사람을 멀찍이 떼어내고 말았다. 가슴이 막히고 답답해서 견딜 수 없었다. 하지만 나는 무릎을 덜덜 떨며 계속 올라갔다.

다 올라갔다. 보였다. 다음 순간 나는 목청껏 외쳤다.

"보였다! 보인다."

아침 햇살을 받으며 펼쳐진 눈 아래 바다 너머로 어렴풋이 푸르고 높은 산들이, 게다가 앞뒤로 겹쳐서 길게 누워 있다. 바로 앞 섬일까, 그것은 멀지도 않은 수평선에서 튀어나온 것처럼 바짝 이쪽으로 다가와 있다.

이어서 올라온 두 사람도 그것을 보았다. 조선 땅, 그 산들이었다.

"아 ......" 하며 정정문과 이신기는 소리가 되지도 않는 그런 소리를 지르며 멈춰섰다. 그리고 우리 셋 다 그저 망연자실한 듯 그곳에 우두커니 섰다.

나는 지난번 일이 있었기 때문에, 아니 그보다도 이번에는 정말로 눈물이 쏟아져 나오지 않을까 생각했지만 의외였다. 나는 두세 번 손을 눈에 대기는 했지만, 이번에는 오히려 망연자실한 마음이 더 강했다. 둘러보니 정정문도 이신기도 그런 것 같았다.

"앞에 나와 있는 저건 부산 절영도입니다."

그제야 겨우 이신기는 그 섬을 가리키며 말했다. 큰 섬으로, 그 아래쪽은 하얀 절벽으로 되어 있고, 거기에 밀려오는 파도의 물보라까지 보이는 듯한 기분이 들었다.

"아무리 그래도 이렇게 가까웠는지는 몰랐어."

정정문은 여전히 숨을 삼키는 듯한 목소리로 말했다. 쓰시마 북단인 그곳에서 부산까지는 50킬로 남짓이라지만, 나도 그렇게 생각하지 않을 수 없었다. 문득 정신을 차리고 손목시계를 보니 오전 7시가 조금

242

지나고 있었다.

우리는 그리고 나서 산 위를 이리저리 이동하며 바다 건너에 가로 놓인 조선 부산의 산들을 끝없이 바라보았다. 가을도 깊어가는 이른 아침이었고, 게다가 눈 아래 바다도 흰 파도를 일으키며 거칠어졌으므로 벼랑 아래에서 불어오는 바람이 한겨울처럼 차가웠다. 일단 손이 얼어서 굳어졌다.

하지만 우리는 여전히 센뵤마키산의 그곳을 서성거리고 있었다. 그렇게 겨우 산을 내려오게 된 것은 다시 또 한 시간쯤 지나서였을까.

"드디어 봤네요. 이제 저는 동생과의 약속도 지킬 수 있게 되었어요."

이신기는 들녘의 억새가 시든 이삭을 뻗치고 있는 길을 걸으면서 말했다.

"어, 그게 무슨 소리야?"

나는 다시 한번 바다 건너를 돌아보았다. 부산의 산들은 아직도 거기서도 보였다.

"실은 웃음거리가 될 것 같아 말하지 않았는데, 이번에 쓰시마에 올 때 저는 과감히 부산의 동생한테 전화를 했어요."라고 이신기는 그렇게 말문을 열었다.

이신기는 부산의 중학교를 나와 일본으로 왔는데, 태어난 고향은 거기에서 좀 떨어진 김해였다. 그러나 지금은 고향에 남아 있는 동생 일가가 부산에 나와 살고 있었다.

그래서 이신기는 본명을 숨기고 동생과는 가끔 편지를 주고받기도 하고 때로는 전화를 걸어 직접 통화하기도 했다. 마찬가지로 일본에 와 있기는 하지만 경상북도의 풀이 무성한 농촌에 가족이 있는 서삼순과는 달리, 부산은 인구가 많은 도시였기 때문에 이신기는 그런 일도 할 수 있었던 것이다.

그러나 최근 몇 년 사이 남조선 한국의 상황은 더욱 어려워졌다. 일본과도 관련이 있는 '김대중 사건'이라든가 '민청학련 사건' 같은 일이 잇따라 일어났고, 이어서 또한 박정희 군사독재정권의 한국에서는 일본에 있는 '총련'이 배후에서 그것을 일으켰다고 하는 '문세광 사건'이라는 것까지 지난 8월에 일어났다. 그래서 이신기는 동생한테서 한동안 편지도 전화도 하지 말라는 말을 들었던 것이다.

하지만 작년에 이어 이번에 두 번째로 쓰시마에 오게 되어 이신기는 과감히 부산 동생한테 국제전화를 걸었다. 국제전화라고 해도 도쿄에서 걸면 규슈 어딘가로 거는 것과 크게 다르지 않다.

"그랬더니 말이에요."라고 이신기는 말했다.

"그 쓰시마에서 부산을 보게 되는 것은 언제냐고 동생이 물어서, 맑으면 22일 오늘 아침이 되겠지만 그렇지 않을 때는 23일 또는 24일이 될지도 모른다고 했어요. 그랬더니 동생도 말이에요, 자기도 그날은 부산에서 쓰시마를 보고 있겠다고, 그렇게 얘기한 거죠."

"아, 그렇구나. 그러면 동생도 오늘은 저쪽에서 이쪽을 보고 있었던 셈이네."

나는 언덕길을 내려가며 조금 비틀거리면서 말했다. 정정문은 그저 묵묵히 걷고 있었다.

"어린애 같은 센티멘털리즘이라고 하면 어쩔 수 없지만, 부산에서는 이 쓰시마가 한결 잘 보여요. 저도 자주 보곤 했어요."

"뭐가 센티멘털리즘이야. 그러면 차라리 좋겠지만 그렇지 않으니 곤란하지."

우리는 가파른 언덕을 내려가 중턱에 세워 둔 승용차를 탔다. 정정문은 여전히 입을 다문 채 천천히 액셀을 밟아 차를 몰기 시작했다.

244

그렇게 언덕 중간까지 내려갔을 때의 일이었다. 정정문은 갑자기 차를 세우더니 핸들 고리에 얼굴을 푹 파묻고 울기 시작했다.

"우리가, 내가 도대체 뭘 했다는 거야!"

정정문은 짜내는 듯한 목소리로 계속 울었다. 뒷좌석에 있는 나와 이신기도 눈물 어린 눈초리를 향할 곳이 없어 난감해하며 서로 외면하듯 창밖을 내다보곤 했다.

흰머리가 눈에 띄는 두발과 어깨를 들썩이며 정정문은 여전히 그렇게 계속 울다가 겨우 정신을 가다듬고 차를 몰기 시작했다. 그리고 한참을 가더니 정정문은 조용한 목소리로,

"김 선생"이라며 굳은 목소리로 나를 불렀다.

"국가니 민족이니 그런 게 도대체 뭘까."

"그런 건 난 몰라." 하며 나는 화난 듯이 말했다.

"아는 건 그것 때문에 네가 지금 울었다는 거야."

왠지 나는 너무 화가 나서 견딜 수가 없었다. 무엇을 향해선 지는 알 수 없었지만 어딘가를 향해 무언가를 외치고 싶은 그런 충동에 휩싸였다.

(『文藝』 14(4), 1975)

제5장

한국인, 대마도 가다

1. 김태곤 「대마도의 민속 기행」(1974)

한일국교정상화 이후 일본과 한국의 민속학자들이 1973년부터 5개년 계획으로 한일 양국을 오가며 공동으로 민속조사를 실시했다. 일본의 오쓰카민속학회(大塚民俗学会=도쿄교육대학 일한총합민속조사단)와 한국민속학회의 제휴로 이루어진 이 조사팀은 1973년 12월의 전남 해안지방 조사에 이어 1974년에는 쓰시마에 대한 공동조사를 실시하여 대륙문화의 중계지로서의 쓰시마와 한반도의 관련을 규명하고자 했다. 당시 한국의 미디어에서는 "해방 후 최초의 해외 민속조사"로 소개되었다.1) 김태곤, 임동권을 비롯한 한국의 참가자 6명은 도쿄교육대학에서 열린 「한국민속학계의 현황에 관한 세미나」에 출석한 후, 쓰시마와 이키를 방문하여 일본 측 학자 6명과 함께 민속조사를 행했다. 일행은 1974년 7월 24일부터 31일까지 8일간 쓰시마 해녀의 발상지로 여겨지는 이즈하라 마가리(曲)의 어업형태나 가족 관행을 비롯하여, 미쓰시마, 미네, 가미쓰시마를 돌며 민간신앙, 습속, 민화, 민요 등을 조사했다. 저자인 김태곤(金泰坤, 1937-1996)은 경희대학교 교수를 역임한 민속학자로 무속을 중심으로 한 민간신앙 연구에 업적을 남겼다.

---

1) 「사라진 우리 民俗 對馬島서 발견」, 『경향신문』, 1974.8.27.

대마도(對馬島)의 민속 기행(民俗紀行)

김태곤

빤히 보이는 곳

한일공동민속조사단(韓日共同民俗調査團)이 지난 7월 19일부터 8월 15일까지 대마도(對馬島)와 이키노시마(壹岐島)를 조사하였다.

한국 측 단원은 임동권(任東權, 단장, 중앙대), 지춘상(池春相, 전남대), 현용준(玄容駿, 濟州大), 박계홍(朴桂弘, 충남대), 김태곤(金泰坤, 원광대), 최인학(崔仁鶴, 도쿄 교대 대학원)과 일본 측 6명 해서 12명이었다.

한국 측 조사단은 7월 19일 서울을 떠나 도쿄(東京)에서 양측 조사단이 모여 면밀한 조사계획과 토의(討議)를 거쳐 대마도에 들어간 것은 7월 24일이었다. 도쿄에서 후쿠오카(福岡)까지 기차로 하루, 여기서 1박(泊) 한 다음 배로 대마도까지 5시간 반.

대마도를 첫 번 조사지로 잡은 것은 한국해협에 인접한 곳이기 때문에 비교민속학적인 면에서 민속의 유사점이 발견될 수 있을까 하는 기대에서였다.

대마도는 우리나라 부산에서 47km. 맑은 날이면 육안으로 빤히 바라다보이는 가까운 거리다. 한국해협과 쓰시마해협(對馬海峽)을 가로막고 남북으로 길게 뻗은 대마도는 남북의 전장(全長)이 72km, 동서의 폭이 18km, 총면적 7백2km, 인구 6만5천 명. 지형은 전체가 평균 70도의 험준한 산악으로 경작지는 전체면적의 10%에 불과하다. 대마도 전체가 급경사의 산악인 까닭에 해안은 어디를 가나 암벽이 급하게 깎아내려 흡사 병풍을 두른 듯하여 배를 댈 곳이 없다.

전체가 산악인 이 대마도에 어쩌다 사람이 사는 동네가 있다면 틀림없이 해안이 안으로 굽어든 작은 만(灣)이었고 여기에 다소의 좁다란 경작지가 있는 것이다. 그래서 물가를 따라 듬성듬성 동네를 이루고 있으며, 산은 온통 활엽수의 잡목이 우거져 발을 들여놓을 수 없을 정도로 무성하다. 이 준엄한 산악의 골짜기를 뚫고 도로가 남북으로 뻗어가는데 골짜기를 끼고 꼬불꼬불 도는 길은 포장이 잘 되어있기는 하나 자동차가 겨우 신경을 쓰며 비켜 갈 정도의 좁은 길이다. 그나마 신작로가 난 것은 10년밖에 안 되고, 그 전에는 산골짜기를 따라 말을 타고 다녔다는 것이다.

　대마도라는 이 '쓰시마'는 조랑말이라는 뜻이라 한다. 그러니 옛날의 대마도는 육로에서 말이 유일한 교통수단이었고, 그래서 말이 많기로도 유명했던 모양이다.

'고라이문(高麗門)'과 자위대(自衛隊)

　7월 24일, 후쿠오카에서 페리호(號)로 9시에 떠나 2시 30분에 이즈하라(嚴原)항에 상륙했다. 이곳은 옛날 대마도의 수도였고, 현재도 대마도의 모든 문물이 집합되는 심장부이다.

　여기서 맨 처음 놀란 것은 이즈하라항의 부두에 밀어닥친 수백 대의 승용차 대열이었다. 지도에서 볼 때 본토(本土)로부터 멀리 떨어진 작은 외딴 섬인 대마도는 문명의 손길이 적을 것으로 생각되었는데, 막상 이곳에 와보니 승용차의 대열과 도로시설, 그리고 멀리 우뚝우뚝 솟은 빌딩. 이 속에 우리가 생각했던 민속(民俗)이 남아 있을 것인가. 우리 조사단 일행은 모두들 이 섬의 문명에 신기해하면서도 민속조사에 대해 적이 실망하는 빛이 떠올랐다.

이곳의 교육위원회에서 마중 나와 안내하는 대로 여관에다 여장을 풀었다. 보통 여관인데도 방마다 냉방시설이 되어있고, 2식 1박에 일화(日貨) 4천5백 엔(圓).『정세요람(町勢要覽)』을 대충 훑어보고 점심을 간단히 마친 다음 마가리(曲) 부락의 민속조사로 들어갔다. 마가리는 대마도에서 제일 먼저 어업에 손을 댄 전통적인 어촌이었다.

택시로 약 20분을 달리니 푸른 바다가 안으로 움푹 굽어든 어촌 마가리에 도착했다. 이 부락은 1백46호에 80척의 발동기 어선이 있다. 방파제 끝에 시멘트로 높이 70cm, 폭 90cm의 옥상을 만든 어신사(漁神社)가 있고 부락의 좌측 산기슭에 산신(山神)을 모신 신사가 있다. 이곳 신사를 조사하다가 제의가 끝난 후에 행하는 후나고로(舟ゴロ)[2]라는 주경주(舟競走)를 처음 알게 되었다.

돌아오는 길에 고라이문(高麗門)을 가보았다. 이즈하라의 자위대(自衛隊)가 주둔한 병영이 되어 내부의 사옥(舍屋)은 흔적이 없고 지금은 고라이문이라 불리는 소슬대문 모양의 것만 높다랗게 솟아 있는데 자위대의 군용차가 드나들고 있다. 고라이문의 내력을 물으니, 고려의 사신이 대마도에 와서 이곳에 머물렀다 하여 '고라이문(高麗門)'이란 이름이 생겼다고 안내자가 설명해 준다.

'반쇼원(萬松院)'이란 절을 가보니 역시 한국에서 볼 수 있는 소슬대문 모양의 문이 있는데 관우묘(關羽廟)의 모양을 그대로 옮긴 느낌을 준다. 좌우로 목우(木偶)의 역사(力士)가 눈을 부라리고 달려들 듯한 기세, 이 문을 지나 본전(本殿)을 돌아 높다란 층계를 약 2백 개 밟고 올라서니 역대(歷代) 이곳 영주(領主)의 묘(墓)가 즐비하게 솟아 있다.

---

2) 와타즈미(和多都美)신사에서 고래로부터 이어져온 대제(大祭)로, '후나구로(舟グロ—)'로 더 잘 알려진 전통 조정 경기이다. '구로(グロ—)'는 겨루다는 뜻의 '구라베(比べ)'의 사투리라고도 한다. 1986년에는 '후나구로' 보존회가 9시간에 걸쳐 노를 저어 대한해협을 횡단하여 부산에 도착했다.

이 중에 "반쇼원 님 19대 요시토시(萬松院殿, 十九代 義智)"라는 푯말이 붙은 데를 보니 반쇼(萬松)는 한국을 쳐들어간 맨 처음의 영웅이기 때문에 그를 기념하기 위해 이곳의 반쇼원을 지었다는 내력의 비문이 새겨 있다.

반쇼는 아마도 한국에 맨 처음으로 건너와 해안을 약탈한 최초의 왜구(倭寇)였을 것이다.

하나의 시간 선상에서 일어난 역사적 사건일지라도 지역이 다르면 이렇게도 정반대의 사실(史實)로 왜곡되는가. 대수로울 것 없는 왜구 졸개가 영웅으로, 그것도 이 왜구를 기념하기 위해 사찰까지 세웠다니.

역사의 해석이란 참으로 미묘한 것이다. 대마도, 오늘날까지도 90%가 산악의 쟝글이고 보니 옛날에는 농지가 더욱 좁아 쌀이라곤 구경도 못 했을지도 모른다. 육안으로 빤히 바라다보이는 47km의 한국 땅, 바다에 익숙한 왜구는 배가 고파서 쌀을 훔치러 건너왔을 것이다. 당시 왜구가 얼마나 한민족을 괴롭혔는가 하는 것은 저 신라의 문무왕이 죽어서 동해의 대왕암에 묻힌 그 사실(史實) 하나만으로도 더 긴 설명이 필요치 않을 것이다.

교회를 볼 수 없는 마을

비지터 센터라는 작은 향토관에 들르니 이곳의 자기(磁器)와 민예품(民藝品) 수십 점이 진열되고 이 중에는 이조(李朝) 때 국왕(國王)이 일인(日人)에게 내린 교지(敎旨)가 눈에 띈다. 그리고 고니시 유키나가(小西行長)의 말안장도 눈에 띈다. 저 말안장, 그 위에 앉아 우리의 금수강산을 쑥밭으로 밟아댄 그 장본인, 이 말안장도 역시 역사를 왜곡시키고 있는 것이다.

이즈하라로 돌아와 1박한 다음 대마도의 최남단 부락인 쓰쓰(豆酘)로 갔다. 험준한 산맥을 넘으면서 터널 두 개를 지나 산 중복(山中腹)을 몇 번 돌아가니 그림처럼 내려다보이는 푸른 바닷가의 마을이 보인다. 반농(半農) 반어촌(半漁村)으로 4백 호나 되는 부락이다.

이곳의 중앙공민관에서 현지 태생의 노령자들과 부락의 개황을 들은 다음 '천도신(天道神)', '뇌신(雷神)', '다쿠즈다마신(多久頭魂神)' 등을 조사하고 대표적인 민가(民家)도 조사했다. '다쿠즈다마신사(多久頭魂神社)'는 이 쓰쓰 부락의 배후 산록(山麓)에 있는데, 부락과 신사 사이에 큰 개울이 가로 흐르고, 이 개울부터 신성한 성역인 까닭에 주민들의 출입을 삼가한다. 신사 경내 입구에 있는 도리이(鳥居)를 약 30개나 즐비하게 세워나갔는데 그 전부가 소원 내용을 먹글씨로 쓰고 발원자(發願者)의 성명을 써서 세운 것들이었다. 이곳에는 신전(神田)이 있는데, 궁사(宮司)가 대(代)를 물리면서 농사를 지어 그 쌀로 제(祭)를 지낸다.

곤고원(金剛院)이란 작은 절을 가보니 도시에서 보는 절처럼 그 치장이 호화롭지도 않고 그저 낡은 신사 모양이어서 절인지 신사인지 분간이 안 될 정도다.

그리고 신사와 절을 함께 믿고 있어서 별다른 한계도 없고 또 아무런 마찰도 없다. 자기들 본래의 신사를 그대로 계승시키면서 절은 절대로 믿고 있다. 그런가 하면 대마도에서는 어디를 가나 기독교의 교회를 볼 수 없었고 기독교라는 말조차도 들을 수 없었다.

이즈하라정(町) 교육위원회의 안내로 히타카쓰(比田勝)정, 대마도의 최북단까지 가는데 택시 3대를 불러대더니 타라는 것이었다. 택시 미터가 올라가기 시작하는데 천원에서 금방 이천 삼천으로 뛴다. 도대체 얼마나 나올 것인가 한국 측 조사단의 경리 관계를 맡은 나로서는 적이 불안했다. 버스를 타도 될 텐데 굳이 택시까지 타고 다니며 민속조사를 할 필요가 있을까. 이것이 전부 외화, 밖에다 뿌리는 돈이란 생각을 하니 일을 이렇게 처리하는 일본 측 조사단의 내심이 원망스럽기까지 했다.

일본의 화폐 가치는 한국에 비해 단위만 높을 뿐이지 실제의 사용면에서는 물가가 높기 때문에 헤프다. 그걸 믿고 이러는 것이냐는 생각까지 해보았다. 그렇다면 우리의 입도 생각해야 공동보조가 될 텐데. 택시는 어느새 목적지에 이르고 요금은 7천6백 엔이 나왔다. 세대의 요금을 합한다면. 그러나 알고 보니 이 택시는 이즈하라 정장이 특별히 제공하는 교통 편의였다.

가는 곳마다 행정청의 협조를 받게 되었는데, 학자들을 얼마나 깍듯이 그리고 소중하게 대하는지 언뜻 생각하기에도 이 사람들이 얼마나 정신세계를 존중하고 있는가 하는 것을 짐작할 수 있었다.

해발 1백 90m의 고라이산(高麗山)

히타카쓰, 이곳은 가미쓰시마(上對馬島). 여기서 한국의 부산까지는 47km, 빤히 바라다보이는 거리였다. 남쪽보다는 북쪽인 이곳에 오니 한국과의 여러 가지 관련된 민속 상의 문제들이 눈에 띈다. 하루 밤을 쉬면서 이 지역의 기초조사를 한 다음 이튿날 분야별로 나누어 지역별로 분산 조사하게 되었다.

가미쓰시마의 와니우라 배후(背後)에 해발 1백90m의 고라이산(高麗山)이 있다. 대마도 북단에서 해안으로는 제일 높은 산이기도 하다. 이 산에서 똑바로 바라보면 한국의 남해, 부산 근방이 된다.

고라이산의 유래에 관해서 현지의 노인들은 다음과 같이 전했다. 이곳 고라이산정에 봉화대가 있는데, 이 봉화대는 원(元)나라가 대마도에 쳐들어 왔을 때 사용되었고 이조 때의 사신이 일본에 갈 때에도 봉화를 올려 본토에 알렸기 때문에 '고려(高麗)'의 인연으로 해서 고라이산이란 이름이 생겼다고 했다.

오우라(大浦)에는 부락에서 공동으로 신앙하는 신사만도 여섯 개나 된다. 그중에서 '이와타테신사(岩楯神社)', '오지누시신사(大地主神社)', '시게오신사(茂王神社)'3)가 제법 큰 규모를 갖추어 전각(殿閣) 형태로 발전했다.

오지누시신사를 돌아볼 때 이곳의 본전(本殿) 뒤에 두 아름드리의 신목(神木)이 있고 그 옆에 역시 같은 크기의 신목이 쓰러져 썩고 있는 것이 눈에 띄었다. 원래의 신목은 고목이 되어 쓰러지고 그 옆자리에 지금의 신목이 크고 있다는 것이다. 수목 숭배의 요소가 있다는 것을 말해주는 좋은 예가 된다.

이곳 오우라는 대마도의 북쪽에 있기 때문인지 한국과 관련되는 이야기가 다른 곳보다도 많이 나왔다.

오우라의 좌측 곶의 산기슭 바닷가에 이와타테신사가 있는데, 이곳에는 '스사노오노미코토(素戔嗚命)'신을 제신(祭神)으로 봉안(奉安)하고 매년 봄의 3월 3일과 가을의 11월 1일에 제(祭)를 지낸다. 이곳에 신사가 생기게 된 유래를 현지의 오우라 마사오미(大浦正臣) 씨(72세)는 다음과 같이 전한다. 한국은 예로부터 문화대국이었기 때문에 '스사노오노미코토'신이 한국으로 문화를 수입하러 갈 때 이곳 오우라의 앞바다에서 배를 타고 떠났고 돌아올 때도 이곳 바다로 돌아왔다. 이런 연유로 해서 신사에 '스사노오노미코토'신을 주신(主神)으로 봉안한다고 했다.

---

3) 미상.

이 신사의 유래를 말하자 옆자리에 있던 오우라 겐키치(大浦健吉) 씨(68세)는 품 안에서 소중하게 싸맨 쌈지 주머니 같은 것을 차근차근 끄르고 엽전 두 닢을 내밀었다. 받아서 들여다보니 '상평통보(常平通寶)'란 네 글자가 또렷하다. 이 엽전이 전에는 이와타테신사에 수북히 싸였다고 했다. 아마도 한국과의 왕래에서 따라 들어온 것이리라.

임진왜란의 슬픈 전설

오우라, 이곳에 임진왜란의 슬픈 꿈이 있다. 오우라의 부락 맞은편 산기슭 밭 가운데 사방 4m, 높이 2m가량의 돌무덤이 있는데, 이것을 '센닌즈카(千人塚)'[4]라 부른다. 이 무덤은 임진왜란 때 한국에서 천 사람의 한국인 목을 잘라다 묻었다 하여 센닌즈카란 이름이 붙었다는 것이다. 그런가 하면 천 사람의 한국인 귀(耳)를 잘라다 한데 묻었다는 이야기도 있다. 이 센닌즈카의 비화, 얼마나 쓰라린 우리의 아픔인가.

이마자토(今里)에도 임진왜란 때 잡혀와 함께 묻혔다는 한국인의 무덤이 고총(古塚)으로 전하는 전설이 있고, 이때 잡혀 와서 대장간 일을 비롯해 사역(使役)하다가 정착하였다는 한국인 마을이 있다. 그런가 하면 오우라의 윗동네에는 임진왜란 때 출전하여 동래(東萊) 상륙 때 화살을 맞고 죽은 활의 명수 다쿠마(琢磨)에 대한 전설[5]과 그를 봉안한 다쿠마사(琢磨祠)가 있다.

다쿠마는 대마도에서 제일가는 활의 명사수로 임진왜란 때 도요토미 히데요시(豊臣秀吉)와 같이 한국에 쳐들어갔다. 동래 상륙 때 한국 병사가 활을 쏘면 어떻게 잽싸고 용맹했던지 날아오는 화살을 잡아

---

4) 미상.
5) 미상.

내던져 화살이 빗발쳤지만 오는 대로 다 잡아 던지며 진격하여 한국 군이 위기에 몰리게 되었다. 이때 한국군이 피를 내어 화살에 대통을 꽂아 쐈았다. 다쿠마는 이것을 모르고 전과 같이 화살을 손으로 잡아 내려 하였으나 대통만 손에 잡히고 그 속에 든 화살이 그대로 날라들 어 그의 이마에 명중했다. 화살이 꽂힌 채 싸우다가 웅천(熊川)에 있는 절의 중에게 보였더니 화살을 뽑으라 하여 뽑으려고 애를 써도 뽑히 지 않아 이마에 무릎을 대고 두 손으로 화살을 잡고 뽑았다. 다쿠마는 화살을 뽑고 돌아와 고향에서 죽었다. 그 후 자손 대대로 사우(祠宇)를 짓고 다쿠마의 영(靈)을 제(祭) 지내는데, 지금도 동네 청년들이 무사 신(武士神)으로 신앙하며 배(拜)한다. 사우는 동네 가운데의 밭 옆 숲 속에 1간(間) 정도의 목조로 서 있다.

남으로 더듬어 내려오며 미네(三根)에서 여장을 풀고 주변 부락을 조사하기로 하였다. 첫날 가리오(狩尾)라는 어촌을 조사하게 되었다. 이곳의 민간신앙을 조사하고 덴도신사(天道神社)를 답사하게 되었다. 신사라기에 규모 있는 건물이 서 있을 줄 알았는데 막상 그 현장을 가보니 신목 한 그루만 있고, 그 밑에 높이 2척(尺) 가량의 자연석 하 나가 위패처럼 세워져 있다. 아마도 이런 형태(形態)가 신사의 고형(古 形)일 것이고, 전각에다 도리이가 있는 것은 후대의 변형일 것이다.

72년도에는 일본의 도시 주변을 돌아다니며 신사의 원형태(原形態) 가 어떤 것인지 몰라 몹시 궁금했었는데, 이번 대마도의 조사에서 어 느 정도 그 궁금증이 풀릴 수 있는 자료가 나온 셈이다. 그런가 하면 게치(鷄知)의 스미요시신사에는 목우(木偶)가 신체(神體)로 봉안되고 있어서 일본 신도의 원모습을 설명해 주는 좋은 자료가 된다.

이곳 미네의 기사카 부락에 대마도 신사의 총 본산인 가이진(海神) 신사가 있다. 메이지 시대에 국정(國定) 신사로 제정된 곳이다. 경내는 원림(原林)이 울창하고 수백 개의 돌층계를 밟고 돌아올라간 산정(山頂)에 거창한 신사가 있다. 이 가이진신사의 훤히 트인 앞바다는 그대로 한국의 남해 쪽이 되고 제(祭) 후(後)에 신(神)을 맞아들이는 후나고로 주경쟁(舟競爭)이 이 바다에서 행해진다.

게치(鷄知), 이마자토(今里)의 조사를 마치고 다시 이즈하라로 돌아와 배를 타고 이키노시마(壹岐島)의 조사길에 올랐다.

대마도, 우리나라에서 너무나 가까운 거리에 있기 때문에 가까우면서도 멀어야 했던 대마도, 이곳의 북쪽 끝 와니우라(鰐浦) 일대는 도요토미 히데요시가 임진왜란 때의 전진기지로 잡아 전쟁준비를 한 곳이다. 가깝기 때문에 배를 타고 쳐들어올 생각을 했던 것이다.

그러나 바다에 경험이 없는 원(元)나라는 대마도를 쳤으나 실패하였다. 대마도 주민들은 원의 침입만을 역사적 수치요, 억울한 침해로 말하면서 임진왜란에 관해서는 언제나 '조선 정벌'이라 자랑스럽게 말하면서 도요토미 히데요시를 장한 영웅으로 추켜세웠다. 그러다가는 '조선 정벌'이란 말이 미안하다고 사과하는 노인도 있었다.

지도를 펴놓고 보면 부산에서 47km의 거리, 배로 2시간 정도면 족하다. 그러면서도 그 어려운 여권과 비자를 내서 도쿄로 해서 후쿠오카로 가 하루 밤을 쉬고 배로 다섯 시간 반 동안을 다시 부산 쪽을 향해 올라가야 대마도의 이즈하라항에 오를 수 있다. 이렇게 많은 여비와 시간을 들여 돌아가다 보니 우리네의 조상이 한없이 원망스럽기만 했다. 그 가까운 대마도 하나를 손에 넣지 못해 후손들이 이렇게 고생을 하고 빙빙 돌아가야 하다니. 김종서(金宗瑞) 장군[6]이 대마도를 정벌하였다는 기록이 분명히 역사에 나오는데 그 후 어찌 된 것이었을까. 그렇게 생각을 하다 보면 왜인이 제주도를 침략하지 않은 것이

---

6) 이종무의 오기로 보임.

천만다행이다.

　대마도의 센닌즈카, 해가 바뀐다고 해서 그 누가 외로운 고혼(孤魂)
에게 냉수라도 한 그릇 올릴 것인가.

(『世代』 135, 1974)

2. 임동권 「쓰시마에 보이는 한국 민속: 고대인들의 발 자취를 찾아서」(1974, 한국어역)

　1974년에 김태곤 등과 함께 오쓰카민속학회와 한국민속학회의 제휴로 이루어진 한일공동민속조사팀의 일원으로 쓰시마에 대한 공동조사에 참가한 임동권(任東權, 1926-2012)이 집필한 방문기이다. 임동권은 이 조사와 관련해 2편의 방문기를 발표했는데 여기에 모두 소개한다. 먼저 일본어로 작성된 이 글에서는 고대에 대륙에서 일본으로 민족과 문화가 이동하는 루트를 탐색하기 위해 '중간에 위치한 섬'인 쓰시마에서 민속학적인 흔적을 찾으려 한다는 목적을 밝히고 있다. 이 공동조사에서는 쓰시마뿐만 아니라 이키도 대상 지역으로 하고 있는데, 임동권은 쓰시마는 민속학적 관점에서 한국에 더 가까운데 비해 이키는 일본에 더 가깝다고 보았다.
　임동권은 한국 민속학의 1세대 학자로 민요의 수집과 연구에서 시작하여 점차 구비문학·민속예능·세시풍습·민간신앙·무속 등의 넓은 분야로 관심을 넓혀 갔고, 일본 각지의 민속 조사도 활발히 전개해 비교민속학 분야에도 많은 업적을 남겼다.

쓰시마에 보이는 한국 민속
: 고대인들의 발자취를 찾아서

임동권

1

하카타(博多)항에서 아침 9시에 페리로 출발, 도중에 이키(壱岐)의 고노우라(郷ノ浦)에 들렀다가 쓰시마의 이즈하라에 도착한 것은 오후 2시 30분쯤이었다.

배에 약한 나는 승선하기 전에 미리 멀미 예방약을 먹었지만, 배의 흔들림이 너무 심해서 말 그대로의 빈사상태에서 살아난 심정이었다. 페리가 하카타항을 떠나자마자 속이 메슥거려서 누웠는데, 페리가 파도에 흔들릴 때마다 내 몸은 5시간 동안 허공에 매달려 있었으니 축 늘어진 것도 무리는 아니었다. 더욱이 일등실이어서 냉방이 너무 강해 섭씨 34도의 한여름인데도 담요를 덮고 있을 지경이었다.

이즈하라항은 단조로운 점이 특징이었다. 한때는 한국을 왕래하는 밀수선이 북적댔다는데 삼면이 산으로 둘러싸여 있고 남쪽만 바다를 면하고 있는 천혜의 미항이다.

부두에 내려서 사방을 둘러보니 서쪽의 언덕에는 노송이 무성하고 그 사이로 기와지붕이 보였다. 마치 한국의 절을 보는 듯한 기분이 들었다. 한눈에 건축양식이 일본 본토와는 다르고 오히려 한국의 건축양식과 유사하다는 것을 느꼈다.

우선 여관을 찾아 여장을 풀고 배를 채우러 나갔다. 어쨌든 구토 때문에 아침부터 한 입도 먹지 못했다.

식사를 마치고 카메라를 짊어지고 시내를 일주했다. 10분쯤 가자 도리이(鳥居)가 높이 솟아 있고 거목이 무성하게 자란 곳에 도착했다. 하치만궁(八幡宮)이라는 표찰이 붙어 있었다.

너무나도 닮은 건축양식

일본에는 어디에 가도 신사가 있다. 하지만 이 신사는 외관이 전형적인 신사와는 다르다.

석단을 올라서자, 마침 우리나라 사찰의 산문(山門) 같은 건물이 있고 그것을 지나자 사전(社殿) 앞의 넓은 정원, 그리고 그 안쪽에 사전이 자리잡고 있다. 사전의 동쪽 건물도 우리나라의 시골에서 보이는 부속 건물 같은 인상을 준다.

평기와를 비롯해 망새, 서까래기와에 이르기까지 공통점을 엿볼 수 있었다. 쓰시마의 민가는 일본 본토와 그다지 다르지 않았지만, 부두에서 슬쩍 본 고찰(나중에 알게 되었는데 게이운사(慶雲寺)와 세이잔사(西山寺)라는 절이었다)과 하치만궁의 건물 등 상당히 오랜 건물에는 한국의 건축양식이 영향을 미친 것으로 보이는 요소가 있었다.

이번 여행지를 한국과 일본의 중간에 위치한 쓰시마와 이키로 정한데에는 내 나름의 이유가 있었다.

대개 외국여행이라고 하면 화려한 도시를 먼저 떠올리는 것이 통례이지만, 이번의 내 여행은 민속조사가 주목적이었기 때문에 문명의 혜택을 입은 도시를 피하여 벽지를 찾은 것이다. 다소 이색적인 행적으로 보일지 모르지만, 가장 불편한 섬을 그것도 가장 싫은 배편으로 일부러 쓰시마를 찾은 것은 옛날에 대륙에서 일본으로 민족이 이동하거나 문화가 전파되거나 했을 무렵, 날씨가 청명한 날에는 부산에서 우

262

선 쓰시마로, 나아가 이키로, 그리고 마침내 멀리 규슈로 건너가지 않았을까 하는 가정 아래 한국에서 일본으로 건너간 루트를 탐색해 보고자 했기 때문이다.

즉, 한국과 일본은 지리적, 역사적 여건으로 보아도 고대부터 왕래가 있었을 터이고, 처음에는 대륙에서 중간에 위치한 섬으로 건너갔을 것으로 추정되므로 쓰시마와 이키에서 민속학적인 흔적을 탐사하려고 한 것이고, 이에 더해 문화의 변용 과정을 규명하는 것도 흥미로운 점이었기 때문이다. 이러한 엉뚱한 발상에서 민속학자들은 때로는 산에 오르고 강을 건너고 민가에 머물며 수십 킬로를 멀다 않고 제대로 먹지도 못하는 고생을 굳이 하는 것인데, 나의 이번 여행도 그 카테고리에 속하는 것이었다.

하치만궁에서 돌아오는 길에 큰길을 피해 일부러 주택가를 지났을 때 특히 돌담이 눈에 띄었다. 그것은 옛 무가(武家)저택이었다. 무사들은 방어를 굳게 하여 위엄을 자랑하기 위함이었는지 담을 정성껏 쌓아 올리는 풍습이 있었는데, 여기 돌담도 높이 6척 남짓 쌓아 올린 솜씨가 한국을 연상시키는 것이었다.

2

뱃멀미 탓이었는지 너무 피곤해서 여관으로 돌아가 누웠다. 눕기는 했지만, 바로 잠이 들지 않아서 지도를 펼쳐 예비지식을 얻기로 했다.

이즈하라는 쓰시마 제일의 도시이고 문화, 교통, 경제, 행정의 중심지이다. 구번주 소씨의 고향도 다름 아닌 이즈하라이다. 지도를 보는 동안 나는 대단히 흥미로운 어떤 현상을 발견했다.

항구 입구에는 다테가미암(立龜岩)이라는 절벽이 서 있고, 그 후방에는 이모리산(飯盛山)과 우시로산(後山)이 자리하고 맞은편 기슭에는 무카이산(向山)이 있다. 북쪽에 소데후루산(袖振山, 310m), 곤겐산(権現山, 410m), 온조지산(隠蔵寺山, 443m)이 있고, 서쪽으로는 시미즈산(清水山), 가쿠요쿠산(鶴翼山), 호만산(宝満山)이 있다. 남쪽 해안을 따라서 1km 남짓 가면 구타(久田)라는 마을이 있는데, 여기에서 북쪽 이즈하라를 향해 돌출해 있는 갑을 우쓰스리노하나(宇津須利の鼻)라 부른다.

요컨대, 쓰시마의 지명에는 다분히 한국어의 영향이 보일 뿐만 아니라 이즈하라를 중심으로 모든 것이 풍수설에 따라 배치되어 있다는 인상이 들었다.

풍수설에 의한 지명

이즈하라라는 것은 일본에서 신령이 강림하는 신성지를 의미하며 한국어로는 '윗벌(上原, 上村)'이라는 의미로 어르신이 있는 곳이라는 의미도 된다. 이즈하라를 중심으로 뒤편에는 우시로산이, 그리고 앞쪽에는 무카이산이 있다. '좌청룡'의 위치에 이모리산과 다케가미가 있고, '우백호'를 의미하는 가쿠요쿠산, 멀리에는 '현무'인 곤겐산이 위치해 있다. '현무'가 길게 늘어져 이즈하라를 좌우로 감싸고 있는 모양새이다. 왼쪽에 거북[立亀岩], 오른쪽에 학[鶴翼山]을 감싼 장수(長壽) 형상을 갖추고 있고, 나아가 왼쪽에 이모리산(飯盛山), 오른쪽에 호만산(宝満山)을 끼고 있어 식록의 풍부함을 상징하는 이상향이다.

쓰시마에 상륙한 첫날의 수확이라면, 이 땅의 건축양식과 풍수설에 영향받은 것으로 보이는 주변의 지명이었다. 이즈하라에서 1박을 하고 나서 쓰시마 남단의 쓰쓰(豆酸)로 향했다. 양장(羊腸)처럼 구불구불한 산길을 1시간 정도 걸어야 했다. 대마도에는 산이 많다. 가끔 인가가 두세 채 계곡에 흩어져 있을 뿐, 마을다운 곳도 없었다. 면적은 710평방킬로미터라는데, 인구는 겨우 6만을 밑도니 무리도 아니다. 더욱이 최근에는 산아제한과 청년들의 도시 이주로 인구는 날이 갈수록 줄어만 간다는 이야기였다.

쓰쓰는 반농반어촌의 100호 남짓한 취락이다. 여기에는 다쿠즈다마 신사(多久頭魂神社)가 있는데, 원래 여기에는 관음당이 있었다고 한다. 관음당에는 고려판이라고 하는 팔만대장경 약 1600여 책이 소장되어 있는데,[7] 그 일부는 현재 이즈하라 향토관에 전시되어 있다. 원래는 절이었던 것이 지금은 신사가 되어 버렸다고 한다.

당신(堂神)의 일종 '천룡단(天竜壇)'

그 옛날 일본 본토에서 대륙으로 왕래했을 때, 종종 여기에 정박했다고 전해지는데, 지리적으로 남단에 위치해 있어서 충분히 수긍할 수 있는 이야기이다.

쓰쓰의 남북 10km 지점에 다테라봉(竜良峰)이 있고 그 정상 가까이에 천룡신앙의 제단이 있다. 또한, 그 근처 숲은 '시게(茂)'라고 해서 사람들의 출입을 금기시하는 신역이 되어 있다.

천룡단을 무덤이라고 하는 설도 있지만, 무덤이 아니라 제단이라는 것이 정설이며, 『쓰시마 기사(津島紀事)』에는 졸토(卒土)라고 기록되어 있다. 졸토는 일본어 발음 소도(蘇塗)와 동일한 점으로 미루어 몽골에서 전래된 소도의 단이 한국을 거쳐 쓰시마에 전파된 것이 아닐까 생

---

7) 다쿠즈다마신사에 소장되어 있는 고려대장경은 세조대에 인출된 것으로 전 1,021권(권 자장 3권, 절첩장 2첩, 대철장 1,016책)이라고 한다. 바바 히사유키, 「고려대장경 인출본(印出本)에 보이는 묵서의 검토: 세조대 인출본을 중심으로」, 『한국문화』 91, 규장각한국학연구원, 2020.

각된다. 금기의 엄격함과 지붕이 없는 석조 제단 등에서 우리나라의 당신(마을의 수호신)의 일종이었을 것으로 보인다.

3

쓰쓰에서 1박하고 나서 버스로 3시간 반 거리에 있는 쓰시마 최북단으로 향했다. 산이 많은 쓰시마에서 종관도로[8]는 깔끔하게 포장되어 있어서 유쾌한 드라이브 코스였다.

남북으로 길게 뻗어 있는 쓰시마는 두 개의 섬으로 이루어져 있는데, 그 인접 부분은 대단히 가까워 길이 20m 남짓의 다리가 걸려 있다. 원래 하나의 섬이었던 것을 해운의 편의를 도모하기 위해 인공적으로 잘라냈다는 설도 있다.

이 종관도로가 개설되기 전에는 배로 남북 양 섬 사이를 왕래하는 불편함을 맛보았다. 태고 이래의 원시림이 울창하고 굴곡이 심한 해안선이 특히 경관을 이루고 있었다.

북단에 위치한 히타카쓰는 반어반농의 한촌이다. 예전에는 여기와 부산 사이를 왕래하는 연락선이 있었다고 한다.

여기에서 북단으로 더 가면 과거 일본군의 포대가 있는데, 이것은 대한(쓰시마)해협을 수비했던 일본 최대의 구경(口徑)을 가진 장거리 포였다고 한다. 북단의 와니우라 뒷산에 오르면 멀리 부산 방면의 산

---

8) 쓰시마 종관도로는 1915년에 측량이 개시되어 1918년에 히타카쓰를 기점으로 공사에 착수했으나, 간토대지진이나 전쟁 등으로 인해 공사가 중단되었다. 그러나 1953년 '이도(離島)진흥법' 성립으로 간선 종관도로 개발이 활발해졌고 1968년 5월에 미쓰시마정(美津島町)의 노부(濃部)터널이 개통되면서 히타카쓰-이즈하라 간 종관도로가 완성되었다. 현재 히타카쓰에서 쓰쓰 지구까지 이어져 있는 종관도로에는 27개의 터널이 있다.

을 볼 수 있다. 거리는 불과 53km이다. 이 산 위에서 한국을 조망할
수 있다고 해서 고라이산이라 명명했다.

'아이고'와 '구렌쿠이'

  히타카쓰는 일제시대 부산과의 왕래가 빈번했던 항구였을 뿐만 아
니라, 경제적으로도 부산에 속해 있었다. 고로들의 이야기에 따르면,
순풍이 불면 돛단배로도 3시간 안에 부산에 갈 수 있어서 아침 일찍
부산 시장에서 일을 마치고 영화 한 편 정도 보고 저녁에 돌아왔다고
한다. 물자 구입에도 본토보다는 오히려 부산이 가까워서 부산에서 충
당했다는 것이다.

  와니우라는 80호 남짓한 한촌이지만, 선적에 실린 어선만 해도 130
척 남짓이어서 1호당 1.5척의 배를 소유하는 계산이다.

  와니우라에는 공민관 뒤에 쇼메이산(曙明山) 호조사(宝蔵寺)라는 작
은 절이 있는데 원래는 반안사(万菴寺), 호카이사(宝海寺) 등으로 불러
온 천태종계 고찰이다. 그 옛날 쓰시마의 번주 소 요시자네(宗義真,
1639-1702)의 죽음을 애도하고 요시미치(義方, 1684-1718)의 습봉(襲
封)을 축하하기 위한 이왕조의 역관 일행이 돌아가는 길에 와니우라
부근에서 조난되어 한동지(韓同知), 박첨정(朴僉正) 등 108명이 사망한
일이 있는데,[9] 호조사는 그 영혼을 기렸다고 한다. 일본의 문헌에 이
왕조의 역관 일행이 조난된 것은 겐로쿠(元禄) 16년(1703)에 해당한다.
고로들에 따르면, 108명의 영혼을 기리는 위폐도 있고 비석도 있었다
는데, 공민관을 건설할 때 옮겨져서 지금은 위치도 알 수 없었다.

  옛날에는 한반도를 떠난 후 첫 기항지가 와니우라였고, 일본의 한국

---

  9) 제1장 각주 5) 참조. '동지', '첨정'은 조선시대 관직명.

항로 마지막 항구가 와니우라였기 때문에 그 주위에는 한국과 관련된 전설들이 많았다.

민속조사를 하는 동안 쓰시마 사람들이 감탄사로 '아이고'라는 말을 일상생활에서 쓰고, 뱀을 '구렌쿠이'(한국어로는 구렝이)라 부르는 것을 발견했다.

우리 일행을 안내해 준 지방문화재위원인 고토(古藤) 씨는 일제시대 말기에 이항녕(李恒寧, 1915-2008) 씨가 창녕군수를 했을 무렵, 그 밑에서 군청 과장을 지냈다고 회고하면서 한국과 일본의 고대문화의 공통성을 지적하며 한일 친선의 증진을 역설했다.

명물인 '고려꿩'

고토 어르신의 안내로 헤키레키(霹靂)신사 뒤에 있는 고분군을 찾아가자, 수년 전에 필자가 답사한 안동군 하회 산록에 산재한 고분군과 똑같았다.[10] 삼국 이전의 부족국가시대 고분 양식이 쓰시마로 건너간 것으로 추정되었다.

쓰시마에는 꿩이 많은데, 그것을 고려꿩이라고 부른다. 일본 본토에도 꿩은 많이 서식하지만 쓰시마의 꿩과는 조금 다르다. 쓰시마의 꿩은 빼어나게 아름다워 목 주위의 하얀 줄이 선명할 뿐만 아니라 폭이 넓어 한국의 꿩과 똑같다. 그래서 쓰시마 사람들은 이것을 고려꿩이라 부르고 명물이 되었다.

이키는 하카타에서 페리선으로 2시간 30분, 70km 지점에 위치하고

---

10) 1970년대 초 안동댐 수몰 지역 문화재에 대한 현지 조사가 이루어졌고, 당시 안동군 월곡면 도곡동의 지석묘나 월곡면 나소동 고분군 등이 조사되었는데, 그 고분군들을 가리키는 것으로 보인다.

남북 16km, 동서 13km, 섬 둘레 140km, 인구 5만의 작은 섬이다. 섬에서 가장 높은 다케노쓰지산(岳辻山)도 불과 213m로, 거기에 오르면 섬 전체를 내려다볼 수 있을 뿐만 아니라 바다를 사이에 두고 남쪽에는 규슈의 산들이, 그리고 북쪽에는 쓰시마가 보인다. 산림은 울창하고 그 사이에는 논이 있고, 그리고 상당히 풍요로워 보이는 농가가 3, 4채씩 점재되어 낙원을 연상케 했다.

4

이키의 인상

제2차 세계대전 중에 쓰시마에는 5천 명 남짓한 한국인이 살았는데, 이키는 한국과의 접촉이 전혀 없던 섬이다.

이키는 한국과 일본의 민속학자들의 민속조사 대상지가 되어 있으므로, 한국에서 일본으로 문화가 전파되는 과정에서 이 섬들이 중계지가 되었던 것으로 가정하면 확실히 쓰시마에서 이키를 거쳐 일본으로 건너갔음이 틀림없다.

이키의 첫인상은 쓰시마에 비해 훨씬 일본적이라는 점이었다. 도민들의 얼굴을 비롯해 건축이나 언어도 그랬다.

섬의 중심지라 할 수 있는 고노우라라는 항구에 여관을 정하고 가장 먼 곳에서 불과 4리밖에 되지 않는 지리적인 관계로, 도시락을 싸서 차를 타고 조사를 마친 후 저녁에 돌아오는 방법을 취했다.

여름이었던 탓인지 어디에 가도 여관은 여행객으로 혼잡했지만, 아스팔트 도로가 훌륭했을 뿐만 아니라 관청에서 차까지 제공해 주었기 때문이다.

두 손 들어버린 민요 조사

첫날 나는 고노우라에서 동쪽 8km 지점에 있는 기미가우라(君浦)라는 어촌을 찾았다. 미리 연락해 두었기 때문에 4, 5명의 고로들이 모여 있었다.

지방의 현황을 비롯해 세시, 풍속, 관습, 신앙에 이르기까지 여러 가지를 청취한 후 이제 민요에 대해 들으려고 했을 때였다. 지금까지 여러 이야기를 해준 고로들도 막상 민요가 되니 뒷걸음치기 시작했다. 부엌에서 일을 하면서 가끔 얼굴을 내밀어 우리들의 대화에 끼어들던 노파도 민요를 불러 달라는 권유에는 좀체 응하려 하지 않았다.

민요 수집은 어디에 가도 마찬가지였다. 우리나라 농촌에서도 민화나 전설에 대해서는 기꺼이 들려주던 상대도 민요가 되면 갑자기 뒤로 빼는 경향이 있지만, 이키도 그 예외는 아니었다.

점심시간이 되었다. 우리들 일행은 싸 온 도시락을 펼쳤다. 이 집 주인은 모처럼 식사 준비를 했다면서 물 좋은 생선회까지 대접해 주었다. 농촌의 따뜻한 인정은 어디에 가도 변함이 없었다. 우리들은 호의에 기대어 도시락을 집어넣었다.

여기에서는 민요는 수집할 수 없었지만, 이웃 마을로 가니 노래를 잘하는 고로가 있다고 해서 오후에 구키후레(久喜触)라는 마을로 갔다. 마침 그쪽 교육장이 차를 가지고 와 있어서 동행하게 되었던 것이다.

바다신을 모시는 신사

구키후레는 30호 남짓한 작은 어촌으로 바다신을 모시는 신사가 있었다. 생활은 풍요로워 보이고 고로들에게 술을 권하자 득의양양하게

270

민요를 부르기 시작했다.

동행한 가메야마(亀山) 교수는 그들의 민요를 유도하기 위해 스스로 몇 곡 민요를 불렀다.

그 덕택에 단편적이기는 하지만 몇 곡의 민요를 녹음할 수 있었다.

녹음을 끝마치고 나서 집을 나설 때 가시 모양의 돌기가 있는 조개 껍질이 문 앞에 걸려 있는 것을 발견하고 그 연유를 물었더니, '맛조개(マブリ貝)'라는 액운을 쫓는 상징이라고 한다.

산촌과 달리 어촌인 만큼 해산물을 액막이 주술로 삼는 듯한데, 수년 전에 충무지방 민속을 조사했을 때 문 앞과 벽에 갈치를 닮은 입이 긴 황금빛 머리가 걸려 있던 것을 연상했다. 충무지방에서도 액막이 주술이라고 했었다.

5

우리들은 섬 동서남북 네 곳을 선정해서 조사했는데 몇 가지 문제점을 발견했다.

우선 이른바 '오니노이와야(鬼の窟)'라 불리는 거석고분이었다. 일본의 설화에 의하면, 이키는 귀신의 섬으로 되어 있다. 그리고 그 귀신의 주거가 다름 아닌 석굴이라는 것이다.

하지만, 그것은 귀신의 주거가 아니라 고대의 고분이 확실하며 학자들도 그렇게 보고했다.

입구의 높이 1.5m, 폭 1m, 안길이가 10m 정도의 동굴이었다.

따라서 인간이 그 속에서 자유롭게 행동할 수 있을 정도이고, 내부는 세 방으로 나뉘고 돌뚜껑이 5개로 이루어져 있었다. 한국의 영남지방에서 발견되는 고분과 동일한 양식의 것이었다. 이 지역 사람들도 이렇게 커다란 돌을 어떻게 운반했는지 믿을 수 없어 했다.

두 번째로 마을의 명칭에 후레(触)라는 글자가 붙는 점이었다. 동쪽 마을은 히가시후레(東触), 서쪽 마을은 니시후레(西触), 남쪽 마을은 미나미후레(南触)라 불렀다. 즉 마을이 '후레'인 것이다.

이 '후레'에서 나는 곧바로 '伐' 한국어로 벌촌이라는 의미를 연상했다. 5만분의 1 지도를 펼치자 '触'가 붙은 마을이 96개나 있었다.

일본 본토에는 '触'라는 글자가 붙은 마을 이름은 없는데, 왜 이키에만 그것이 있는가 하는 점이다.

'벌'이 건너가서 '후레'가 되었음에 틀림없는 것 같았다.

원시신앙의 동일성

고노우라의 중심부에 위치한 사이신사(塞神社)에 들르자, 목각으로 된 1m 남짓한 양물(음경)이 서 있었다. 사이신(塞神)은 음경을 신체(神體)로 하는 생식기 숭배 원시신앙의 일종이다.

우리나라 동해안 지방의 성황당(城隍堂, 마을의 수호신을 모시는 사당)이나 천안지방을 비롯한 여러 지방에서도 양물이 신앙의 대상이나 수단이 된 것이 보이는데, 유교의 영향으로 두드러지지는 않는다. 그러나 일본에서는 전국 도처에 사이신이 모셔져 대조를 이루고 있다.

도쿄에서도 아침 일찍 우에노(上野)공원을 산책하면서 두 곳에서 돌을 조각한 양물을 발견했는데, 고노우라의 사이신도 손으로 만지면 행운이 온다고 하여 젊은 부인이나 소녀들이 손을 댄 후 정중히 절을 하는 풍경을 자주 보았는데, 정말 소름 끼치는 느낌이었다.

이쪽의 사이신사에는 나체춤을 추었다는 사루메노미코토(猿女命)[11]

---

11) 일본 신화에 나오는 태양신 아마테라스오미카미가 동생인 스사노오노미코토의 난폭한 행동으로 인해 암굴에 들어가 나오려 하지 않을 때, 알몸을 드러내며 춤

를 모시는데, 여신을 위로하기 위해 양물이 세워진 것 같다.

이키에서는 상당히 많은 민요를 녹음할 수 있었다. 나서서 민요를 불러준 세 명의 고로 덕분이었다.

그 옛날 이키에서는 줄다리기가 성대히 행해졌고, 그것이 남녀교제의 계기가 되었다고 하는데, 지금은 그러한 풍습은 없어져 버렸다.

(『アジア公論』 3(12), 1974)

을 추어 태양신을 바깥 세계로 끌어내는 데 성공했다는 아마노우즈메노미코토 (天鈿女命)를 조상신으로 하는 신.

3. 임동권 「일본에 심은 한문화: 대마도의 한국민속」(1975)

이 글에서도 임동권은 쓰시마 방문 목적을 한반도의 고대 문화가
일본으로 전파되는 과정에서 통과한 대마도에 대한 현지 조사에
있음을 밝히고 있다. 특히 쓰시마의 산명에 두드러진 '단산'을 산신
신앙의 흔적으로 보고 한반도의 원시의 신앙 형태가 옮겨온 것으로
파악했다.

일본(日本)에 심은 한문화(韓文化)
: 대마도(對馬島)의 한국 민속(韓國民俗)

임동권

　대마도는 한국과 일본의 중간에 위치한 섬이다. 날씨가 청명한 날이면 부산 앞바다에서도 멀리 바라다보일 정도로 가까운 곳이다. 부산에서 겨우 50km 거리에 있으면서 일본의 땅이다. 제주도보다도 훨씬 가까운 곳이라는 것을 많은 사람들이 알지 못하고 있다.

　대마도는 남과 북의 두 섬으로 되어 있는데, 두 섬 사이에는 불과 30m밖에 안 되는 좁은 수로가 있을 뿐이고 그 위에 교량이 있어 두 섬을 연결시키고 있다. 원래에는 이 두 섬이 붙어 있었고 조수가 들어오면 떨어지게 되었다고 전한다. 그러나 러일전쟁 때에 해군의 군함이 통과하기 위해서 넓게 판 것이 오늘날의 상태라고 한다. 필자가 1974년 8월 초에 이곳을 여행했을 때에 30m로는 화물선이 통과하기 좁아서 확장공사를 하고 있었다.

　대마도는 일본에서 넷째 가는 큰 섬으로 면적이 709평방키로 주위가 702km이고 인구는 겨우 6만이 못 되는데, 근래에는 본토로 진출하는 젊은이가 늘어서 인구는 매년 줄어들고 있다는 것이다. 남해상에는 50km 떨어진 곳에 이키노시마(壱岐島)가 있고 여기에서 기타큐슈(北九州)까지는 25km밖에 안 된다. 따라서 대마도는 일본 본토보다는 한국에 20km나 가까운 곳에 위치하고 있다.

　필자가 대마도에 여행한 것은 그만한 이유가 있다. 한반도의 문화가 고대에 일본으로 전파되려면 반듯이 대마도를 통과했을 것으로 믿었기 때문에 언젠가는 대마도에 가서 민속조사를 하려고 계획을 세웠기 때문이다.

고대에 민족이 이동할 때에 북방에서 몽고 사막과 만주 평야를 거쳐 한반도에 이주한 수렵민족들은 반도 남단에 이르러 발을 멈추고 정착했을 것이다. 오랫동안 그런대로 신천지를 얻은 기쁨에서 한반도에 살다가 이들은 다시 신천지를 찾아 이동하고 싶은 충동에서 여러 가지로 궁리했을 것이다. 이때에 그들은 날씨가 좋은 날이면 바다 멀리에 보이는 섬을 바라보고 바다를 정복하고 다시 신천지에 가려는 욕심이 일어났을 것이다. 여기에서 용감한 사람들이 배를 만들고 항해술을 익혀 바람이 없는 때를 택해서 모험에 나서 고생 끝에 대마도에 상륙했을 것으로 생각한다. 다만 그게 언제이며 누가 앞장섰든가에 대하여서는 너무 오래된 일이라 지금 알 도리가 없다. 대마도에 상륙한 사람들은 우선 여기에 정착하고 후속 부대들도 뒤따라서 여러 배가 오가고 했을 것이다. 그러나 대마도는 거의 전도(全島)가 산악이어서 생활에 적당한 곳이 아님을 알고 다시 남쪽 바다 멀리에 보이는 이키노시마에 진출했고, 이키노시마는 산은 거의 없고 구릉과 평야만이어서 살기는 좋으나 면적이 140키로평방밖에 되지 않아 협소해서 다시 남으로 바다를 건너 기타큐슈에 상륙하였을 것으로 추측된다. 이러한 경로는 단순한 공상적인 추측이 아니라 현지를 두루 여행하고 나니 확신을 가지게 되었고 짐작했던 대로 민족 이동의 코―스이었다.

대륙에서 민족이 이동한 코―스가 대마도 이키노시마를 거쳐서 일본에 건너갔다는 것이 금년에 실시한 삼한(三韓) 수로조사에서도 증명이 되었고 또 역사학에서도 이미 오래전부터 언급이 되어 있는 터이다. 고대인들도 생존의 필요에서 또는 창의력과 개척심에서 신천지를 찾는 모험을 감행하였으며 날씨 좋은 날에는 아득하게 바라다보인다는

데 그들의 꿈은 자랐을 것이며 가보고 싶은 의욕이 왕성했을 것이다.

민족의 이동은 문화의 전파에 결정적인 역할을 하는 것이다. 일본민족이 대륙에서 한반도를 거쳐 건너갔을 것이라는 설을 가설로나마 주장하는 이가 많으나, 실제에 있어 수긍할만한 고증자료를 제시하는 일은 적고 어쩌다 제시하는 경우에도 문헌을 인용하는 데 그치고 있다. 이러한 상황에서 민속학의 측면에서 생활자료를 통해서 고증을 시도해 보려는 생각에서 '한문화(韓文化)가 일본으로 전파하는 과정에서 통과한 대마도'를 한번 현지조사를 해보고 싶었던 것이다.

그 결과 결론을 미리 말하자면 대마도는 일찍이 한문화가 전파하여 대마도의 기층문화를 이루고 다시 기타큐슈로 빠져나갔다고 말할 수가 있다.

대마도와 우리 역사와의 관계는 역사학자에게 맡기고 여기에서는 현지조사를 통해서 얻은 민속자료를 통해서 언급하려고 한다.

우리가 대마도에 상륙한 것은 1975년 7월 말이었는데, 현지 사람들은 한국인이라면 밀수를 목적으로 오는 상인들뿐이었는데 민속조사를 왔다는 말에 의아한 눈치이었다. 그들의 첫인상은 체격이 일본인보다 크고 좋으며 균형이 잡혀 있어서 한국인과 같았다. 근래에 일본 의학계에서 대마도인은 백프로 대륙계라는 데이타가 나왔다는 보도가 있었거니와,[12] 대마도인을 대하고 보니 '왜소한 일본인'이란 생각은 없고 '우리와 같은 체격을 가진 사람들'이란 인상이 들었다. 여인들도 얼

---

12) 당시 다카마쓰 고분 발굴로 고대 일본과 한반도와의 관계사에 대한 관심이 집중되는 가운데, 한국문화의 일본 전파에 대한 다양한 견해가 제출되었다. 특히 인류학 방면에서는 야요이 시대 인골의 형태가 한반도와 대마도에서 출토된 신석기시대 인골과 유사하여 일본인은 대륙의 유전자와 섞였다는 주장을 한 일본의 해부학자이자 인류학자인 가나세키 다케오(金関丈夫)의 '도래 혼혈설'이 소개되기도 했다. 장주근, 「言語서 가장 잘 드러나」, 『조선일보』, 1972.4.7.

굴과 몸이 균형이 잡혀 미인형이 많이 눈에 띠었다.

민속조사를 위해서 첫 작업으로 오만분지일의 지도를 펴놓고 스케줄을 짜다가 발견한 것은 대마도의 큰 산명에는 단(壇)자가 붙어 있다는 것이다. 나카미치노단(中道壇), 시마노단(島壇), 시오야단산(塩屋壇山), 시토미단산(土富壇山), 도미노단산(遠見壇山), 가즈에노단산(カズエノ壇山), 야나기노단산(柳壇山), 누에시노단산(舞石壇山), 핫토마키단산(八斗蒔壇山), 오야마단산(大山壇山), 노다노단산(野田壇山) 등의 산명을 찾아냈다. 왜 산명에 단자를 부치게 되었을까.

대마도에서 신제(神祭)를 지낼 때에는 옛날 산에 단(壇)을 만들어 놓고 여기에 제사를 지냈다고 하며 단자가 붙어 있는 산에는 옛날 신단이 있었다는 것이다. 높은 산 큰 산에 올라가 산정이나 중복에 단을 축토(築土) 또 축석(築石)을 하고 신을 제사 지냈다. 그래서 마을 근처에 있는 산에는 신단이 있었고 큰 신단이 있는 산에는 유명한 단이 있다는 뜻으로 단산이란 이름이 붙게 된 것으로 해석되었다.

대마도 사람들은 신앙심이 강해서 지금도 신단이 있던 곳은 성역으로 신성시되고 있는 곳이 많다. 단은 신사가 아니고 사당(祠堂)의 건물도 없다. 돌무덤처럼 돌들이 쌓여 있거나 아니면 적석(積石)을 잘 하고 그 위에 수평으로 단을 만든다. 포폐(布幣)나 지폐(紙幣)가 달아 매어 있고 근처는 거수(巨樹)가 숲을 이루고 있어서 신목(神木)으로 믿어지고 있는데 이 일대에는 부정한 짓을 하거나 부정한 사람의 접근은 금기되어 있다.

신수(神樹)가 울창한 곳을 시게(茂)라고 해서 여성의 출입은 금지되어 있다. 고대에 수도(修道)의 영지(灵地)였기에 여인금제(女人禁制)의 신역(神域)으로 인정되었을 것이다.

대마도의 남단에 쓰쓰(豆酸)란 마을이 있고 마을 북쪽에 다테라산

278

(龍良山)(559m)이 있는데 여기에는 천도신단(天道神壇)이 있다. 산상에 이르면 '야타케쓰노(八丈角)'라고 해서 약 300평쯤 되는 넓은 신역이 있는데 평상시에도 사람의 출입이 금지되어 있다. 역내의 숲이 우거진 곳을 시게라고 해서 특히 접근이 허용되지 않는다.

천도단에서는 천도신(일명, 天童, 天童樣)을 제사하는데 매월 18일에 참배하고 정월과 9월에는 대제를 지낸다. 신제를 주관하는 사람을 궁사(宮司)라 부르고 궁사의 처는 무녀이다. 무녀는 백의(白衣)를 입으며 제자를 2, 3명 거느리고 있다. 무녀는 신의 계시나 신언(神言)을 받아 사람들에게 전하며 신빙(神憑)에 의해서 평상시에는 사람의 병을 고치고, 병원(病原)을 밝히고 잃은 물건을 찾아내고 해난(海難)이 있을 것을 점복(占卜)한다. 그러나 무녀는 상(喪)과는 아무런 관계가 없다.

천도신을 제사할 때에 궁사는 무녀 총대(總代) 2, 3명과 신자들을 거느리고 제의에 참가하고 엄숙하게 지낸다. 궁사와 무녀는 신단 앞에 있는 천수(泉水)로 제계목욕(齊戒沐浴)을 하며 신의 하강이 없으면 몇 번이고 다시 제계목욕한다는 것이다.

신단에는 엄격한 금기가 있으니 상을 당해서 아직 49제가 지나지 않은 사람이나 산모 또는 가족에 출산이 있어도 접근해서는 안 된다. 만일에 계율을 어기게 되면 신벌을 받게 된다고 한다. 부득이 그 근처를 지나가야 할 사람은 먼 곳으로 돌아서 가고 그래도 꼭 지나야 할 사람은 짚신을 벗어서 머리 위에 이고 '인노코(갱아지) 인노코(강아지)'를 되풀이 외면서 기어서 가야 한다는 것이다. 사람은 벌을 받지마는 개는 축생이니 신벌을 면할 수가 있다는 데서 개 시늉을 하고 지나가는 것이다. 비록 사람이지마는 그 순간은 개 흉을 내므로서 죄인이 되는 것이며 천한 개나 죄인은 신벌을 받지 않는다는 것이다. 그러나 이러한 기교도 특수한 경우이고 일반적으로 신벌이 두려워서 신역에 접근하려고 하지를 않는다.

천도신앙은 다테라산의 천도단과 사고(佐護)의 천도단이 중심이 되어 있다.

산정(山頂)이나 산 중복에 단을 만들고 신을 제사하는 것은 우리나라의 산신당 신앙을 연상케 한다. 석단 혹은 토단(土壇)이 있고 주변에는 거수(巨樹)가 있고 신목으로서의 기능을 가지고 있어서 함부로 베거나 근처의 토석을 건드리지 않고 신역(神域)으로 여기는 점이 유사하다. 또 단에는 부정한 사람이나 부정물(不淨物)을 접근시켜서는 아니 되며 제관(祭官)들이 제계목욕으로 부정을 떨고 정(淨)히 하며 금기(禁忌)를 지키는 점도 우리나라의 부락신제(部落神祭)와 같다. 그런 점으로 미루어 우리나라의 산신신앙 서낭신앙이 고대에 대마도로 전파되어 단산을 많이 가지게 되었던 것으로 믿어진다. 단산은 일본 본토에서는 거의 없고 대마도에만 남아 있는 토속신앙인 것으로 미루어 더욱 한반도에서 건너간 것이라는 확신을 갖게 한다.

여기에서 주목되는 것은 우리나라에서는 불교와 유교의 영향을 받아서 산신신앙도 약화되어 심각하지가 못한데, 대마도에서는 우리보다도 심각하게 신앙되고 금기가 지켜지고 있는 것은 우리가 고대 제천의식 때에 입소도(立蘇塗)하고 귀신사(鬼神事)를 하던 당시의 유풍이 대마도에 건너가서는 퇴화되지 않고 그대로 유지되어 온 증거라고 해석이 된다. 이렇듯이 대마도에서 가장 고형(古型)의 신앙 형태가 한국과 동일하다는 것은 민속 전파에 의한 것이다. 한반도에서 건너간 고대의 한국인들이 신 개척지인 대마도에 그들의 신앙도 가지고 가서 산에 단을 만들고 고향에서처럼 신을 위하고 살았던 것이다.

일본의 고대신에는 바다를 건너온 신이 많다. 섬인 까닭에 신화에도 바다를 건너온 이야기가 많으며 섬 문화의 특성을 이루고 있다. 그러면 일본에 건너온 신들은 어디에서 왔을까.

대마도에서 가장 큰 신사는 기사카신사(木坂神祉)이다. 와다쓰카미(和多津神)신사[13] 또는 기사카 가이진(木坂海神)신사라고 부르기도 하는데, 대마도 북쪽 섬의 중부의 한국 쪽 해안에 자리잡고 있다. 기사카 가이진신사가 있는 미네촌에서는 옛날 진구(神功)황후가 한국에 갔다 올 적에 들렀던 곳이며 기 팔폭(旗八幅)을 가이진신사에 바쳤으므로 기사카 하치만궁(木坂八幡宮)이라 불러졌고 하치만궁의 기원이라고 말하고 있다. 신체(神體)는 진구황후의 할머니 도요타마히메노미코토(豊玉姫命)라고 한다. 이곳이 고대에 한국과 왕래하는 길목이거나 해진(海津)이었던 것으로 생각되며 도요타마히메노미코토의 계보에는 여러 가지 문제점이 있으나 현지인들의 말에 의하면 신이 바다 저 건너에서 왔다고 말하며 그래서 바다에서 신사가 있는 곳을 향해서 큰 도리이(鳥居)가 서 있다.

기사카 가이진신사란 말 자체가 해신을 제사한다는 것이고, 또 일어로 와다쓰카미란 도진신(渡津神)이 되니 바다를 건너온 신이란 뜻이 된다. 그렇다면 기사카신사 앞바다에서 바다를 도래한 것이 되는데, 기사카신사 앞바다 멀리는 바로 한국 땅임으로 한국에서 신이 바다를 건너 기사카신사가 있는 미네촌으로 상륙해서 개척신이 되었다고 해석하는 것이 타당할 것이다. 대마도에서 가장 격이 높고 오래된 신이 바로 한국에서 바다를 건너가 신천지를 찾아간 사람이고 보면 나머지 작고, 격이 낮은 신들의 존재도 짐작이 간다.

대마도의 산명(山名)에 백(白)자가 많다. 백자가 붙은 산은 신산이라는 것은 이미 다 알려져 있는 일이어서 우리나라에서도 백두산, 태백산, 소백산 등은 신령산으로 되어 있다. 일본의 백산들도 모두 신산

---

13) 와타쓰미신사의 오기. 제4장 각주 12) 참조.

이다.

대마도에는 시라타케(白岳)를 비롯해서 시로쓰바키산(白椿山), 고시라타케(小白岳), 시라타케다이라(白岳平) 등이 있고 백산(白山)이란 이름을 가진 작은 산이 여러 곳에 있다. 좁은 섬에서 왜 이렇게도 많은 산명에 백자를 붙였을까. 좁은 곳일수록 이름이 달라야 혼동을 막을 수가 있는데 좁은 지역에서 혼동을 무릅쓰고 같은 이름으로 부르는 데에는 그만한 이유가 있었다.

미쓰시마(美津島) 정내에 있는 시라타케는 도내 제일 가는 신산(神山)으로 신앙의 대상으로 되어 있다. 연산(連山)의 웅봉(雄峯)으로 암벽을 이루고 있는데 가장 격이 높은 산으로 신성시하고 있다. 따라서 함부로 접근하지 않고, 함부로 드나들지 않고, 시라타케에서 나무도 마음대로 하지를 않는다. 산령이 있는 신성한 산이기에 금기가 지켜지고 산명을 시라타케라고 부른 것이다. 시라타케란 바로 신성산이란 의미를 지니고 있다. 그래서 대마도 사람들은 산령이 있다고 믿거나 산령을 모신 산을 백산, 백악이라고 불렀으며 도내 도처에 백산을 가지고 있는 까닭도 바로 여기에 있었다. 즉 고향인 한국에서 백두산, 태백산에 신을 모시고 위하던 생활이 대마도에 가서도 여전히 지속되어 산에 신을 모시고 백악, 백산이라고 불러 왔다.

민족이 이동하면서 문화를 가지고 가서 토착시키는 공식(公式)이 대마도에서 그대로 입증되었다.

(『日本問題』 11, 1975)

282

근대 이후 조선인들의
대마도 방문기 읽기

이 책에서는 일제강점기부터 1970년대까지 조선인들이 쓰시마를 방문하고 남긴 15편의 방문기를 소개했다. 여기에서는 이를 토대로 방문기를 남긴 조선인들은 누구이며 왜 쓰시마에 갔고, 이들은 쓰시마를 어떻게 인식했는지를 살펴보고자 한다. 1999년에 부산과 쓰시마 사이의 정기선 항로가 개설된 이래로 쾌속선으로 1시간 남짓이면 갈 수 있고 '혐한'의 광풍이 몰아쳐 때로 중단되기도 하지만 여름이면 조선통신사 행렬이 재현되는 21세기의 쓰시마에 익숙한 우리에게 쓰시마의 20세기, 쓰시마의 근대는 낯설다. 거기에는 대마도 정벌도 없고, 조선통신사도 없다. 마음만 먹으면 쉬이 갈 수 있는 정기선도 없고 한일교류 행사도 없다. 한일 관계사 속에서 거의 다루어지지 않는 이 시기에 조선인들은 왜 불편한 항행을 감내하며 섬을 관통하는 도로 하나 없는 고도(孤島)를 방문했을까. 쓰시마는 그들에게 무엇이었을까. 그리고 왜 쓰시마의 근대는 잊혀졌을까. 이 방문기가 위와 같은 물음에 어느 정도 답을 줄 수 있을지 더듬어 보자.

1. 식민지기 재조 일본인의 대마도 방문: "쓰시마의 보고(寶庫)는 산해에 묻혀 있다"

머리말에서 쓰시마는 근대 이후 조선이 일본의 식민지로 되면서 조선과 일본의 접경지대로서의 지정학적 중요성을 상실하고 제국 일본의 '변경'으로 주변화되어 조선으로부터도 일본으로부터도 잊혀져 갔다고 언급했다. 그 쇠락의 과정을 보다 명확히 드러내기 위해서는 이 시기 쓰시마가 세계적으로 주목을 받은 대사건에 대해 언급해야 한다. 바로 1904년에 개전된 이래 러일전쟁 최대의 해상전이라고 일컬어지는 쓰시마 해전(Battle of Tsushima)이 1905년 5월에 쓰시마 동쪽 해역에서 일어난 것이다. 이 해전에서 사전에 충분한 대비태세를 갖췄던 일본 해군은 러시아 함대를 크게 격파하여 러시아를 강화조약 체결로 이끄는 데 성공한다. 쓰시마에도 이미 1886년부터 일본 해군이 다케시키(竹敷)항에 수뢰(水雷)시설부를 설치했고, 일본 육군은 쓰시마 경비대를 설치하고 군항 주변으로 요새 포병대대를 배치했다. 다케시키 군항은 1896년에 다케시키 요항부(要港部)로 승격되었다. 또한, 1900년에는 이 요항부와 구일본 해군의 근거지였던 나가사키(長崎) 사세보 진수부(佐世保鎭守府)의 왕래를 신속히 하기 위하여 쓰시마의 서해안과 동해안을 관통하는 만제키(万関) 운하가 건설되었다.

이처럼 요새화된 쓰시마는 러일전쟁의 중심에 놓이게 되었지만, 전쟁에서 승리한 일본이 조선에 대한 독점적 지배를 확정짓고 식민지화한 후에는 급격히 잊혀져 갔다. 일본 해군은 다케시키항에 두었던 요항부를 1912년에 폐지하고 방비대를 두었으나 이마저도 1916년에 폐지되었다. 반면, 러일전쟁에서 다케시키항 대신에 실질적으로 일본해군 함대의 출격기지로 활약한 진해 방비대는 1916년에 진해 요항부로 승격되어 식민지기 동안 '조선해협'의 중심 해군기지가 되었다.[1] 근대 이후의 쓰시마의 쇠락이란 직접적으로는 군사기지로서의 쓰시마의 종언을 말하는 것이었다.

이렇게 쇠락한 쓰시마에 관심을 표명하며 방문하기 시작한 것은 경남 거주 일본인들이었다.[2] 이들은 쓰시마 시찰단이라는 이름으로 쓰시마 방문을 기획한다. 첫 시찰은 1921년 4월에 이루어지는데, 부산부

---

1) 加藤圭木, 「朝鮮植民地化過程における軍用地収用: 鎮海湾一帯を対象として」, 『大原社会問題研究所雑誌』 764, 大原社会問題研究所, 2022.
2) 부산 거주 일본인에 대해서는 김대래, 「移住와 支配: 개항 이후 부산거주 일본인에 관한 연구(1876-1910)」, 『경제연구』 27(1), 한국경제통상학회, 2009 참조.

윤(府尹)을 비롯하여 부산세관감시과장, 상업학교장, 부산지역 재조일본인 언론사 관계자 등 부산, 마산, 진해에 거주하는 유력 일본인 50명이 진해 요항부 사령관에 요청하여 구축함의 전투교련연습 참관을 겸해서 쓰시마를 방문한다.[3] 쓰시마의 관민 300명이 환영식에 참가한 공식행사인 이 시찰에 부산의 일본어 신문인『조선시보(朝鮮時報)』특파원으로 동행한 무라카미 아키노스케(村上曉之助)는 이 신문에 방문기를 연재한다. 2박 3일의 짧은 일정으로 이루어진 이 시찰은 다케시키항에 입항한 후 게치(鷄知)를 거쳐 도청(島廳)소재지인 이즈하라(嚴原)에 도착하여 본격적으로 개시된다. 일행은 도청, 학교, 측후소, 경비대 시찰뿐만 아니라 하치만궁신사(八幡宮神社), 반쇼원(萬松院), 가네이시성(金石城) 등을 둘러보는 고적답사도 행한다. 특히 하치만궁은 고사에서 삼한을 정벌한 진구황후(神宮皇后)가 돌아오는 길에 들른 곳으로 소개되었고, 소 가문(宗家)의 보물들이 보관된 반쇼원에서는 "조선왕가에서 기증된" 화병, 향로, 촉대 외에 조선통신사 행렬을 그린 두루마리 2권, 통신사의 복장도 등 조선과 관련된 유물 등도 둘러본다.[4]

무라카미의 방문기에 따르면 이들은 관광명소를 둘러보며 산해진미를 맛볼 뿐만 아니라 유곽의 유녀들과 함께 정취를 즐기고 석별의 정도 나눈다. 방문기는 쓰시마가 "전등은 설치는 되어 있지만 중요한 광선이 없고 어느 집도 고풍스러운 램프로 견디"[5]는 낙후된 곳이지만, 풍광이 좋고 음식이 싸고 맛있으며 미인의 산지라고 소개하기도 한다. 시찰단의 목적이 쓰시마 답사를 통한 관광자원 발굴과 관광산업 육성

---

3) 「見學團驅逐艦便乘」,『조선일보』, 조선일보사, 1921.4.28;「驅逐艦「松と杉」に搭乘せる對馬視察團一行, 竹敷より自動車三臺に分乘し嚴原の歡迎宴に臨み萬松院へ」,『朝鮮時報』, 朝鮮時報社, 1921.4.29.
4) 村上曉之助,「對馬視察團, 嚴原遊記(五)」,『朝鮮時報』, 1921.5.11.
5) 村上曉之助,「對馬視察團, 嚴原遊記(四)」,『朝鮮時報』, 1921.5.4.

286

에 있음을 말해준다. 군사기지로서의 개발이 좌절된 쓰시마의 관광지로의 전환이 당시 재조일본인들을 중심으로 기획되었던 것이다. 쓰시마와는 달리 러일전쟁을 통해 군사기지로서의 유효성을 입증하고 그 개발이 본격화되었던 진해 요항부의 사령관이 시찰단을 위한 환영식에서 "쓰시마 인사는 쓰시마의 산물을 살릴 줄 모른다"고 비판한 것은 군사기지에서 관광지로의 쓰시마의 정체성 전환 기획을 상징하는 발언이라고 할 수 있다. 방문기는 "조금 더 선편을 도모하여 교통을 빈번하게 하면 소박하고 순량한 섬이라는 로컬 컬러는 손상되더라도 산업 방면의 발달은 명백히 기대될 것이다. 쓰시마의 보고(寶庫)는 산해에 묻혀 있다"[6]고 산업 육성을 위한 항로 증설 등의 인프라 구축을 촉구하며 끝을 맺는다.

이후에도 조선의 '피서·피한에 적당한 토지'로 쓰시마의 장래성이 선전되기도 했는데,[7] 쓰시마 시찰이 본격화한 것은 1925년에 쓰시마상선주식회사가 쓰시마를 경유하여 부산과 규슈(九州)를 잇는 정기선인 다마마루(珠丸)를 취항하고 나서이다. 1920년에 설립되어 이즈하라에 본점을 둔 쓰시마상선[8]은 부산과 쓰시마의 항구들과 후쿠오카·나가사키를 잇는 항로를 운영하는 해운회사였다.[9] 이 항로는 물자와 여

---

6) 村上曉之助,「對馬視察團, 嚴原遊記(八)」,『朝鮮時報』, 1921.5.19.

7)「対馬は避暑地としても避寒にも好適」,『朝鮮時報』, 1924.6.21.

8) 1920년 설립 당시는 쓰시마운수회사였던 것으로 보이며 1925년 무렵부터 쓰시마상선(対馬商船)주식회사의 명칭이 확인된다. 1929년에는 기타큐슈상선(北九州商船)주식회사로 개칭되었고 1935년에는 다시 규슈우선(九州郵船)주식회사로 개칭된다.

9) 1927년에는 히로마루(博丸)가 건조되어 부산, 쓰시마, 이키, 사세보, 나가사키 사이를 월 6회 정기운항하는 항로에 취항했다(「対馬商船の新造汽船博丸就航」,『釜山日報』, 1927.6.3.). 이후 다마마루는 부산과 하카타를 가장 빠르게 잇는 항로(히타카쓰에만 기항)에 이용되었던 것으로 보인다(「釜山ヨリ博多行急航就航「珠丸」」,『朝鮮時報』, 1929.5.18.).

객 수의 면에서 자율적인 유지가 어려워 국고 보조를 교부받아 운항할 수 있는 명령항로(命令航路)로 지정되도록 지속적으로 정부에 요청했으며,10) 이미 1929년에는 명령항로(정기항로)로 되어 있는 것이 확인된다.11) 이 취항은 재조일본인들의 쓰시마에 대한 관심을 촉발한 것으로 보인다. 부산에서 발행되던 일본어 신문『부산일보』,『조선시보』는 각각 1925년과 26년에 쓰시마 시찰단을 모집하여 파견했고, 또한 방문기도 연재했다.

먼저 1925년 6월의 부산일보사 주최 쓰시마 시찰에 참가한『부산일보』편집장 마시로 마스지(間城益次)의 방문기에 따르면, 이 시찰도 고적 답사, 민정 시찰, 관광으로 이루어져 있었는데, 마시로의 방점은 어디까지나 민정 시찰에 놓여 있었다. 마시로는 쓰시마는 험난한 지세가 문명의 보급과 문화의 진전을 가로막고 있는데도 섬을 종관(縱貫)하는 국도가 아직도 부설되지 않아 수산과 임산물 이외에 아무것도 없는 '원시 산업국'이라고 지적한다.12) 뿐만 아니라 "다케시키 요항의 철폐야말로 쓰시마의 정화(正貨) 수입(收入)에 큰 타격"이 되어 '수입(輸入) 초과'가 심화되고 있어 이 상태로는 오키나와처럼 재정 파탄이 초래될 수 있다고 경고한다.13) 특히 약 1천 명의 조선인 노동자들이 섬 전체에 퍼져 있어 부산 등으로부터의 쌀 수입이 많은 쓰시마에 위협이 되고 있다14)고도 한다. 마시로는 쓰시마의 재정 자립도를 높이기 위해서

---

10) 「對馬商船の国庫補助交付の運動」,『釜山日報』, 1925.6.23.
11) 恩田銅吉, 「朝鮮海運事業의 今昔」,『朝鮮』144, 朝鮮總督府, 1929, 164쪽. 온다(恩田)에 따르면, 1929년에 기타큐슈상선은 아래 두 명령항로를 운영했다.

선로명	사용 선수	월 항해 회수	명령 관청
나가사키-이키-쓰시마선(長崎壱岐対馬線)	1	6	나가사키현
하카타-부산선(博多釜山線)	1	10	후쿠오카현

12) 間城生, 「對馬を訪うて: 其の見聞いろいろ(三)」,『釜山日報』, 1925.6.26.
13) 間城生, 「對馬を訪うて: 其の見聞いろいろ(二)」,『釜山日報』, 1925.6.25.
14) 間城生, 「對馬を訪うて: 其の見聞いろいろ(四)」,『釜山日報』, 1925.6.27.

는 정부의 보호 조성으로 도로나 항로 등의 인프라를 개선해야 할 뿐만 아니라, 부산의 인사들은 쓰시마에 별장을 짓거나 자주 관광하여 관광산업 육성에 힘쓸 것을 촉구한다. 이는 천혜의 요충지로서 세계적인 항구도시로 뻗어나가 장래의 꿈에 부풀어 있는 부산항을 개척한 은인인 쓰시마에 경제적 이득을 초래함으로써 은혜를 갚는 길이라고도 지적한다.15) 역으로 쓰시마의 도민들에게도 부산을 방문하여 문화적 자극을 받고 특산물의 판로를 개척하도록 주문하기도 한다.16)

1926년 4월에 조선시보사에서 주최한 시찰단 파견도 동일한 목적으로 이루어졌다고 할 수 있다. 이 시찰은 특히 '탐승(探勝)'이라는 이름으로 이루어져 시찰보다는 쓰시마의 산자수명(山紫水明)한 경승지를 즐기면서 속세의 울분을 씻고 여흥으로 오징어 낚시도 즐기며 원기를 되찾는 '관광'에 방점이 놓여 있다고 선전되었다.17) 한국인들에게 인기인 아소만(浅矛灣)을 관광하며 낚시를 즐기는 관광상품도 이때 이미 그 원형이 마련되었던 것이다. 그런데 『조선시보』에 따르면, 쓰시마 도사(島司)는 "소 가문은 일본과 조선 사이에서 무역의 임무를 담당했으니 부산과 쓰시마(對州)는 형제지간으로 서로 손을 잡고 발전하지 않으면 안 된다"고 시찰단에 호소했고, 시찰단의 참가자도 참가 목적이 "탐승이나 주유(周遊)에 있지 않고 과거에 부산에 대한 쓰시마 사람들의 숭고한 희생으로 평화적 수교를 맺은 결과 오늘날 우리가 이 부산 땅에 안주할 수 있었던 것을 견문하기 위해서"18)라고 언급했다.

이러한 쓰시마 시찰단(탐승단) 파견이라는 미명 하의 재조일본인들

---

15) 間城生, 「對馬を訪うて: 其の見聞いろいろ(一)」, 『釜山日報』, 1925.6.24.
16) 間城生, 「對馬を訪うて: 其の見聞いろいろ(六)」, 『釜山日報』, 1925.6.29.
17) 「鬱蒼たる島影を徐ろに寫す大海原, 今や山紫水明の境地とて, 對馬は衆望を一身に集む, 時は來れり探勝の日!」, 『朝鮮時報』, 1926.3.29.
18) 「愉快であった對島探勝の記(三)」, 『朝鮮時報』, 1926.4.8.

의 쓰시마 관광은 1930년대 중반까지 간헐적으로 이루어진 것으로 확인된다. 1935년의 모집광고에는 "인기가 급등하여 참가자들이 쇄도"[19]하고 있다고 되어 있는 한편으로, 같은 시기 "부산인 중 쓰시마 경제 시찰단을 보낸 자는 적고" "쓰시마가 완전히 잊혀졌다"고 한탄하는 기사[20]도 있어, 인프라의 확충 없이 보은에만 기댄 관광객 확보 전략이 쓰시마 관광산업의 육성으로까지 이어지지는 않았던 것으로 보인다. 1918년에 건설에 착수한 쓰시마 종관도로(국도 382호)는 1968년이 되어서야 개통되었다.

이상을 종합하면, 식민지기에 일본과 조선 사이의 중계항으로서의 기능은 주로 부산으로 대체되고 '조선해협'을 지키는 군사항으로서의 기능은 주로 진해로 넘어가게 되자, 쓰시마에서는 1920년대부터 재정적 위기 상황을 타개하기 위한 관광산업 개발이 부산을 비롯한 남해안 재조일본인 사회의 주도로 시도되었던 것을 알 수 있다.[21]

2. 식민지기 조선인의 대마도 방문기: "조선도 아니고 일본도 아닌 땅"

이 흐름을 이으며 조선인으로서 쓰시마 방문기를 남긴 것이 동아일보사에서 만년수인(萬年壽人)이라는 필명으로 활약했던 기자이다.[22]

---

19) 「舟は優秀快速船 愉快に朗らかに: 対馬視察に夢の旅行」, 『釜山日報』, 1935. 8.28.

20) 「社說 對馬の經濟視察 釜山との交渉を回想 將來の發展性如何に」, 『朝鮮時報』, 1935.11.2.

21) 일제강점기 관광산업 개발 정책 일반에 대해서는 李良姬, 「植民地朝鮮における朝鮮總督府の觀光政策」, 『東北アジア研究』 13, 島根県立大学北東アジア地域研究センター, 2007 참조.

동아일보사는 1926년 하기 특종을 위해 4개 취재팀을 편성해 "수륙(水陸)을 편순(遍巡)"하는 탐방 기사를 준비했는데, 그중의 한 기획이 '절도 풍정(絶島風情)'으로, 당초에는 '현해탄 중에 떨어져 잇는 대마도'와 '일본해 중의 울릉도'를 각각 1팀이 취재할 예정이었다. 하지만 탐방 기사로 실린 것은 '대마도'뿐이다. 취재팀 제1반 기자였던 만년수인은 7월 26일에 앞의 일본인 기자들처럼 '다마마루'를 타고 쓰시마를 방문하고 비슷한 코스를 돌면서 쓰시마의 역사, 문물, 인정, 풍속 등을 살핀 후 8월 3일부터 19일까지 17회에 걸쳐 「절도 풍정 대마도 방문(絶島風情 對馬島訪問)」(제1장 1)이라는 제목의 쓰시마 방문기를 연재한다. 이는 식민지기 조선인이 쓴 유일한 쓰시마 방문기이다. 하지만 이 방문기의 목적은 쓰시마의 관광산업 촉진에 있었던 것은 아니다.

『동아일보』는 하기 특종 예고에 "현해탄 중에 떨어져 잇는 대마도가 지금은 일본 민족의 독무대이지만은 가까운 넷날까지도 이것이 우리의 땅이엿던 것만큼 우리의 넷날 형제가 남겨노흔 자최와 전설이 수두룩합니다"[23)라고 하여, '옛 영토'에 대한 향수를 자극하여 독자들

---

22) 만년수인은 최근 식민지기 쓰시마의 조선인들을 연구한 신창우(愼蒼宇)에 의해 당시 동아일보 사회부 기자였던 김동진(金東進, 1902-?)으로 밝혀졌다. 신창우는 만년수인이 쓰시마를 방문한 시기의『長崎新聞』에서 조선인 신문기자 김동진이 쓰시마의 요새지대를 허가 없이 촬영했다는 이유로 이즈하라경찰서의 단속 대상이 되었다는 기사(「対馬要塞地帯を鮮人記者撮影す 何事も知らずと申立つ 警察当局厳重取締へ」, 1926.8.1)를 찾아내어, 만년수인이 김동진임을 특정했다(愼蒼宇, 「植民地期の対馬における朝鮮人」,『大原社会問題研究所雑誌』 706, 大原社会問題研究所, 2017, 37쪽). 이 방문기에도 만년수인이 게치촌 근처에서 숯 굽는 동포를 찾아 산을 올라가려 하자 헌병이 다가와 "여기는 요색지대라 낫설은 사람이 보히면 조사하는 법"이라는 경고를 했다는 언급이 보인다(萬年壽人, 「絶島風情 對馬島訪問 十五」,『동아일보』, 동아일보사, 1926.8.17). 만년수인이 1920년대에 주로 소련의 민족정책이나 교육정책 등을 소개하는 기사를 썼다는 점도 블라디보스톡에서 11년간 유년시절을 보낸 이력을 가진 김동진의 글로서 수긍할 수 있다.

의 흥미를 끌고자 했던 것으로 보인다. 이 예고 자체는 대한제국 시기에 편찬된『증보문헌비고(增補文獻備考)』(1908)의 「여지고(輿地考)」 동래부에 수록된 쓰시마에 관한 기술인 "지금은 비록 일본 땅이지만 본래 우리나라의 지방이었다. 그래서 우리나라의 고사와 기록이 많다"[24)]와 동일한 것을 알 수 있다.

만년수인도 방문기에서 "오백 년 전에 지흔 여지승람(輿地勝覺)에도 본시 조선 령토이지마는 언제 일본으로 넘어갓는지 알 수가 업다고 하엿다. 그러나 그보다 전에 생긴 세종(世宗) 원년 대마를 칠 때에 도주에게 주는 유서에는 대마도는 본시 경상도 계림에 속한 섬으로 우리나라 령토임은 사적에 료연하다. 섬이 심히 적고 해중에 잇슴으로 백성이 살지 안는다 하야 왜구가 점령한 후 차차 갈 곳 없는 무뢰한의 굴이 되고 말엇다고 하엿스니, 본래 조선 땅이든 것이 확실하다"[25)]고 하여,『동국여지승람』이나『세종실록』을 인용하며 쓰시마에 대한 고토(故土)의식을 드러내고 있다. 더욱이 사적을 통해 얻은 '쓰시마는 본래 조선 땅'이라는 기자의 확신은 현지 시찰을 통해 강화된다. 부산일보사 정치부장인 도코 겐쿄(都甲玄郷)한테서 받은 소개장 탓인지, 만년수인은 쓰시마 도청의 수장인 고바야시 도사(小林島司)한테서 친절한 안내나 시찰의 편의를 제공받았을 뿐만 아니라, "조선 땅이든지도 모르는 대마도에 온 감상이 엇더하냐"[26)]는 질문을 받기도 하여, 일본인들도 조선인들의 쓰시마에 대한 고토의식에는 익숙한 것을 알게 된다. 도청 직원 중에 "조선식 얼골을 가진 사람"들도 눈에 띈다.

23) 「夏期의 特種記事」,『동아일보』, 1926.7.9.
24) 『增補文獻備考』卷三十二(輿地考二十)의 "今雖爲日本地 本係我國地方 故多有我國故事並錄"
25) 萬年壽人, 「絶島風情 對馬島訪問 五」,『동아일보』, 1926.8.7.
26) 萬年壽人, 「絶島風情 對馬島訪問 六」,『동아일보』, 1926.8.8.

나아가 쓰시마의 영토적 복속 대신 군신 관계를 맺고 변방의 평화를 유지하고자 했던 조선시대의 기미(羈縻)정책을 소개하며, "대마도는 자연히 두 나라 사이에 잇는 섬으로 또한 지형이 큰 나라에 붓지 안코는 유지하여 나갈 수가 업서서 일본에 대해서는 일본의 속지처럼 조선[에] 대해서는 조선 령속인 체하야 리조 중엽 선조(宣祖) 때까지 례조의 차첩(差帖)을 바더 갓다"거나, "우리나라 대신의 사령서를 밧고 신하 노릇을 하"며 생존을 도모했다고 하며, 이른바 쓰시마의 양속성을 강조했다.

하지만 이러한 양속관계는 고래로 '조선보다 강한 일본의 무력'과 혈통적인 친근성으로 인해 "임진왜란이 이러날 시대에는 벌서 완전히 일본 령토가 되여 버려 대마도 군사가 선봉을 서서 조선으로 건너오기까지 되엿"지만, "이는 엇절 수 업시 선 것으로" 대마도주는 "란리가 채 끗나기 전부터 미리 화의할 길을 교섭하엿다." 이후에도 쓰시마는 "량국의 사이에 끼여서 하후하박을 하고는 살 수 업는 처지에 잇섯슴으로" 때로는 국서를 위조하면서까지 "언제든지 량국의 관계를 원만하게만 꾀하"고자 했다고 소개했다.

이 방문기는 조선과 위와 같은 특수한 '력사적 관계'를 맺어 왔던 쓰시마로 "우리의 녯날 형제가 남겨노흔 자최"를 찾아가는 데에 목적이 있었던 것이다. 만년수인은 비록 "나라가 업서젓스며 사신이 업서지고 때가 변하엿"더라도 "나도 또한 십만 독자의 기대를 혼자 진 무관의 사신인 듯 호호한 기운"으로 스스로를 조선시대 통신사행의 사신에 빗대며 쓰시마로 향한다. "조선과 교통하는 관문인 까닭에 녯날부터 출입 선박이 폭주"했던 첫 기항지인 사스나(佐須奈)를 지나, 1703년에 역관사행으로 쓰시마에 파견되었다가 기상이변으로 침몰하여 전원이 사망한 와니우라 근처를 지날 때는 "국사에 순직한 선민의 망령을 조상"하고, 조선 군대의 침략에 대비하여 "병신의 운용을 경첩케 하기 위하야 국가적 대공사를 하"여 섬의 동서를 통하게 만든 오후나코시(大船越) 운하를 지나며 "고려 조선 시대에 발휘하든 선민의 위력을 추억하"고, 종착지인 이즈하라에 도착한다. 이즈하라에서는 반쇼원에서 앞의 일본인 기자가 "조선왕가에서 **기증**된" 것으로 소개했던 화병, 향로, 촉대 등을 보고 "인조대왕께서 그 공로를 표창하시노라고 **하사**하신 것"이라거나 "광해군이 **하사**하였"던 것으로 묘사했다. 막대한 비용 탓에 에도(江戸)가 아닌 쓰시마에서 국서 교환이 이루어졌던 1811년의 신미(辛未) 통신사의 사신들이 머물렀던 객관 터가 있던 고쿠분사(国分寺)에서는 소실되지 않고 홀로 남은 정문인 화양문(和陽門)의 "안청을 부여안고 녯임의 자최를 그리워하였다." 또한 "대마도에 귀양사리를 가서 백이숙제의 절개를 직히다가 고도의 원혼"이 된 최익현이 임종한 자리(산업전습소)를 현지인의 도움으로 찾아냈다. 나아가 "수천 년 전 조상들의 위대한 발자최를 차저 보려고" '고래의 해전장(海戰場)'인 아소만으로 향한다. 하지만 갑작스런 기상 악화로 뜻을 이루지 못하고 아소만 일대에서 왜구를 소탕했던 고려의 박위, 조선의 이종무를 떠올리며 '패연한 소낙비'를 "풍우가치 모라다니든 조상들의 용자가 환영가치 나타나" 보이는 것처럼 느낀다.

동시에 만년수인은 쓰시마 곳곳에 뿌리내린 조선인들의 자취도 찾아본다. 이즈하라에서는 백제 여승 법명니(法明尼)가 창건했다는 슈젠암(修善庵)을 방문했고, 대마도주 소(宗) 씨의 가족 묘지에서는 '조선로파의 산소'를 발견하고 "소 씨 문중에도 조선 피가 석긴 것이 확실하다"고 보았다. 또한 임진왜란 당시 포로로 끌려갔다가 일본 유학 발전에 공헌했던 이문장(李文長)과, 조선의 법원이나 총독부에서 활약하는 그 자손들의 소식도 전해 듣는다. 그러면서 "이런 것을 차저보

294

려면 끗이 업슬 것"이나 "공연히 맘만 '센치멘탈'하게 되"므로 그친다고 한다.

만년수인이 쓰시마에서 "조상들의 위대한 발자최를 차저" 보면서 마음이 '센치멘탈'하게 된 이유는 명확하다. 그에게는 당시 쓰시마에 거주하는 조선인들의 생활상을 살필 목적도 있었기 때문이다. 본래 식민지기 이전에 쓰시마에는 조선인이 거의 없었는데, 1911년에는 117명이 되었고 1920년 국세조사에서는 그보다 7배가 늘어난 819명이 확인되며, 1925년의 간이국세조사에서는 그보다 두 배 이상 늘어난 1,816명이 되었다.[27] 이렇게 단기간에 조선인들이 늘어나게 되자 처음으로 쓰시마의 조선인들이 조선의 언론매체에 다루어지기 시작했다. 『부산일보』는 1925년에 쓰시마 거주 조선인은 모두 866명이며 주로 탄광 갱부, 공사장 인부, 목탄 제조인부, 하급 육체노동자 등으로 일하고 있다고 보도했고,[28] 앞의 마시로의 방문기에서도 약 1천 명의 조선인들이 섬 전체에 퍼져 있다며 우려를 표명했다. 1924년 현재 쓰시마 거주 조선인은 3천 명에 이른다고 보도하는 매체도 있었다.[29] 이렇게 갑자기 쓰시마에 조선인이 늘어난 것은 식민지화 이후 일본 자본주의의 조선 진출을 위해 쓰시마의 대부분을 차지하는 산림자원 개발이 본격화된 것에 주요한 원인이 있었다.[30] 이에 따라 주로 경상도 지역의 조선인들이 목탄 제조 노동력으로 쓰시마로 도항하게 되었던 것이다. 뒤에서 다룰 기록이지만, 1961년에 쓰시마의 목탄 제조 동포들을 방문하고 남긴 리은직의 방문기(제3장 3)에 따르면 식민지 초기에 쓰

---

27) 慎蒼宇, 앞의 글, 23-25쪽.
28) 「對馬在住鮮人八百六十六名」, 『釜山日報』, 1925.6.30.
29) 「對馬島에 朝鮮人協會支部 지는 십오일에 발회식을 거힝」, 『매일신보』, 每日申報社, 1924.8.21.
30) 慎蒼宇, 앞의 글, 25쪽.

시마로 온 이들은 대개 '도항 증명' 없이 밀항해 온 사람들로 강제 송환되지 않고 산속에서 숯 굽는 일을 강요당했다고 하며, 동포들의 대부분이 문맹자였던 탓에 갖은 착취에 시달렸다고도 한다.[31] 1924년에는 조선인 동포의 친목단체를 표방하며 1922년에 오사카(大阪)에서 결성된 조선인협회의 대마지부가 설치되어 8월 15일에는 이즈하라에서 발회식이 거행되었다.[32] 한 매체는 당시 5백여 명이 이 지부에 가입하여 "서로 상조할 긔관이 업셔 항상 외로히 지내던 이곳 주민들은 이제브터 이 긔관을 리용하야 친목을 도모할 뿐더러 리상덕 로동단테를 조직하고자 분투중"이라고 전했다.[33]

만년수인도 위와 같은 상황을 미리 인지하고 있었던 듯, 첫 기항지이자 당시 쓰시마에서 조선인들이 가장 많았던 사스나에 도착했을 때부터, "고국을 멀리 떠나 해중 절도 중에서도 외따른 곳에서 숯 굽는 동포가 이백여 명이나 산다"고 하며, "무상한 세상이라 산천은 그것이로되 늠늠한 위풍의 조선 사신은 흔적도 업고 오직 숯 굽는 잔민의 외로운 그림자가 산간에 빗칠 뿐이니 울적한 회포가 더욱 깊허진다"고 했다. 이미 이때부터 옛날의 당당했던 조선 사신과 대비되는 패망한 조선 출신의 숯 굽는 동포들의 현실을 접하고 감상에 젖어 있었던 것이다. 그는 연재 후반부에서 2회에 걸쳐 쓰시마의 심산유곡에서 숯을 굽는 조선인들의 생활상을 소개한다.

그는 도청의 조사에서 목탄 제조에 종사하는 조선인들이 당시 8백여 명이라는 소식을 듣고 게치 근처의 산을 직접 방문하여 우여곡절 끝에 조선인 일가를 만났다. 그들은 "기둥 네 개를 네 귀에 세우고 벽을 싸리로 울타리하듯 역근 데다 거죽대마를 둘러치고 아랫목엔 그래

---

31) 리은직, 「對馬島 紀行 3」, 『朝鮮新報』, 朝鮮新報社, 1961.12.23.
32) 「朝鮮人協會發會式」, 『조선일보』, 1924년 8월 18일자.
33) 「對馬島에 朝鮮人協會支部 지는 십오일에 발회식을 거힝」, 『매일신보』, 1924.8.21.

도 신문지 조각이 몇 장 발리였는” 집에 살면서 7년째 숯을 굽고 있었다. 그들에 따르면 조선인들은 일본인들의 착취와 천대가 심해 목탄 제조가 “리가 업슴으로 산을 버리고 규슈 방면으로 로동을 가는 사람이 만허지어” 해마다 줄고 있으며, 그들도 “일본으로 건너가서 딴 버리를 하여 보리라”고 한다. 만년수인은 쓰시마의 척박한 환경에서 제대로 자리잡지 못하는 그들을 “이 산에서 저 산으로 유목민(遊牧民) 가튼 생활을 하는 버림바든 동포들”이라 묘사한다.

그는 또한 이즈하라의 조선인협회도 방문한다. 앞에서 언급한 이 협회는 조선인 노동자들의 참여로 그 조직화가 활발히 진행될 것처럼 보도되어 있었다. 하지만 협회는 비어 있었고, 실제의 상황은 “예상한 바와는 넘어나 차이”가 생겨 낙담하고 만다. 간신히 만난 협회 관련자들에 따르면 창립 당시에는 “기세가 장하여 태극기를 세윗”을 정도였지만, 그 ‘오야분’마저 일본으로 건너가고 문패만 남아 있는 상태에 놓여 있었던 것이다. 식민지가 되어 쓰시마에 조선인들이 몰리고 그들을 조직하려는 단체도 생기지만, 쓰시마는 그들의 정착을 간단히 허락하지 않는 척박하고 불안정한 곳임을, 그들의 생활상을 구체적으로 파헤치며 이 방문기는 전하고 있는 것이다.

하지만, 이 방문기의 핵심은 이러한 조선인의 현재의 비참상과 쓰시마의 현재의 쇠락이 중첩되어 있는 점에 있다. 만년수인은 연재 전반부에도 쓰시마인들은 일본인이라는 자부심을 갖고 일본 본토인에 대한 적개심을 품지 않지만, 본토인들은 그들에게 “‘이모구라이’(고구마만 먹는 어두운 백성이라는 뜻)라는 모욕적 대명사를 쓴다. 조선사람에게 ‘요보’라는 대명사를 주엇슴과 맛찬가지다”라며, 쓰시마인도 조선인들과 마찬가지로 일본 본토인으로부터 차별받는 존재로 묘사했다.[34] 연

---

34) 萬年壽人, 「絶島風情 對馬島訪問 五」, 『동아일보』, 1926.8.7.

재 막지막회에서도 잡초가 무성한 쓰시마 도주의 성터를 둘러보고 "대마도는 원래 박토라 조선 정부의 도움과 일본 정부의 도움으로 겨우 생계를 유지"했으나, 근대 이후 일본의 왕정복고와 폐번치현으로 "일조에 세력이 없어지고 아무것도 남지 안는 간난뱅이가 되"어 버렸다며 쓰시마의 쇠락을 다루었다. '나라는 파괴되었으나 자연은 그대로 남아 있다(國破山河在)'는 두보(杜甫)의 한시 「춘망(春望)」을 떠올리며 탄식하기도 한다. 특히 "조선에 비길 바는 아니라 하나 새로 건너와 주인 노릇을 하는 일본인들은 관리들까지도 대마 사람을 미개하다 하며 시기 만코 겨을르다"는 말을 하는데, 이것은 "조선에 와 잇는 일본인이 조선사람을 비평할 때에 쓰는 말과 꼭 갓다"고 지적하며, 다음과 같이 언급하며 연재를 맺는다.

> 일본인의 말이 일리가 업는 것은 아니다. 대마인은 일본사람으로서의 대우를 평등히 밧고 잇다. 우리가 조선사람인 때문에 밧는 손해와 가튼 불편은 조곰도 업다. 그러나 그들은 일본 본토에 자란 사람이 아니라 **조선도 아니고 일본도 아닌 땅에 자라든 조상의 피를 바덧슴에야** ……35)

그는 쓰시마에서 조선인들만큼은 아니더라도 조선인들처럼 일본인들한테 차별받고 있는 쓰시마 주민들을 발견한 것이다. 그리고 그 차별의 원인은 그들이 조선도 아니고 일본도 아닌 땅에서 자랐다는 역사적 특성에서 찾았다. 근대 일본의 중앙집권화와 조선의 쇠락으로 옛날의 영화를 잃고 가난해진 쓰시마인들은 더 이상 중간자적 존재가 아니라 어중간하게 떠도는 불안정한 존재로 인식되어 '일본사람'임에도 불구하고 차별의 대상이 되었고, 만년수인은 그것을 조선인들이 식

---

35) 萬年壽人, 「絶島風情 對馬島訪問 十七」, 『동아일보』, 1926.8.19.

민지민으로서 받는 차별과 겹쳐 보았던 것이다.

이러한 쓰시마의 표류하는 정체성을 소설에 담은 것이 1946년 『신천지(新天地)』 창간호에 발표된 안회남(安懷南, 1909-?)의 「섬」(제1장2)이다. 해방 직후 아직 쓰시마가 주목되기 전인 1945년 말을 배경으로 하는 이 작품은 '내지'로 징용되었던 조선인 탄광 노동자들의 귀환을 다룬 단편소설로, '사지'라고 불릴 정도의 열악한 노동환경으로 인해 도망 시도가 잦았던 조선인 노동자들을 '정착'이라는 이름으로 탄광에 묶어두기 위해 실시된 일본인 여성과의 '강제적' 결혼으로 가정을 가지게 된 주인공 '박서방'의 조선으로의 귀환을 둘러싼 에피소드를 다루고 있다. 박서방은 해방 후 일본인 아내와 자식들을 남기고 조선으로 귀환하지도 못하고 가족과 함께 일본에 남지도 못한 채 전전긍긍하다가 마침내 귀환하기로 결심하고 혼자서 밀선을 탄다. 같은 징용 노동자였던 서술자인 '나'도 뒤이어 귀환선을 타고 조선으로 향하지만, 도중에 폭풍을 만나 표류하다가 쓰시마에 닿는다. 사람들은 "여기두 조선이여!"하며 중얼거렸고, 섬에 사는 조선사람들도 만나게 된다. 하지만 그들의 "집도 살림사리도 오래 뿌리를 박고 살 계획에서 한 것이 아니라 그저 살다가 내일이라도 떠날 수 있도록 임기응변으로 차려 놓은 것이 얼른 눈에 띄었다."[36] 이렇게 쓰시마에는 조선으로 향하다가 잠시 들러 돈벌이라도 하려고 살피는 자들부터, 정착해 있으면서도 뿌리를 내리지 못하고 내일이면 떠날 것처럼 사는 자들까지 다양한 조선인들이 기거하고 있었고, 나는 "이리저리 떠다니는 우리 백성의 유랑하는 신세가 연상되어 서글픈 마음이 드렀다."[37]

그런데 그 섬에서 '나'는 박서방과 조우한다. 그가 쓰시마에서 다시

---

36) 安懷南, 「섬」, 『新天地』 1(1), 서울신문社出版局, 1946, 109쪽.
37) 安懷南, 위의 글, 110쪽.

조선행 배를 타지 않은 것은 규슈에 두고온 가족들 생각에 "차마 떠날 수가 없는 마음이 들었든 까닭이었다."[38] 박서방은 바다에서 폭풍을 만난 것도 천벌이었다고 해석하면서 다시 규슈로 돌아갈 기회를 찾아보겠다며 끝내 쓰시마에 남는다. 그런데 서울로 돌아온 나는 몇 달 후에 우연히 박서방을 만나게 된다. '나'는 박서방한테서 어딘가 '검푸른 물결 속에 외로히 슨 섬'같은 느낌을 받으며 소설은 끝난다.

해방이 되었어도 아직 조선과 일본 사이의 경계가 여전히 모호한 가운데, 그 사이의 섬 쓰시마의 운명이 원치 않은 내선결혼으로 함께 할 수도 헤어질 수도 없는 조선인들의 운명과 중첩된 이 소설은, 만년 수인이나 안회남이 인식했던 쓰시마의 역사적 경계성을 배경으로 하지 않고는 온전히 이해될 수 없을 것이다.

3. 해방 후 조선인의 대마도 방문기: 불법화된 경계의 삶

앞에서도 언급했듯이, 쓰시마가 근대 이후에 조선에서도 일본에서도 잊히게 된 결정적인 원인 중 하나는 바로 해상교통의 발달이었다. 쓰시마는 더 이상 일본과 조선 사이의 교통의 요충지나 무역의 중계지로서 필요하지 않게 되었고, 소형 범선이나 발동기선 등으로 조선에서 '내지'로 밀항을 시도하는 사람들의 중간 거점으로 활용될 뿐이었다. 그런데 해방이 되자 쓰시마를 둘러싼 상황은 완전히 바뀌게 된다. 우선 해방 직후에는 '내지' 조선인들의 조선으로의 귀환이 공식·비공식 루트로 이루어졌지만, 조선의 엄혹한 사회경제적 상황이 귀환한 사

---

38) 安懷南, 위의 글, 110쪽

람들의 생존마저 위협하게 되자 1946년 봄부터는 조선에서 일본으로 역도항하려는 자들이 늘어났다. 그런 가운데 46년 5월에 조선 남부에서 콜레라가 발생하자 미군정과 일본정부는 남한(구'외지')과 일본(구 '내지') 사이에 설정된 경계선을, 귀환한 조선인들이 '역류'해 콜레라가 유입되지 않도록 저지하는 방역 대책의 관리 공간으로 구축했다. 이 관리 공간은 콜레라가 진정된 후에도 풀리지 않은 채 남한과 일본 사이의 국경이라는 새로운 장벽으로 빠르게 전환되었다.[39] 이 과정에서 갑자기 국경의 섬이 된 쓰시마는 한반도의 분단과 함께 급격히 형성된 동아시아 냉전체제하에서 국방의 최전선이 되었고, 한국전쟁 당시에는 바다를 끼고 전쟁터와 마주하는 극적인 변동기를 맞이하게 된다.

이러한 급격하고 철저한 분리과정은 식민지기에 한반도와 이어져 있었던 생활권을 불법화하였고, 각종의 강제 조치들은 엄청난 규모의 밀항을 낳았다. 다만, 쓰시마는 밀항 중계지로서의 기능을 식민지기와 기본적으로 변함없이 이어갔다고 할 수 있다. 하지만 식민지기와의 두드러진 차이는, 당시 쓰시마는 한반도 남부에서 건너온 밀항자뿐만 아니라 일본 본토에서 건너온 밀수자들로도 붐비는 밀수기지의 역할을 본격적으로 떠맡기 시작했다는 점이다.

이렇게 해방기에 급격한 변화를 겪은 쓰시마를 방문하고 남긴 조선인의 방문기는 4편으로 모두 당시 일본에 거주하던 조선인들에 의해 작성되었다. 가장 이른 시기에 작성된 것은 1946년 12월에 『세기신문(世紀新聞)』에 실린 쓰카모토(塚本)와 은(殷)이라는 두 재일조선인 특파원의 「현해탄의 고도 쓰시마에서 밀항선을 찾다(玄海の孤島対馬に密

---

39) 정영환, 임경화 역, 『해방 공간의 재일조선인사: '독립'으로 가는 험난한 길』, 푸른역사, 2019.

航船をさぐる)」(제2장 1)이다. 『세기신문』은 1946년 4월에 창간된 서일본 최초의 동포 신문으로, 이들은 1946년 10월에 미군정청(USAMGIK)이 조선인들의 현황과 밀항 관련 조사를 위해 쓰시마에 외무관을 파견했을 때 함께 동행한 후 방문기를 쓴 것이다. 우선 쓰카모토는 포츠담 선언 수락 이후 소국이 되어 버린 일본의 국경 제일선으로 갑자기 돌출된 쓰시마에서 '새로운 시대의 중압'을 느끼는데, 그것은 특히 조선에서 밀항선이 도래하는 사건이 빈발하여 점령군 당국은 물론 현지 경찰기관 등이 신경을 곤두세우며 철통같은 경계를 펴고 있기 때문이었다. 그리고 8월에 쓰시마에 밀항자 수용소가 설립되어 수용자들이 사세보의 하리오섬(針尾島)을 거쳐 본국으로 송환되는 체제가 이미 갖추어졌지만, 점령군도 일본정부도 단속에 많은 어려움을 겪고 있으며 이 문제가 '우리 본국의 체면'을 실추시킬 뿐만 아니라 한일 양국의 화근이 될 것을 우려했다.

한편, 은 특파원[40]은 당시 쓰시마에 거주하는 조선인들의 상황을 전했다. 그도 "섬 주변은 마치 소련 국경에서 본 듯한 긴장된 공기를 품고 있"다고 하며, 2천 명이 넘는 쓰시마 동포들은 밀항선 경계의 여파로 그들을 윤택하게 했던 '조선미(米)'가 단절되어 절박한 상황에 놓여 있다고 했다. 하지만 섬 산업의 근간인 목탄 생산에서 조선 동포들이 독점적으로 활약하여 성공을 거둔 사람들도 나와 그들의 주도로 규슈로 생산품을 이출하며 "모두 현재의 생활에 만족하고 성실하게 가업에 힘쓰고 있다"고 전하기도 한다. 다만, 밀항과 밀수를 단속하기 위하여 부두 감시가 삼엄하며 조선인들은 '여행증명'이 필요하다고 하

---

40) 정영환은 은 특파원을 당시 『세기신문』에 소설이나 수필을 집필했던 은상환(殷相煥)으로 추측했다. 鄭栄桓, 「対馬在留朝鮮人の「解放五年史」: 在日本朝鮮人連盟対馬島本部を中心に」, 『大原社会問題研究所雑誌』706, 法政大学大原社会問題研究所, 2017, 66-89쪽.

여, 재일조선인들의 쓰시마 출입도 통제되었던 것을 알 수 있다.[41]

그 다음을 잇는 것이 조희준(曺喜俊, 1907-?)의 「그리운 조국이 보인
다: 눈코 뜰 새 없이 바쁜 쓰시마 조직(なつかしい祖国が見える: 対馬の
組織は大多忙)」(제3장 1)과 원용덕의 「쓰시마 주변의 사람들(対馬周辺の
人々)」(제3장 2)이다. 이 둘은 모두 앞의 쓰카모토와 은 특파원처럼 재
일조선인들이었지만, 당시 최대 규모의 재일조선인 민족조직이었던
재일본조선인연맹(在日本朝鮮人聯盟, 이하 조련)에 속하여 공무로 파견
되었던 활동가들이었다. 해방 직후인 1945년 10월에 조선인들의 귀환
과 생활 지원을 목적으로 결성된 조련은 초등교육이나 활동가 양성
등을 위한 민족교육의 기반 구축에도 진력했다. 하지만, 분단체제가
형성되고 냉전 초기의 갈등이 심화되면서 조련은 북한을 지지하게 되
었고, 결국 1949년 9월에 GHQ에 의해 강제 해산되었다. 조희준의 방
문기는 1948년 7월에 조련 중앙총본부 기관지인 『조련중앙시보(朝連
中央時報)』에 발표된 것으로, 당시 쓰시마 재류 조선인들의 생활뿐만
아니라 갑작스런 지정학적 격동기를 겪고 있던 쓰시마의 생생한 모습
을 엿볼 수 있는 기록이 담겨 있다.

우선 조희준은 쓰시마 방문시 관부연락선의 아픈 기억을 상기시킬
정도로 과도하게 수색하는 무장경관이나, 과거 총독부에서 애국자들
을 학살한 '유능한 경관'이 지금도 건재한 채 이 섬에서 조선어 통역
을 하며 정탐을 하는 것을 보고 해방이 되어도 달라지지 않은 것을
느낀다. 하지만 그 한편으로, 도중에 들른 시모노세키항이 관부연락선
의 단절로 쇠락해 버린 것과 대조적으로 쓰시마는 "현해탄의 거친 파
도에 실려" 사람과 물건이 몰리면서 활기를 띠고 있는 것을 발견한다.

---

41) 塚本・恩, 「玄海の孤島対馬に密航船をさぐる」, 『世紀新聞』 26, 世紀新聞社,
1946.12.13.

쓰시마는 새로운 소식으로부터 소외된 '고도(孤島)'가 아니라, 당시 남한에서 벌어지는 최신 상황, 특히 남한 단독정부에 반대하며 조국통일과 자주독립, 외국군 철수를 요구하는 '인민의 과감한 항쟁'이나 그와 관련된 수많은 일화를 접하며 "조국의 숨결을 직접 느낄 수 있"는 곳이 되었다고 했다. 그가 이 방문기에서 첫 번째로 주목한 것은 바로 밀항과 밀수로 분주한 쓰시마의 모습이었다. 조선쌀, 주류, 약품, 생고무 등의 거래가 이루어지며 밀수꾼들은 '쓰시마의 명물'이 되었다고도 했다.[42]

한편, 조희준은 밀항에 대한 구체적인 언급은 하지 않았다. 당시 생명을 건 모험이었던 밀항에 대해서는, 한국전쟁 발발 직전인 1950년 5월에 『국도신문(國都新聞)』의 주일 특파원으로 "밀항자의 기항지 대마도의 실태" 조사를 위해 쓰시마에 파견되었던 박길봉(朴吉鳳)의 방문기 「밀항의 본거지 대마도를 해부함」(제2장 2)에서 다루어졌다. 재일조선인으로 보이는 그는 "한 달에도 수억(數億)의 밀수(密輸) 물자가 거래되고 하루에도 수십 명의 밀항(密航)자가 잠입하는 기괴(奇怪)한 숙명을 가진 문제의 항구" 니시도마리(西泊)항의 밀항자 숙소의 처참한 상황 등의 쓰시마에서 벌어지는 참혹한 비극을, 잠입 취재하거나 순찰경관이나 주민들과의 인터뷰, 밀항자 수용소의 취재 등을 통해 한국의 동포들에게 호소하고자 했다.[43]

---

42) 曹喜俊, 「なつかしい祖国が見える: 対馬の組織は大多忙」, 『朝連中央時報』, 朝連中央時報編集局, 1948.7.9.

43) 朴吉鳳, 「密航의 本據地對馬島를 解剖함: 西泊港에서」, 『國都新聞』, 國都新聞 社, 1950.5.3. 박길봉은 『국도신문』의 도쿄 특파원이었다는 것 외에 알려진 바가 없으며 1950년 5월부터 6월까지 짧은 기간의 특파원 활동이 확인된다. 다만, 기사에서 한국을 '고국 한국'이라거나 쓰시마에서 "고국 땅을 바라보고 무거운 감동이 찌"른다고 표현한 것으로 보아, 재일조선인이었을 것으로 추정된다.

하지만, 매일 90명 가까운 밀항자가 몰리고 밀항자의 95%가 일단 쓰시마에 기항한다고 한 박길봉의 주장은, 적어도 1946~51년 동안 밀입국자 상륙지 검거 건수 등의 자료를 참조하는 한 야마구치현(山口縣)이 전체의 30%를 차지하며 가장 높았고 삼엄한 국경 경비로 인해 밀항 루트도 다양해졌던 것을 고려할 때,[44] 실제와 부합한 것으로 보기는 어렵다. 그럼에도 불구하고 박길봉과 같은 주장은 당시 일본의 언론매체에도 확인된다. 예를 들면『요미우리신문(読売新聞)』은 1947~51년 사이 조선인 밀입국자 수는 20만 명 정도로 추정되며 그 대부분은 쓰시마 경유 루트에 의한 것이라고 전했다.[45] 이는 해방기의 혼란 속에서 불안정한 경계지역으로서의 쓰시마가 밀항의 불법적이고 위험하고 비밀스러운 이미지와 강하게 맺어져 있었음을 말해준다. 이후 한국전쟁이 발발하고 밀항 단속이 더욱더 강화되면서 쓰시마 경유 루트는 회피되는 경향을 보였으며, 밀항은 조선인의 방문기에서 다루어지지 않게 된다.

그런 반면, 밀수는 상황이 다소 달랐다. 남한은 일본으로부터 정치적으로 독립했지만, 물자 부족에 따른 물가 상승에 시달려 해방 초기부터 밀수가 급증했다. 이승만 정권이 그 타개책으로 취한 무역통제정책도 밀수를 더욱 부추기는 결과를 낳았고, 쓰시마는 밀수로 인해 호황을 맞이하게 된다. 더욱이 1955년부터는 한국에서 밀수라고 불렸던 상품교역이 일본에서는 정상무역으로 취급되었다. 한국과 일본 사이의 이러한 비대칭적 교역 상황에서 일본은 이것을 '변칙무역'으로 용인하였고, 쓰시마에서도 지역 경제 활성화를 돕는 이러한 무역의 진흥

---

44) 宮本正明,「日本敗戦以降の対馬をめぐる朝鮮・韓国人の在留・移動」,『大原社会問題研究所雑誌』706, 法政大学大原社会問題研究所, 2017, 61쪽.
45) 「東洋のダークシー対馬」,『読売新聞』, 1952.10.19; 宮本正明, 위의 논문, 62쪽.

을 옹호했다. 하지만, 1961년 5월의 박정희의 군사 쿠데타로 계엄령이 시행되고 해상봉쇄가 이루어져 밀수는 급격히 쇠퇴하게 되었고, 1965년에 한일 국교 정상화가 이루어지고 비로소 해방 이후 쓰시마를 중계지로 펼쳐졌던 비합법적인 물건의 이동은 막을 내리게 된다.

1965년 국교 정상화 직후 밀수 단속이 강화되자 쓰시마에서 밀수품을 싣고 부산으로 향하던 밀수선이 한국의 감시선에 의해 피격되어 침몰한 사건이 발생하자, 『동아일보』 주일 특파원이었던 류혁인은 취재를 위해 쓰시마로 급파되어 방문기(제2장 3)를 남긴다. 이것이 한국 거주 한국인에 의한 최초의 방문기라고 할 수 있는데, 그는 밀수의 전초기지로서의 이즈하라항의 모습을 생생하게 전했다. 그는 "우리나라 삼천포 정도에 불과한 대마도의 이즈하라항이 이처럼 번창하게 된 것은 대한(對韓) 무역의 성과, 다시 말하면 대한 밀수의 근거지로 발전했기 때문이라고" 했다. 이즈하라 경제의 3대 기둥으로 광산수입, 국고보조금 그리고 밀수를 들기도 했다. 또한 한일협정 조인을 전후하여 밀수는 확연히 줄었으나, "최소한 일본 관헌들이 한국 밀수꾼들의 거래를 합법적인 변칙무역으로 인정하고 있는 한 밀수는 근절될 수 없다"고 주장했다.[46]

4. 동포의 생활을 찾아서

다시 1948년 조희준의 방문기로 돌아오자. 조희준이 쓰시마를 방문한 이유는 조련의 쓰시마 조선인 동포들의 조직화를 둘러보고 격려하

---

46) 柳赫仁, 「'亡國'을 나르는 魔의 港口: 密輸의 前哨地 이즈하라 르뽀 1~5」, 『동아일보』, 1965.8.5.-8.10.

기 위해서였다. 조련 나가사키 현본부 쓰시마 지부는 46년 12월 25일에 발족되어,[47] 이미 조직 선전, 아동교육, 문화계몽사업 등을 실시하고 있었다. 조희준에 따르면 당시 쓰시마의 조선인 3천 명은 "전부가 제탄에 종사하며 실업자는 거의 없는 상태"였고, 조련은 제탄업자들을 조직하여 영업세 인하 투쟁에서 성과를 내고 있었다. 나아가 목탄생산협동조합을 결성하여 중간착취를 배제하고 업자 사이의 공동이익을 도모하고자 했던 것이다. '유목민'처럼 떠돌아다니며 착취에 시달렸던 식민지기 쓰시마의 조선인들이 해방 이후 재일조선인으로 정착하도록 조련은 역할을 하고 있었던 것이다.[48]

1949년 2월에 조련 문교부장으로서 쓰시마를 방문한 원용덕도 마찬가지로 쓰시마 동포들의 생활상을 돌아보고 조련 조직을 살피는 것이 주목적이었다. 그는 초등교육기관들을 둘러보고 동포들과 교류하며, 교통이 불편한 쓰시마에서 산간에 흩어져 숯을 굽는 동포들을 일일이 찾아다니며 조직 활동에 노고를 아끼지 않는 활동가들과, 아무런 오락거리도 없이 종일 숯을 구우며 간부들의 발길을 유일한 즐거움으로 여기는 동포들 사이의 강한 결속을 느낀다. 조련의 소학교 아동들의 문화공작대 순회공연이나 축일 등에 열리는 동포들의 모임은 '쓰시마 명물'의 하나가 되었다고 전했다.[49]

한편, 원용덕의 방문기에는 쓰시마 주민들의 조선인에 대한 뿌리 깊은 차별의식에 대해서도 다루어져 있다. 쓰시마의 조선인들에 따르면 이 섬사람들은 돈벌이의 밀접한 관계도 있어 조선으로 자주 왕래하며 일제 침략자들의 비인도적인 만행을 접하기도 하고 또 그 일원이기도

---

47) 鄭栄桓, 앞의 논문.
48) 曺喜俊, 「なつかしい祖国が見える: 対馬の組織は大多忙」, 『朝連中央時報』, 朝連中央時報編集局, 1948.7.9.
49) 元容德, 「対馬周辺の人々」, 『民主朝鮮』28・29, 民主朝鮮社, 1949.

하여, "그들의 조선인에 대한 태도는 글자 그대로 짐승 취급을 했"다. 해방 후에도 조선인의 정당한 주장에 대해 "일본은 미국한테 졌지 조선놈들한테 진 게 아닌데도 놈들이 날뛰는 게 괘씸하다"는 식의 태도였다고 한다. 이에 대해 조련과 동포들은 민족에 대한 편견을 없애고 민족적인 감정 대립을 완화시키고자 노력하고 있다고도 전했다.

하지만, 당시 쓰시마 동포들의 입장을 난처하게 하는 사건이 발생한다. 바로 이승만 정권의 '대마도 반환 요구'였다. 1948년 1월 남한 과도정부입법위원회의 대일강화회의시 대마도 반환 요구 제의로 시작된 이 사태에 대해서는 이미 조희준도 방문기에서 "이승만 박사가 쓰시마를 자기한테 나누어 달라고 미군정에 진정했다는 보도는 이 섬 노인들의 격분을 사고 있었다"고 짧게 전했다.50) 원용덕의 방문기는 1949년 1월 대마도 반환을 요구하는 이승만의 연두 기자회견이 있었을 때 쓰시마의 동포들이 총궐기하여 "쓰시마의 문제는 쓰시마에 사는 전 인민의 총의에 의해 결정되는 것이지 그 밖의 어떤 자도 이것을 결정할 수는 없는 법"이라고 하며 쓰시마의 자기결정권을 주장했다고 전했다. 또한 같은 시기인 1949년 1월에 결성을 준비하고 있던 재일본대한민국거류민단(이하, 민단) 이즈하라지부에 대해서는 "민주주의의적 이승만의 졸개들을 쓰시마에서 몰아내자고 서명운동을 전개"했다고 한다.51) 당시 민단은 이승만의 대마도 반환 요구를 지지했던 만큼,52) 민단 이즈하라지부는 늦은 결성에 더해 쓰시마 주민들의 반감을 등에 업은 조련 측과의 갈등 등으로 동포사회에서 뿌리를 내리기는 쉽지 않았을 것으로 보인다.53) 하지만 조련 또한 수개월 후에는 강제

---

50) 曺喜俊, 앞의 글.

51) 元容德,「対馬周辺の人々(つゞき)」,『民主朝鮮』29, 民主朝鮮社, 1949.

52) 鄭栄桓, 앞의 논문.

53) 실제로 1954년 쓰시마 재류 외국인 국적별 통계표에 따르면 조선인 2,341명 중

해산될 운명이었으므로, 쓰시마에서는 남북의 어디를 지지하든 현지 사회와의 유대 속에서 동포들의 권익을 대변하려는 민족단체의 활동은 시련의 연속이었음을 추측하게 한다.

조련이 해산된 이후의 쓰시마 조선인의 삶을 엿볼 수 있는 방문기는 조련의 후신으로 1955년에 결성된 재일본조선인총련합회(이하, 총련)의 간부로서 1961년에 쓰시마를 방문한 리은직(李殷直, 1917-?)에 의해서 작성되었다. 총련 기관지인 『조선신보』에 8회에 걸쳐 연재된 「대마도(對馬島) 기행(紀行)」(제3장 3)은 '동포의 생활을 찾아서'라는 부제가 말해주듯이, 총련 결성으로 재일조선인들이 조선민주주의인민공화국의 공민으로 재조직되면서 교육사업과 1959년부터 실시되었던 조국귀국사업 등이 활발히 추진되던 시기에 쓰시마 동포들을 방문하고 생활실태를 기록한 것이다. 리은직에 따르면 쓰시마 동포의 특수성은 "재일동포 일반과는 달리 무직자는 비교적 적고 유직자의 대다수가 제탄(製炭)을 하고 또한 수산업에 종사하고 있다는 점"이다. 더욱이 "동포들의 생활 수준은 전체적으로 빈곤하다는 대마도 주민 속에서도 최하층에 처해 있"었다.[54]

제탄업 종사자들의 경우 제2차 대전 시기에는 목탄이 군수품의 역할을 하여 "일제는 채찍질을 해 가면서 동포 로동자들을 부려 먹었"으나,[55] 해방 직후 조련의 결성으로 "전과 같은 혹독한 중간착취는 면할 수 있었"고, 현재는 "총련의 지도와 자기들의 투쟁으로 자영의 권리를 확보"하고 있다. 하지만, 여전히 심한 중간착취를 당하고 있어 원

한국적 보유자는 307명으로 전체의 13%에 불과하며 나머지 2,034명(87%)은 '조선적'을 그대로 유지하고 있었다. 宮本正明, 앞의 논문, 52쪽.

54) 리은직, 「對馬島 紀行: 동포의 생활을 찾아서 2」, 『朝鮮新報』, 朝鮮新報社, 1961.12.21.
55) 리은직, 「對馬島 紀行: 동포의 생활을 찾아서 4」, 『朝鮮新報』, 1961.12.25.

시적인 생활을 면치 못하고 있다. 그로 인해 "숯산의 동포들은 모이기만 하면 귀국에 관한 이야기를 하며 이미 귀국한 동포들의 이야기에 열중한다"고 한다. 이미 "대마도에서 귀국한 동포는 절대다수가 숯을 굽던 동포들이고 아직 남아 있는 동포들도 거반 다 귀국 희망을 가지고 있다"고 전했다.[56] 리은직이 제시한 통계에 따르면 1961년 현재 동포 등록 수 1,944명 중 '조선적'자는 1,530명(79%), 한국적자는 414명(21%), 귀국자는 324명으로,[57] 이미 조선적자의 17%가 귀국선을 탔고 그들의 대부분은 생활고에 시달리던 제탄업자들이었던 것을 알 수 있다.

리은직의 이 글은 해방 이후에 작성된 조선인들의 쓰시마 방문기 중 가장 충실한 것으로, 제탄업 종사 동포들뿐만 아니라 수산업에 종사하는 동포, 특히 해녀들에 대해서도 자세히 다루고 있다. 그에 따르면, 능률 면에서 "일본 해녀들은 도저히 따라가지 못했기 때문에 언제나 환영받았"던 제주 해녀들은 해방 후 일본에 정착하게 되지만 심각한 민족 차별을 당하며 불리한 입장에 세워졌다. 당시 쓰시마에는 70명(이 중 20명은 계절에만 벌이를 하러 쓰시마로 온다)의 해녀가 물질을 하고 있었는데, "과격한 로동에 비하여 소득이 적으므로 부당한 중간 착취를 제거하며 생활권을 확보하기 위하여 해녀조합의 조직을 꾸리고 있"었다. 그러나 이들은 "이곳에 자기의 장래의 행복을 보장할 만한 것은 아무것도 없다는 것을 명확히 알고" "자기들의 능숙한 잠수기술을 자기 자신의 행복과 조국의 수산업 발전에 바치기 위하여 지금 많은 동포들이 귀국 준비를 갖추고 있다"고 전했다. 1978년에 재일조선인으로 쓰시마를 자주 방문했던 조선통신사 연구자 신기수가 남

---

56) 리은직, 「對馬島 紀行: 동포의 생활을 찾아서 6」, 『朝鮮新報』, 1961.12.27.
57) 리은직, 「對馬島 紀行: 동포의 생활을 찾아서 2」, 『朝鮮新報』, 1961.12.21.

긴 「쓰시마에서 일하는 조선인 해녀(対馬に働く朝鮮人海女)」(제3장 4)에 따르면, 1962년에는 조선인 해녀 협동조합이 결성되었다.[58] 하지만 한일 국교정상화 이후 해녀조합은 분열되어 소멸해 버렸고, 해녀들은 아무런 보장도 없는 노동을 이어나가고 있다고 했다.

리은직의 방문기는 생활에 곤란을 겪는 동포들이 일본 본토로 이사가거나 "특히 중학교를 졸업한 청소년들은 대부분이 오사카나 기타 일본 본토의 대도시에 가"[59] 버리는 가운데, 더 나은 삶을 기약하며 이북으로의 귀국길에 오른 동포들도 있었음을 전한다. 1965년 국세조사에 따르면 쓰시마의 조선인 동포 수는 928명으로,[60] 1961년의 1,944명에 비해 4년 사이에 52%나 급감한 것을 알 수 있다. 석탄에서 석유나 천연가스로의 에너지 전환이 일본에서 1960년대에 일어나면서 목탄의 수요가 급감한 것이 동포들의 쓰시마 이탈을 가속화시켰을 것으로 보인다. 이때 이주지역의 하나로 북한이 고려되었으며, 최종적으로 500명 정도가 귀국한 것으로 전해지고 있다.[61] 앞의 류혁인은 1965년에 쓰시마를 방문하고 "조총련계는 이렇다 할 세력이 못 되나(1할 미만이라는 민단 측 얘기) 도쿄 같은 데서 일부러 공작원을 파견해서 커다란 간판을 내걸고 허세를 부리고 있는 실정"[62]이라고 했다. 이는, 한일 국교정상화로 약진하는 민단계 세력에 위기감을 느꼈을 총련계의 당시 상황을 전하는 것일 수 있다. 하지만, 이러한 평가는, 민단이 자리를 잡지 못하는 가운데, 조련이나 총련을 중심으로 동포들의 조직화

58) 辛基秀, 「対馬に働く朝鮮人海女」, 『季刊三千里』 15, 三千里社, 1978.
59) 리은직, 「對馬島 紀行: 동포의 생활을 찾아서 5」, 『朝鮮新報』, 1961.12.26.
60) 宮本正明, 앞의 논문, 49쪽.
61) 辛正寿 외, 「証言 解放前後の対馬における朝鮮人の生活と運動: 辛正寿氏に 聞く」, 『大原社会問題研究所雑誌』 706, 法政大学大原社会問題研究所, 2017, 96쪽.
62) 柳赫仁, 「'亡國'을 나르는 魔의 港口 5」, 『동아일보』, 1965.8.10.

가 이루어졌고, 그럼에도 불구하고 궁핍하고 불안정한 생활이 개선되지 않은 채 다시 본토나 '귀국'의 길을 선택해야 했던 쓰시마 재일조선인들의 삶의 궤적에 대한 무지에서 비롯된 것에 다름 아니다.

5. "쓰시마에 가면 고향이 보인다"

여기까지 해방 이후 조선인들에 의해 작성된 쓰시마 방문기를 보면, 류혁인을 제외하고는 모두 재일조선인에 의해 작성된 것을 알 수 있다. 그들의 방문기에는 쓰시마가 고국/고향/조국이 보이는 망향의 장소로 주목되었다. 물론 쓰시마는 만년수인이 『동아일보』에 쓰시마 방문기를 발표할 때부터 고국을 바라보며 그리워하는 장소로서의 성격이 강조되었다. 식민지기에도 조선인이 이주노동으로 '내지'에 가기 위해서는 '도항 증명'이 필요했으므로, 쓰시마는 아무리 조선에서 가까워도 쉽게 갈 수 있는 곳도, 갔다가 금방 돌아올 수 있는 곳도 아니었다. 만년수인은 한반도에서 가장 가까운 사스나에서 일본인들의 착취와 천대 속에서 숯을 구워 연명하는 조선인들에 대해 "날 맑은 날 멀리 바다 뒤로 고국 강산의 그림자를 바라볼 때에 저들의 비애가 얼마나 할가."[63]하고 동정을 표했다.

해방 직후 조련에 의해 공무로 쓰시마에 파견된 활동가들인 조희준이나 원용덕도 더 이상 한반도 남부인 고향에 갈 수 없는 상황에서 쓰시마에서는 육안으로 고향을 바라볼 수 있다는 것은 뱃길로 10시간 가까이 걸리는 불편한 교통편에도 불구하고 방문을 추동하는 중요한

---

63) 萬年壽人, 「絶島風情 對馬島訪問 三」, 『동아일보』, 1926.8.5.

동기가 되었다. 조희준은 방문기의 제목을 '그리운 조국이 보인다'로 했고, 본문에서도 "산에 오르면 경남 통영군의 ×대를 가리킬 수 있다"고 했다. 원용덕도 "대마도에서는 날씨가 좋은 날에는 조선도 보인다는 이야기를 들었던 기억도 났다"고 하여, 고향을 그리워하는 재일조선인들에게 '쓰시마에 가면 고향이 보인다'는 소문은 낯설지 않은 것으로 보인다. 박길봉 또한 쓰시마의 밀항자 수용소에서 "붉게 물들은 수평선의 석양을 등지고 멀리 고국 땅을 바라보는 기자의 가슴속에는 무거운 감동이 찌르고" 있었다고 썼다.

해방이 되었음에도 불구하고 이들이 '고향 땅'에 바로 가지 못하고 쓰시마에서 바라보며 그리움을 달랠 수밖에 없었던 이유는, 우선 조국 귀환이 일방통행이어서 한번 가면 그때까지의 생활 근거지인 일본으로 다시 돌아오기가 어렵기 때문이다. 하지만 그보다 더 큰 이유는 조련계 재일조선인들은, 대부분이 한반도 남부 출신이었음에도 불구하고 북한을 추종하는 '빨갱이'로 낙인찍혀 '빨갱이 소탕'을 내세우며 민간인 학살이 자행되고 있던 남한의 고향으로는 가고 싶어도 갈 수가 없었던 것이다.

패전 후 일본정부는 1947년에 외국인 등록령을 공포하고 재일조선인들에게 외국인등록증명서의 국적란에 '조선'으로 기입하게 했는데, 그들 중 대다수는 한국정부가 수립된 후에도 한국적으로 등록하지 않고, 지도에는 없는 '조선'을 임의의 국적(이하 '조선적')으로 한 채로 사실상 무국적 상태로 구종주국인 일본에 갇혀 있게 되었다. 이러한 '조선적' 재일조선인들은 1955년에 총련이 결성되었을 당시에도 전체의 75%에 달했다. 이후 1959년에 귀국사업이 개시된 이래로 많은 재일조선인들이 북한으로 귀국하여 그 수가 줄어들었고, 1965년에 한일 국교 정상화가 이루어져 '한국적'자들에게 협정영주권이 부여되자 그 수는 더욱더 줄어들어, 1969년에는 처음으로 한국적자(309,637명)가 조선적자(297,678명)보다 많아지게 되었다.[64] 이런 가운데 '한국적'을 취득하지 않는 대신에 고향의 혈육이 보고 싶어도 가지 못하고 고향에서 전쟁이나 학살이 일어나도 마음만 졸이며 기껏해야 쓰시마로 가서 보일 듯 말 듯한 조국의 그림자에 매달려 눈물을 훔쳐야 했던 '조선적' 재일조선인들이 있었던 것이다.

이러한 쓰시마에서의 망향의 정을 시로 표현한 것이 허남기(許南麒, 1918-1988)였다. 허남기는 해방 후 「화승총의 노래(火繩銃のうた)」(1951) 같은 작품을 일본어로 발표하며 김달수와 함께 일본 문학계에서 주목받은 초창기 재일조선인 문학의 대표 작가이다. 그는 또한 조련-총련계 작가로서 50년대 후반부터는 한글로 창작활동에 전념하여 초기 총련 문학운동의 중심적인 존재가 된다. 귀국운동이 본격적으로 개시된 1958년에는 쓰시마를 방문하여 시 「대마도 기행」(제4장 1)을 총련의 기관지인 『조선민보』에 발표한다. 그는 "東京에서 시모노세끼까지 하루/ 시모노세끼에서 다시 이틀을 묵고서야 탈 수 있는/ 정기선으로 열 시간 만에" "대마도의 북녘도 북녘" 히타카쓰(比田勝) 항에 도착한다. 그리고 근처 산마루에 올라서 거제도나 오륙도를 뚜렷이 보게 된다. 부산에서 태어나 1939년에 21세의 나이로 면학을 위해 일본에 건너가 해방이 된 후에도 귀환하지 못하고 20년 가까이를 고향 땅을 밟지 못한 그에게 조국에 대한 실감은 그만큼 절박한 것이었다. 그는 쓰시마에서 고향을 바라보는 심정을 시의 후반부에 다음과 같이 그렸다.

---

64) 水野直樹·文京洙, 『在日朝鮮人: 歴史と現在』, 岩波書店, 2015, 163쪽.

내가 나고 내가 자란
동래 땅도 뻗디디면
곧장 보일 것만 같건만

(중략)

여기서 저 땅은
이렇게도 가까운데
아 내 땅 내 조국의 남녘땅을
강점하고 있는 어둠의 무리 있어
고향아 너는 이 지구 우에서
너무도 먼 곳으로만 되여야 하느냐[65]

    고향을 육안으로 보면 볼수록 귀향을 가로막는 "남녘땅을 강점하고 있는 어둠의 무리"에 생각이 미치게 되고 그 분노를 통일운동의 열기로 전환시켜 이윽고 "조국 통일의 성스런 싸움의 전렬에 다시 서"는 것이 '너(고향)를 찾는 길'이라고 하며 시를 맺는다.

    앞의 리은직도 마찬가지로 쓰시마 북단의 와니우라(鰐浦) 산 위에서 부산을 바라보며 "철천지 원쑤인 미제의 침략이 없었더라면 우리 조국은 해방된 그때 바로 통일된 독립 국가를 형성할 수 있었을 것이며 조국 북반부처럼 남반부에도 찬란한 경제 건설을 할 수 있었을 것이다. 그리고 모든 민족이 서로 같이 행복을 나눌 수 있고 재일 동포들도 거의 다 조국에 돌아갔고 더 많이 또 남은 사람들도 행복한 조국에 마음 놓고 갔다 왔다 할 수 있게 되었을 것이 아닌가!"라고 분노했다.[66] 허남기나 리은직처럼 총련계 활동가 겸 문학인들은 쓰시마에서

---

65) 허남기, 「대마도 기행」, 『조선민보』, 재일본조선인총련합회, 1958.8.16.
66) 리은직, 「對馬島 紀行 3」, 『朝鮮新報』, 朝鮮新報社, 1961.12.23.

고향을 그리며 고향을 지척에 두고도 못 가는 원인을 '미제의 침략'에서 찾았던 것이다.

그런데 같은 '조선적' 재일조선인들 중에는 총련계와 거리를 둔 사람들도 적지 않았고, 그들 중에는 고국을 바라보려는 목적으로 쓰시마를 방문하고 방문기를 남긴 사람들도 있었다.[67] 정귀문과 김달수가 그들이다. 당시 이들은 고대 한일관계사에 대한 높은 관심 속에서 고대 이래로 현해탄을 건너 일본 각지에 퍼진 조선의 문화유적에 새로운 조명을 비추어 지금까지 왜곡된 조선과 일본의 관계사를 바로잡는 데에 힘을 쏟고 있었다. 재일조선인 작가로 활동하던 정귀문(鄭貴文, 1916-1986)은 1969년에는 동생인 정조문(鄭詔文, 1918-1989), 김달수, 이진희 등과 함께 역사 계간지 『일본 속의 조선문화(日本のなかの朝鮮文化)』를 창간하여, 당시의 일본고대사, 한일관계사 붐을 이끌었다.[68] 이 잡지는 '일본 속의 조선문화 유적 답사'도 실시했는데, 정귀문, 정조문, 김달수, 이진희 등이 1973년 8월 23일부터 3박 4일 동안 쓰시마를 답사한 것도 그 기획의 일환이었다.

마침 때를 같이하여 1971년에는 쓰시마의 조선인 소년에 의해 우연히 발견된 도노쿠비(塔の首) 유적의 조사가 이루어져 한반도의 유물과 야요이(弥生) 시대 유물이 함께 출토되는 고고학적으로 주목을 받는 사건이 발생했다. 그 무렵 쓰시마에서 대대로 전해 내려온 문화재를 구입하려는 브로커들도 늘었다. 이에 쓰시마에서는 '쓰시마의 자연과

---

67) 이에 대해서는 임경화 「쓰시마(対馬) 현대사 속의 재일조선인: '망향의 섬'으로서의 장소성에 주목하여」(『통일인문학』 82, 건국대학교 인문학연구원, 2020)가 구체적으로 다루고 있다.

68) 김달수, 정귀문, 정조문 등이 창간한 이 역사잡지가 다한 역할과 의의에 대해서는 廣瀬陽一, 「金達寿と雑誌『日本のなかの朝鮮文化』」, 『コリアン・スタディーズ』 5, 国際高麗学会日本支部, 2017 참조.

문화를 지키는 모임(対馬の自然と文化を守る会)'이 중심이 되어 문화재 보호운동이 일어났고, 1973년 8월에 나가사키 현이 문화청(文化廳)의 협력으로 처음으로 본격적인 조사를 하게 된다. 이때 조선왕조가 쓰시마를 정벌하고 군신의 예를 맺은 후 1447년에 쓰시마 호족인 소다(早田) 씨에게 수여한 관직수여증인 고신(告身)이 발견되었고, 가이진신사(海神神社)에 소장되어 있던 동조여래입상(銅造如来立像)이 통일신라시대의 불상이라는 것도 밝혀져 쓰시마와 한반도 사이의 역사적인 유대와 쓰시마의 문화적 혼종성이 다시 주목되기 시작했다.

이들은 현지답사를 실시하고 좌담회도 개최하여 이 잡지에 게재하였다.[69] 그리고 같은 호에 정귀문은 기행문 「고국을 바라보러 떠나는 여행(故国見の旅)」(제4장 2)을 기고했던 것이다. 정귀문이 쓰시마를 방문했을 당시는 이미 "'대마도에서는' 무슨 일이 있었다는 식의 거기에 사는 동포의 소식을 듣는 일은 거의 없다"고 하여, 쓰시마의 조선인들은 이미 잊혀진 존재가 되었음을 알 수 있다. 그 조선인의 부재를 대체하듯이 고대 이래의 한반도와 쓰시마의 교류가 주목되어 쓰시마는 한일 교류의 상징으로 부상하고 있었던 것이다. 이들은 과거 식민지기에 만년수인 등이 답사했던 것과 비슷한 여정을 따라 조상들의 발자취를 찾아보며 쓰시마와 한반도의 밀접한 관계를 확인한다. 새롭게 발굴된 도노쿠비 유적이나 고신, 신라불상 등도 둘러본다. 뿐만 아니라, 근대 이후에 "바다의 군사기지로 이용되었고 또한 그로 인해 은혜도 입었겠지만, 쓸모가 다하면 버려진다는 서러움도 당했다"고 하며 쓰시마의 근대를 돌아보고 "이도(離島)의 숙명적인 고충은 본토로, 중앙으로 향하는 지향적 정신을 낳"지만, 본토에서 돌아오는 것은 '무시, 편

---

69) 上田正昭・岡崎敬・金達寿・菊竹淳一・永留久恵・李進煕, 「座談会 対馬と朝鮮をめぐって」, 『日本のなかの朝鮮文化』 20, 朝鮮文化社, 1973.

견, 차별'이었다고, 역시 일본사회에서 차별을 겪은 재일조선인으로서 공감을 표하기도 한다.[70)

하지만, 이들은 결국 기상 악화로 고향을 보지 못했고, 그럴수록 더욱 그리움에 사로잡힌다. 정귀문은 "고국을 나와서 일본에 살고 있지만, 그렇게 고국을 뒤로 한 것도 또한 돌아갈 수 없는 사정도 내 책임이 아니다"라고 토로한다. 쓰시마는 그에게 왜 고국에 가지 못하고 일본에 남아 있는지를 되묻는 장소였던 것이다.[71)

한편, 김달수는 이 체험을 소설화한다. 경상남도 창원 출신으로 어려서 부모와 함께 도일한 김달수는 해방 후 일본어로 민족의 문제를 다룬 『현해탄(玄海灘)』(1954) 같은 소설을 다수 발표하여 재일조선인 문학을 개척한 작가로 일본 문학계에 주목을 받았다. 그는 또한 조련-총련계 작가로서 재일문학운동에도 허남기 등과 함께 중추적인 역할을 했다. 하지만 1950년대 후반부터 총련과의 알력이 갈수록 심해졌다. 그 이유는 그의 저술 내용이 총련-북한의 문예방침과 괴리되어 있었고, 당시 언어의 탈식민지화를 추구하며 벌였던 한글 창작 운동의 맥락을 무시하고 그가 오로지 일본어로만 작품활동을 했기 때문이었던 것으로 보인다.[72) 그가 쓰시마를 방문했던 1970년대는 이미 총련과는 결별한 후였고, 앞에서도 언급했듯이 그는 소설가에서 고대 한일관계사 연구자로 활동의 폭을 넓혀가고 있었다.

실화를 바탕으로 한 이 소설 「쓰시마까지(対馬まで)」(제4장 3)에서는 흐린 날씨 탓에 결국 쓰시마에서 고향을 바라보려 했던 소망을 이

---

70) 鄭貴文, 「故国見の旅」, 『日本のなかの朝鮮文化』 20, 朝鮮文化社, 1973.
71) 鄭貴文, 위의 글, 54쪽.
72) 宋恵媛, 『「在日朝鮮人文学史」のために: 声なき声のポリフォニー』, 岩波書店, 2014, 27-36쪽.

루지 못하고 발을 돌린 1년여 후인 1974년 10월 하순에 김달수가 이진희, 정조문 등과 함께 다시 쓰시마를 방문하여 고향을 바라보려는 소망을 이루려 시도하는 것까지를 담고 있다. 이때도 표면상의 방문 목적은 "에도 막부(江戸幕府)에 온 조선의 통신사"의 흔적을 찾는 것이었지만, 본심은 "또 하나의 그 목적에 거의 모든 관심이 가 있었는데, 그것은 이신기(=이진희)나 정정문(=정조문)도 마찬가지였다"고 했다. 바로 쓰시마에서 고향을 보기 위해서였던 것이다. 이들은 허남기나 리은직과는 달리, 북한의 유일지도체제에 맞춰 동포사회를 통제하려는 총련과 결별했거나 소원한 관계에 있지만, 이것은 한국정부를 지지하는 것을 의미하지는 않았다. 한국정부는 한국적으로 변경하면 한국 입국을 허가하겠다는 회유책을 썼지만, 이들은 여전히 '조선적' 재일조선인인 채로 남아 있었던 것이다. 그는 소설에서 조국에 갈 수 없는 이유를 이렇게 설명한다.

> 태평양전쟁이 끝나고 '전후' '해방'이 되었는데, (중략) 하지만 그동안 하나의 나라로 독립할 줄 알았던 조선은 미·소라는 양대 세력에 의해 분단되어 그때까지는 예상도 못 한 국제정치의 소용돌이에 휘말렸다. 나와 정정문, 이신기는 물론이고 이른바 재일교포의 97% 이상의 고향이 있던 남조선의 한국은 당초에는 미국 세력에 힘입은 이승만 독재정권이었으나, 그것이 쓰러지자 이번에는 미국과 함께 부활한 일본의 구세력에 의해 뒷받침된 박정희 군사독재정권이 되었다.
> 나는 정치라는 것이 그렇게 움직일 수 있다는 것을 처음 알았지만, 그에 대해 우리는 싫어도 내 입장을 선택하지 않을 수 없었다. 입장이라고 하기는 해도 그것은 결국 빼앗긴 상태의 민족적 입장이나 다름없었다.[73]

---

73) 金達寿, 「対馬まで」, 『文芸』 14(4), 河出書房, 1975.

해방이 되었음에도 불구하고 분단된 조국의 남쪽은 외세의 영향 하에 있는 독재정권이 지배하고 있어 남북의 통일과 외세로부터의 자주독립을 희구하는 '민족적 입장'을 선택한 자신들은 고향(고국)으로부터 배제될 수밖에 없었다는 것이다. 그들은 "식민지시대에도 어쨌든 돌아갈 수 있었던" 고향에 갈 수 없게 된 현실에 고뇌할 수밖에 없었다.

그들은 마침내 이번에는 센보마키산(千俵蒔山)에서 극적으로 고향을 보게 된다. 소설은 정정문이 복받치는 감정을 억누르지 못하고 울음을 터뜨리며 다음과 같은 대화를 나누며 끝난다.

> 정정문은 조용한 목소리로,
> "김 선생"이라며 굳은 목소리로 나를 불렀다.
> "국가니 민족이니 그런 게 도대체 뭘까."
> "그런 건 난 몰라." 하며 나는 화난 듯이 말했다.
> "아는 건 그것 때문에 네가 지금 울었다는 거야."
> 왠지 나는 너무 화가 나서 견딜 수가 없었다. 무엇을 향해선 지는 알 수 없었지만 어딘가를 향해 무언가를 외치고 싶은 그런 충동에 휩싸였다.[74]

김달수가 느낀 분노와 답답함을 쓰시마라는 장소성에 주목하며 다시 읽으면, 1970년대가 되면 후쿠오카에서 한국까지 비행기로 40분이면 갈 수 있는 시대가 되어, 이미 한반도와 일본 사이의 경유지로서의 장소성을 상실한 쓰시마가, '민족'을 선택함으로써 '국가'로부터 배제당한 '조선적' 재일조선인인 자신들한테만 '망향의 섬'으로 남아 있는 현실에 대한 억울한 감정이기도 했을 것이다. 쓰시마라는 망향의 공간은 이들을 절대적인 힘으로 끌어들이고 이들은 본능적으로 끌려가지

---

74) 金達寿, 「対馬まで」, 『文芸』 14(4), 河出書房, 1975.

만, 국가나 민족이라는 대의에 휩쓸려 번뇌하는 개인의 아픔을 적나라하게 드러내는 공간이기도 했던 것이다. 해방이 되었음에도 고향에 가지 못하고 쓰시마까지밖에 갈 수 없었던 이들의 이야기는 해방, 분단, 민족, 국가의 의미를 되묻고 있다.

6. 맺음말: 한국인, 대마도 가다

1965년 한일국교정상화 이후 일본과 한국의 민속학자들은 1973년부터 5개년 계획으로 한일 양국을 오가며 공동조사를 실시했다. 오쓰카민속학회(大塚民俗学会)와 한국민속학회의 제휴로 이루어진 이 조사팀은 1973년의 전남 해안지방 조사에 이어 1974년에는 쓰시마에 대한 공동조사를 실시하여 대륙문화의 중계지로서의 쓰시마와 한반도의 관련을 규명하고자 했다.[75] 당시 한국의 미디어에서는 '해방 후 최초의 해외 민속조사'로 일컬어졌다.[76] 이 조사에는 한국에서 6명의 학자들이 쓰시마에 초대되어 일본 측 학자들과 함께 민속조사를 수행했다. 일행은 1974년 7월 24일부터 31일까지 쓰시마 해녀의 발상지라는 이즈하라 마가리(曲)의 어업형태나 가족 관행을 비롯하여, 미쓰시마, 미네, 가미쓰시마를 돌며 민간신앙, 습속, 민화, 민요 등을 조사했다.[77] 한국인 참가자로 무속신앙 연구자인 김태곤(金泰坤)은 '대마도 민간신앙 현황과 한반도와의 관계'를 조사하여 일간지에 소개되기도 했다.

---

75) 松本誠一, 「日本における文化人類学的韓国調査の展開1960-1980」, 『東洋大学社会学部紀要』 25(2), 東洋大学社会学部, 1988, 37-76쪽.
76) 「사라진 우리 民俗 對馬島서 발견」, 『경향신문』, 경향신문사, 1974.8.27.
77) 斎藤隼人, 『戦後対馬三十年史』, 対馬新聞社, 1983, 279-280쪽.

보도에 따르면 그는 쓰시마에서 고래로 이어진 대제(大祭)인 '후나구로(舟グロ―)'라는 경정(競艇) 경기가 한국의 원조신을 맞이하는 제사이며[78] 『삼국유사』의 기록에만 남아 있던 우리 민속이 쓰시마에 실제로 남아 있을 가능성을 제시했다.[79]

그는 이 조사를 다룬 방문기 「대마도의 민속기행」(제5장 1)도 집필하는데, 이 글에서도 쓰시마 방문 목적이 "한국해협에 인접한 곳이기 때문에 비교민속학적인 면에서 [한국과] 민속의 유사점이 발견될 수 있을까 하는 기대에서였다"[80]고 서술한다. 하지만 문명의 손길이 적어 민속조사에 적합할 것이라는 예상과 달리 근대화되어 있는 '쓰시마의 문명'을 신기하게 여기면서도 실망을 감추지 못한다. 그러면서도 쓰시마 특유의 신앙인 천도신을 모시는 신사를 방문하고 일본 '신사(神社)의 원형태'로 짐작하기도 하고, 조상들이 쓰시마에 남긴 발자취를 돌아보며 임진왜란 당시 끌려온 조선인들의 고혼들에 생각이 미치기도 한다. 또한 "그 가까운 대마도 하나를 손에 넣지 못"한 우리네 조상들을 원망하면서 영유권에 대한 욕망을 드러내기도 하여, 한국인의 일반적인 쓰시마 인식의 원형을 엿볼 수 있다.

조사팀의 또 한 명의 일원으로 참가한 임동권(任東權, 1926-2012)도 「쓰시마에 보이는 한국 민속: 구대인들의 발자취를 찾아서(對馬に見る 韓國民俗: 古代人たちの足跡を尋ねて)」(제5장 2)와 「日本에 심은 韓文化 (2): 對馬島의 韓國民俗①」(제5장 3) 2편의 방문기를 남겼다. 그 또한 고대에 대륙에서 일본으로 민족과 문화가 이동하는 루트를 탐색하기 위해 '중간에 위치한 섬'인 쓰시마에서 민속학적인 흔적을 찾으려 한다

---

78) 「일본 神社 望鄕地는 韓國: 對馬島 민속조사단 現地답사 報告」, 『조선일보』, 1974.8.23.
79) 「사라진 우리 民俗 對馬島서 발견」, 『경향신문』, 1974.8.27.
80) 金泰坤, 「對馬島의 民俗紀行」, 『世代』 135, 世代社, 1974, 224쪽.

는 목적을 밝혔다. 그리고 쓰시마의 지명이 풍수설에 따라서 배치되어 있거나 당신(마을의 수호신)의 일종으로 보이는 산봉우리의 제단, 쓰시마의 산명에 두드러진 '단산'에 보이는 산신신앙의 흔적 등을 한반도의 고대 신앙 형태가 옮겨간 것으로 파악했다. 일행을 안내해준 쓰시마 주민도 "한국과 일본의 고대문화의 공통성을 지적하며 한일 친선의 증진을 역설했다."[81] 또한 현지 사람들은 "한국인이라면 밀수를 목적으로 오는 상인들뿐이었는데 민속조사를 왔다는 말에 의아한 눈치"였다고 한다.[82] 한국인 민속학자들의 방문은 지금까지와는 다른 새로운 '조선인'으로서의 한국인들의 등장으로 인식되었던 것으로 보인다.

하지만, 이 한국인들의 방문기에는 식민지기에 쓰시마를 방문한 조선인이 멸망한 조선의 운명과 쇠퇴한 쓰시마의 현실을 겹쳐 보며 그 표류하고 분열하는 정체성에 공감하거나, 해방 이후 제국 일본의 공간이 급속히 분리되면서 경계의 삶이 불법화되자 밀항과 밀수의 중심지가 된 쓰시마의 근현대사나 식민지기 이후 쓰시마에 정착한 조선인들이 해방 후 재일조선인의 일부가 되어 서로 연대하고 조직하며 삶을 영위했다는 사실, 특히 한국을 택하지 않은 재일조선인들에게 쓰시마는 망향의 정을 달래는 곳이었다는 사실은 더 이상 다루어지지 않았다.

이상으로, 일제강점기부터 1970년대까지 조선인들이 쓰시마를 방문하고 신문기사, 수필, 시, 소설 등 다양한 형태로 남긴 방문기 15편을 통해 그들의 쓰시마 인식을 살펴보았다. 전통적으로 일본과 조선 사이에서 특수한 관계를 맺어 왔던 경계의 섬 쓰시마는 근대 이후 일본의 제국주의화 과정에서 급격히 주변화되었다가 패전과 함께 다시 한국

---

81) 任東權, 「對馬に見る韓國民俗: 古代人たちの足跡を尋ねて」, 『アジア公論』 3 (12), アジア公論社, 1974.

82) 任東權, 「日本에 심은 韓文化(2): 對馬島의 韓國民俗①」, 『日本問題』 11, 일본 문제연구소, 1975.

과 일본 사이의 국경의 섬으로 주목을 받게 되었다. 한일국교정상화 이후에는 한일 교류의 섬으로 그 지정학적 정체성이 극적으로 바뀌는 역사적 과정을 거친다. 이 책은 쓰시마와 마찬가지로 일본 제국주의의 부침과 함께 식민지 경험을 강요당하고 해방 이후에도 분단된 한반도 의 어느 한쪽이나 일본에 남는 길을 선택하는 등의 정체성의 변화를 극적으로 겪은 조선인들이 식민지민, 해방 민족, 한국인, 재일조선인 등의 다양한 위치에서 쓰시마를 방문하고 남긴 방문기를 통해 그들이 어떻게 쓰시마를 바라보았는지를 드러내고자 했다.

우선, 식민지기에는 조선의 망국과 쓰시마의 쇠락을 관련시키며 조 선인들처럼 차별받는 쓰시마 사람들이 발견되고 그 배경에 어중간하 게 표류하는 쓰시마의 정체성이 주목되었다. 주로 재일조선인 활동가 들이 남긴 해방기 이후의 방문기에서는 국경의 섬이 된 쓰시마가 '밀 항·밀수의 기지'로 기능하는 모습이나 극빈층으로 살아가는 조선인들 의 생활상이나 그들의 조직화, 귀국사업에 대한 선전 등이 시도되었 다. 또한 '조선적' 재일조선인들은 고향을 맨눈으로 보기 위해 방문한 쓰시마를 조국 분단의 아픔이 서린 망향의 장소로 그리기도 했다. 한 일국교정상화 이후 쓰시마를 찾은 한국인들은 한반도의 고대 문화가 일본으로 전파되는 중간지점으로서 주목했고, 격동의 시절을 겪어온 쓰시마의 근대는 다루어지지 않았다.

근대 이후 조선과 일본 사이의 경계의 섬 쓰시마는 조선의 식민지 화와 제국 일본의 판도 확장으로 양쪽 모두에서 잊혀진 변경의 섬, 오 지의 섬, 고도(孤島), 절도(絶島)가 되었다. 제국의 중심으로, 혹은 제국 의 확장하는 식민지로 향하는 욕망들은 이 섬을 주변화하고 배제했다. 해방 후 쓰시마는 갑자기 한일 사이의 국경의 섬으로 돌출되어 혼란 속의 한반도와 마주하고, 한국의 영유권을 주장으로 경합의 장이 되자 일거에 주목을 받게 된다. 하지만, 일본의 전후 경제 부흥과 고도성장 속에서 다시 잊혀지며 주민들의 이도(離島) 현상도 심화되었다.

이런 변경의 섬, 고도, 절도를 방문한 조선인들은 식민지민, 해방 민족, 재일조선인 혹은 한국인으로서 제국, 민족, 국가, 해방, 분단에 대한 중심부의 사유방식에 본질적인 질문을 던지며 쓰시마의 한일 사이의 경계성을 드러내기도 했다. 식민지기 이후 조선인들이 남긴 방문기를 통해 쓰시마의 근현대를 안다는 것은 한국인의 쓰시마 인식은 물론 한국이라는 탈식민 분단국가의 본질을 성찰할 수 있는 단서를 제공할 수 있다.

*

본서를 엮으면서 많은 분께 너무나 큰 도움을 받았기에 감사의 마음을 표시하며 책을 맺고자 한다. 우선 필자의 연구 테마인 '접경(contact zone)' 연구에서 쓰시마 근현대사 연구의 중요성을 지적하며 영감을 주시고 자료 수집에도 많은 도움을 주신 정영환(鄭榮桓) 선생님께 진심으로 감사드린다. 송혜원(宋惠媛) 선생님도 자료 수집에 도움을 주셨다. 또한 본서 수록 작품의 저작권 이용 허가를 받는 과정에서도 많은 분의 도움을 받았다. 특히 김달수의 소설 「쓰시마까지」의 저작 사용을 허가해 주신 공익재단법인 가나가와문학진흥회(公益財団法人神奈川文学振興会)와 김달수 작품에 대한 저작권 정보를 제공해 주시고 진흥회와 연결해 주시는 등의 도움을 주신 히로세 요이치(廣瀬陽一) 선생님께 깊은 감사의 마음을 전한다. 정귀문의 방문기 수록을 허락해 주신 공익재단법인 고려미술관(高麗美術館) 정희두(鄭喜斗) 관장님, 리은직의 방문기 이용을 허락해 주신 아드님이신 리혁(李赫) 선생님, 임동권의 방문기의 본서 수록을 허락해 주신 아드님이신 중앙대의 임장혁 선생님께도 감사드린다.

읽을 때마다 전율하고 때로 눈물을 흘리며 생각에 잠기게 한 이 감동적인 방문기들이 어느새 망각되지 않도록 정리된 형태로 남기고 싶다는 일념으로 여기까지 왔다. 이 책을 손에 든 독자가 이 작품들이 쓰시마라는 경계의 장소가 어떤 이들에게 일상에 매몰되었던 자신을 흔들어 깨워 돌아보게 하는 힘을 지녔던 어떤 시대의 이야기라고 느낀다면, 아마도 나와 비슷한 감동을 할 것이라 확신한다.

(1) 萬年壽人,「絶島風情 對馬島訪問 (一)~(十七)」,『東亞日報』1926.8.3.-8.19.

(2) 安懷南,「섬」,『新天地』1(1), 서울신문社出版局, 1946.

(3) 塚本·恩,「玄海の孤島対馬に密航船をさぐる」,『世紀新聞』26, 世紀新聞社, 1946.12.13.

(4) 朴吉鳳,「密航의 本據地對馬島를 解剖함: 西泊港에서」,『國都新聞』, 서울: 國都新聞社, 1950.5.3.-5.4.

(5) 柳赫仁,「'亡國'을 나르는 魔의 港口: 密輸의 前哨地 이즈하라 르뽀 1~5」,『동아일보』, 1965.8.5.-8.10.

(6) 曺喜俊,「なつかしい祖国が見える: 対馬の組織は大多忙」,『朝連中央時報』, 東京: 朝連中央時報編集局, 1948.7.9.

(7) 元容德,「対馬周辺の人々」,『民主朝鮮』28·29, 東京: 民主朝鮮社, 1949.

(8) 리은직,「對馬島 紀行 1~8」,『朝鮮新報』, 東京: 朝鮮新報社, 1961.12.20.-12.29.

(9) 辛基秀,「対馬に働く朝鮮人海女」,『季刊三千里』15, 三千里社, 1978.

(10) 허남기,「대마도 기행」,『조선민보』, 재일본조선인총련합회, 1958.8.16.

(11) 鄭貴文,「故国見の旅」,『日本のなかの朝鮮文化』20, 京都: 朝鮮文化社, 1973.

(12) 金達寿,「対馬まで」,『文芸』14(4), 東京: 河出書房, 1975.

(13) 金泰坤,「對馬島의 民俗紀行」,『世代』135, 世代社, 1974.

(14) 任東權,「對馬に見る韓國民俗: 古代人たちの足跡を尋ねて」,『アジア公論』3(12), アジア公論社, 1974.

(15) 任東權,「日本에 심은 韓文化 (2): 對馬島의 韓國民俗①」,『日本問題』11, 일본문제연구소, 1975.

조선 관계 쓰시마 역사 연표

연도	사항
1185	쓰시마의 지방관 후지와라노 치카미쓰(藤原親光), 다이라 가문(平家)의 공격 우려해 고려로 피난.
1246	쓰시마에 상륙한 소씨(宗氏) 초대 시게히사(重尚), 쓰시마를 지배하던 아비루 구니토키(阿比留国時) 토벌.
1274	원-고려 연합군 4만 명 쓰시마 침공.
1380	나세, 최무선 진포해전에서 왜구 대파.
1389	고려 창왕 2년 박위 대마도 정벌.
1396	태조 5년 김사형이 대마도 정벌.
1408	소씨, 조선과 외교 관계 맺고 사카(佐賀)를 국부(國府)로 정함.
1419	세종 1년 이종무, 대마도 정벌.
1443	대마도주 소 사다모리(宗貞盛)와 계해약조 체결. 세견선·교역량 등 제한.
1471	신숙주 『해동제국기』 간행.
1486	소씨의 근거지를 사카에서 이즈하라로 옮김.
1510	삼포 거주 왜인과 대마도주의 항거로 삼포왜란 발생. 이후 통교 제한.
1528	소 가문의 거성 가네이시성(金石城)의 원형 축성.
1592	도요토미 히데요시(豊臣秀吉) 조선 출병 선포 후, 대마도주 소 요시토시(義智)가 고니시 유키나가(小西行長)를 도와 군단을 이끌고 부산을 침략하면서 임진왜란 개전.
1607	조선과 국교 회복. 여우길(呂祐吉)을 정사로 한 조선통신사 방일, 요시토시가 에도(江戸)까지 호위. 요시토시는 제1대 쓰시마 번주가 됨.
1609	외교승 겐소 조선에 파견, 기유약조 체결, 조선과 무역 재개.
1635	쓰시마번 국서위조사건. 외교승 겐보 유배. 외교 감시하는 이테이암(以酊菴) 윤번제 실시.
1672	오후나코시세토(大船越瀬戸) 운하 개통.
1678	부산 초량 왜관 완성
1689	아메노모리 호슈(雨森芳洲) 쓰시마번에 초빙되어 조선외교 담당.
1703	역관사, 와니우라 근처에서 기상이변으로 침몰, 112명 전원 사망.
1719	홍치중(洪致中)을 정사로 한 기해 통신사 파견. 신유한 『해유록(海遊錄)』 집필.
1728	성심(誠信) 교린 설파한 호슈의 『교린제성(交隣提醒)』 간행.
1734	문위행. 김홍조 『해행기(海行記)』 집필.

연도	사항
1763	갑신 통신사 파견. 정사로 파견된 조엄이 대마도에서 고구마 재배법 조선에 도입, 『해사일기(海槎日記)』 집필.
1811	신미 통신사 파견. 대마도에서 국서 교환(역지빙례).
1859	영군 군함 악티온호 반년간 쓰시마 주변 측량.
1861	러시아 군함 포사드니크호 반년간 쓰시마 점령.
1868	메이지 유신으로 막부 붕괴.
1869	최후의 쓰시마 번주 소 요시아키(宗義達) 판적봉환, 쓰시마번이 이즈하라번으로 개칭됨. 후추(府中)는 이즈하라로 개칭. 소 요시아키는 이즈하라 번지사로 임명됨.
1871	폐번치현. 이즈하라번을 이즈하라현으로 개칭. 소 요시아키는 해직, 이즈하라 현 지사로 메이지정부 관료가 임명됨.
1872	한어학소 개설. 메이지 정부, 쓰시마의 대조선 외교권 접수, 부산 왜관 외무성 인수. 나가사키현에 편입됨. 이즈하라 지청 설치.
1880	한어학소를 도쿄외국어학교로 이관.
1886	이즈하라 지청을 쓰시마도청으로 개칭. 구일본해군 다케시키항에 수뢰시설부 설치. 구일본육군 쓰시마 경비대 설치, 쓰시마 도청 도사가 경비대 사령관을 겸임.
1887	구일본육군 쓰시마 요새 포병대대 설치 개시.
1894	청일전쟁 대비 미쓰시마(三島) 등대 설치.
1896	4월, 다케시키 요항부(竹敷要港部)로 승격.(현 해상자위대 쓰시마 방비대)
1897	쓰시마 도사의 경비대 사령관 겸임 해소됨.
1900	일본해군, 만제키 운하 개통
1905	5월, 쓰시마해전에서 러시아에 대승. 격침된 러시아 순양함 나히모프호 승무원 101명 쓰시마에 표착.
1906	최익현 을사늑약 체결 반대 거병 후 체포되어 쓰시마로 유배. 1907년 1월 1일 서거. 임병찬 『대마도일기(對馬島日記)』 기록.
1912	다케시키 요항부 폐지. 이후 방비대로 되었다가 1916년에 폐지.
1918	쓰시마 종관도로 건설 착공.
1920	쓰시마 경비대사령부가 쓰시마 요새사령부로 개칭. 쓰시마 중포병대대는 계치 중포병대대로 개칭(1922년에 3개 중대에서 2개 중대로 축소).
1924	8월, 조선인협회 대마지부(이즈하라) 발회식.
1925	쓰시마·이키 경유 부산-하카타(博多) 간 화객선 다마마루(珠丸) 취항.
1926	조선총독부, 쓰시마 소가문서(対馬宗家文書) 구입. 7월, 쓰시마 도청 폐지, 쓰시마 지청 설치.
1931	소 다케유키(宗武志)와 덕혜옹주 결혼. 이왕가·소백작가 어결혼 봉축 기념비(李王家宗伯爵家御結婚奉祝記念碑) 건립.

연도	사항
1934	도요 포대(豊砲台) 완성.
1943	도호아연(東邦亜鉛)이 다이슈 광산(対州鉱山)에서 본격 조업 개시.
1945	10월, 쓰시마-하카타 간 정기선 다마마루, 이키 앞바다에서 기뢰사고로 침몰, 545명 조난. 11월, 구일본군 포대 폭파 목적으로 미군 약 300명 상륙.
1946	5월, 주간지 『쓰시마신문』 창간. 6월, 한반도 남부 콜레라 발생으로 쓰시마-조선 간 항해 중단. 후쿠오카현으로의 전현(転県) 요구 전현기성회 결성. 나가사키현의회에서 제안 부결. 12월, 조련 나가사키 현본부 쓰시마 지부 발족.
1947	8월, 재일본조선민주청년동맹 쓰시마 본부 결성.
1948	1월, 남한 과도정부입법위원회, 대일강화회의시 대마도 반환 요구 제의. 4월, 동아고고학회 쓰시마 발굴조사. 6월, 이즈하라에 조선인 초등학원 개교. 8월 18일, 이승만 대통령, 일본 측에 대마도 반환 요구.
1949	1월, 이승만 대통령, 신년 기자회견에서 대마도 영유권 주장. 1월, 재일본대한민국거류민단 이즈하라지부 결성. 나가사키현의회 쓰시마 개발 14억 엔 증액 채택, 정부차관회의 '쓰시마 개발 5개년 계획' 책정. 쓰시마정촌회, 전현운동 중지 성명 발표. 9월, 조련 쓰시마본부 해산, 10월 조선학교 폐쇄.
1950	7월, 9학회 연합 쓰시마 공동조사.
1952	1월, 이승만 대통령령으로 해양경계선으로 '평화선' 공표(일본에서 '이승만 라인'). 4월, 미군 통신시설 설치, 통신부대 주둔.
1953	7월, 이도진흥법(離島振興法) 시행.
1955	변칙무역 개시(공식적으로 1968년까지 이어짐)
1956	6월, 조선총련 쓰시마본부 결성.
1959	5월, 미군 우니시마(海栗島) 기지를 항공자위대에 이관하고 철수.
1960	3월, 가미쓰시마정(上対馬町)에 해상자위대 레이더기지 설치.
1962	2월, 쓰시마조선인해녀조합 결성.
1964	8월, 이즈하라항 축제(미나토마쓰리) 시작. 매년 8월 첫째 토·일 9월, 도호아연쓰시마광업소(東邦亜鉛対州鉱業所) 아연광산 부근에서 이타이이타이병 환자 발견.
1965	12월, 한일어업협정 발효(평화선 폐지)
1968	쓰시마 종관도로 개통(국도 382호) 7월, 이키·쓰시마 국정 공원 지정.

연도	사항
1972	10월, 하카타-이즈하라, 쓰시마 항로에 페리 취항.
1973	다이슈 광산 폐산.
1974	7~8월, 한국민속학회와 오쓰카(大塚)민속학회 제휴 한일공동민속조사로 한국 학자 6명 쓰시마 방문.
1975	쓰시마 공항 개항
1978	이즈하라항 축제에 조선통신사 행렬 재현.
1986	쓰시마와 부산 영도구 자매도 조인. 쓰시마 전통 조정 경기 '후나구로' 보존회 9시간 동안 노 저어 대한해협 횡단 부산 도착. 8월, 최익현 선생 순국비 슈젠사(修善寺)에 건립
1988	미나토쓰리에서 '쓰시마 아리랑제'로 명칭 변경
1989	히타카쓰-부산을 잇는 부정기항로 쓰시마 국제라인 '아오시오호' 취항.
1990	5월, 천황과 황후 첫 쓰시마 방문. 노태우 대통령 방일시 궁중만찬회에서 아메노모리 호슈 성신지교린 언급.
1991	와니우라에 '조선국 역관사 순난비' 건립.
1994	이즈하라미나토마쓰리/쓰시마 아리랑제로 명칭 변경.
1995	11월, 조선통신사연지연락협의회 발족(이즈하라 포함 30여 곳 지자체 모임)
1999	부산-쓰시마 항로 개설(전세편 운항).
2000	부산-쓰시마 정기국제항로 취항.
2001	부산바다축제 조선통신사 행렬 재현.
2003	순난 300주년 맞아 희생자 이름 새긴 추도비를 '조선국 역관사 순난비' 앞에 건립.
2004	3월, 쓰시마시 탄생(쓰시마 6개 정(町)이 통합됨).
2005	3월, 마산시의회 대마도의 날(6월 19일) 조례 제정.
2012	10월, 간논사(觀音寺) 고려불상(관세음보살좌상) 도난사건.
2013	쓰시마 이즈하라 미나토마쓰리로 명칭 변경.
2015	조선통신사 행렬 재개.
2016	3월, 한일 민간단체(연지련과 부산문화재단)에 의한 조선통신사 기록물 세계기록유산 공동 등재 신청.
2017	10월, 조선통신사 기록물 세계기록유산 등재 결정.
2020	4월, 팬데믹으로 부산-쓰시마 항로 폐쇄.
2023	2월, 부산-쓰시마 항로 재개. 9월, 쓰시마 시의회 핵폐기장 설치 추진안 통과. 쓰시마 시장 거부. 10월, 부석사 고려불상 반환 소송 대법원 패소 판결.
2024	3월, 시장 선거에서 핵폐기장 설치 반대파 현 시장 당선.

/ 편저자 소개 /

임경화林慶花
2002년 도쿄대학 대학원 인문사회계연구과 일본문화연구 전공에서 박사학위를 취득했다. 일본 마이너리티 연구, 코리안 디아스포라 비교연구, 접경 연구 등을 주제로『두 번째 전후 - 1960~1970년대 아시아와 마주친 일본』(공저, 2017),『냉전 아시아와 오키나와라는 물음』(공저, 2022),「쓰시마(対馬) 현대사 속의 재일조선인」(2020) 등을 집필했다. 역서에『해방공간의 재일조선인사』(2019),『오키나와 반환과 동아시아 냉전체제』(2022),『북으로 간 언어학자 김수경』(2024) 등이 있다. 현재 중앙대학교 중앙사학연구소 부교수로 재직 중이다.

접경인문학 자료총서 009

표류하는 섬, 표류하는 사람들

초판 인쇄 2024년 10월 15일
초판 발행 2024년 10월 25일

편 저 자 | 임경화
펴 낸 이 | 하운근
펴 낸 곳 | 學古房

주   소 | 경기도 고양시 덕양구 통일로 140 삼송테크노밸리 A동 B224
전   화 | (02)353-9908 편집부(02)356-9903
팩   스 | (02)6959-8234
홈페이지 | http://hakgobang.co.kr
전자우편 | hakgobang@naver.com
등록번호 | 제311-1994-000001호

ISBN 979-11-6995-528-7 94910
        979-11-6995-489-1 (세트)

값 : 28,000원

■ 파본은 교환해 드립니다.